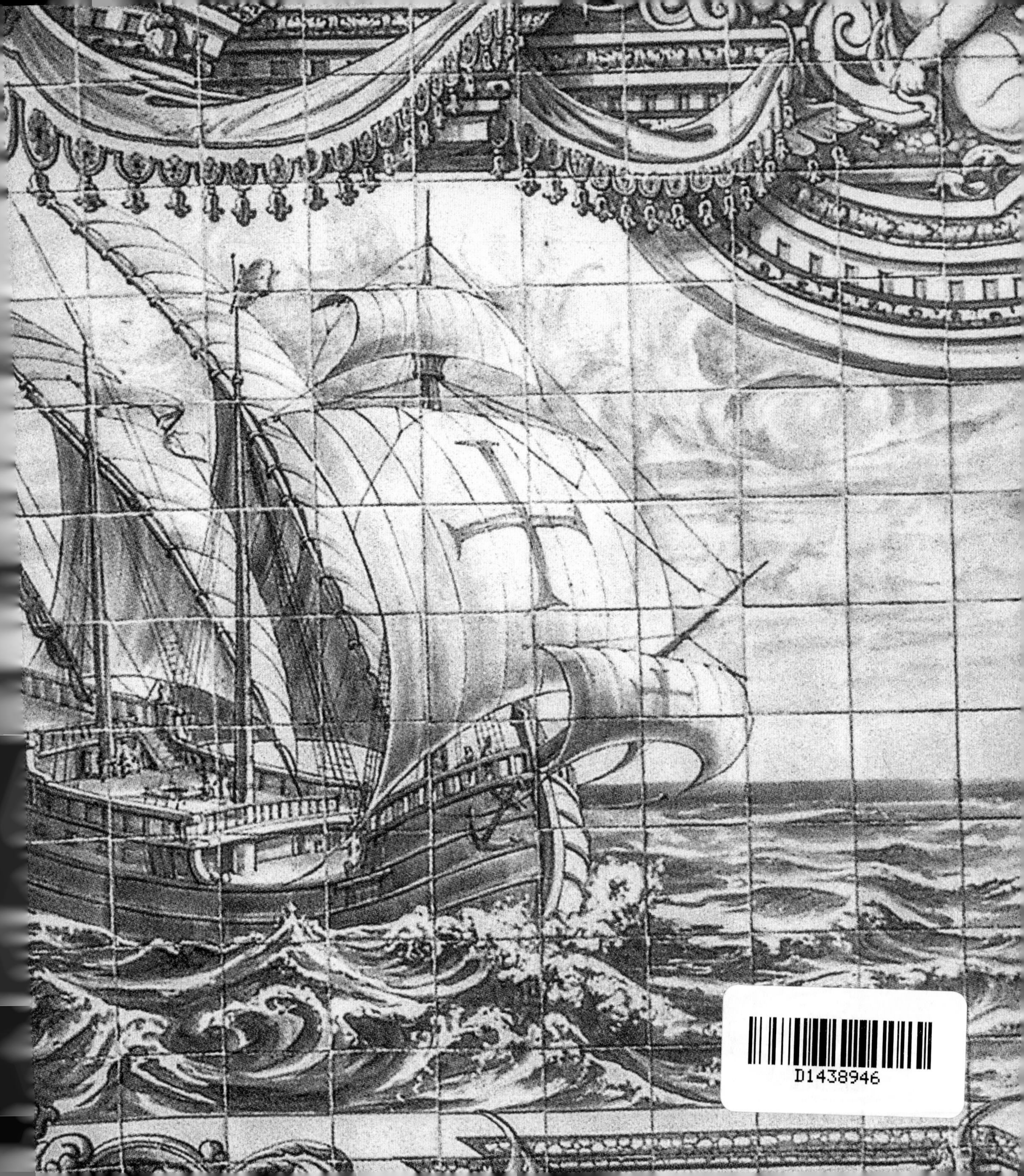
D1438946

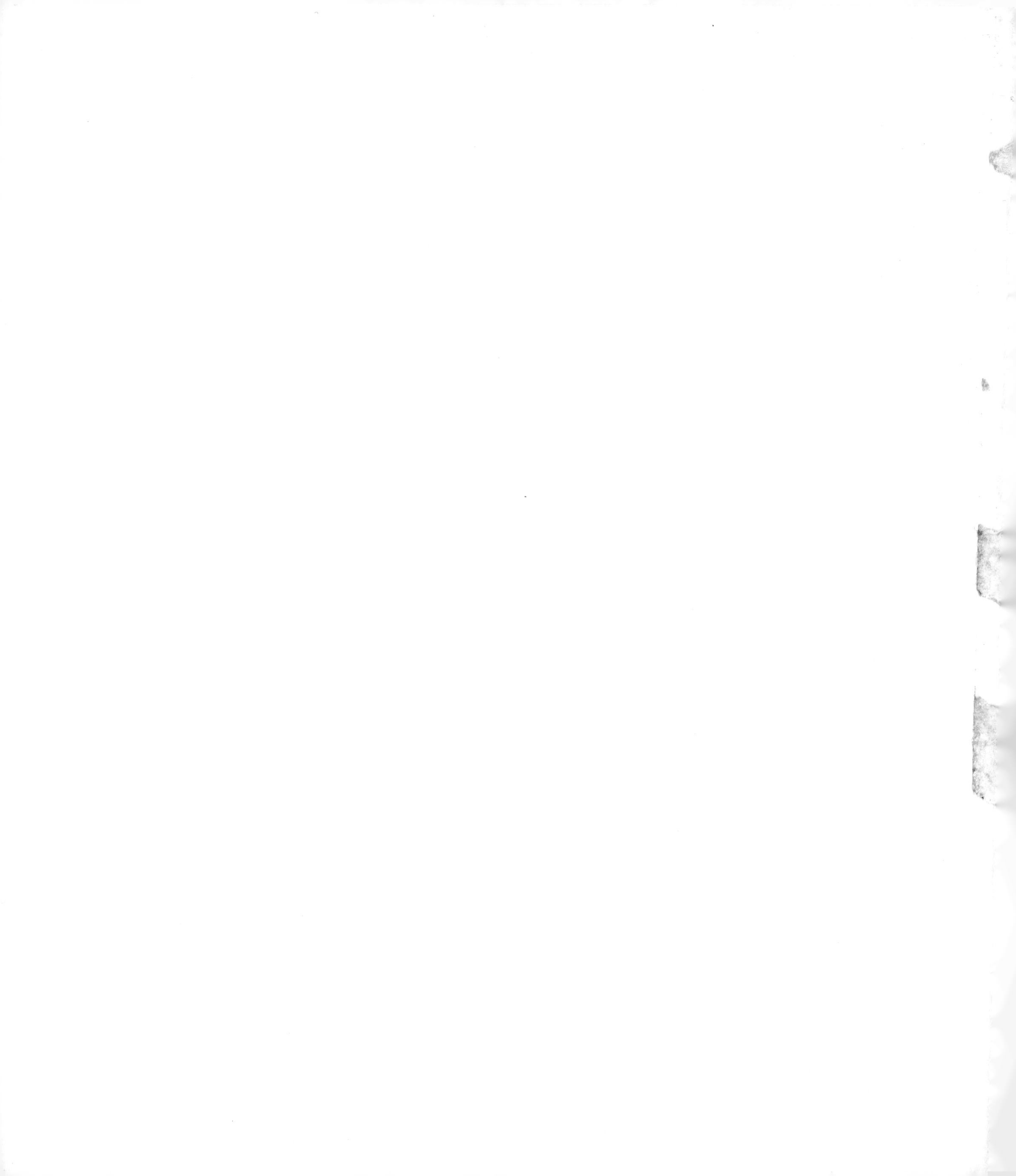

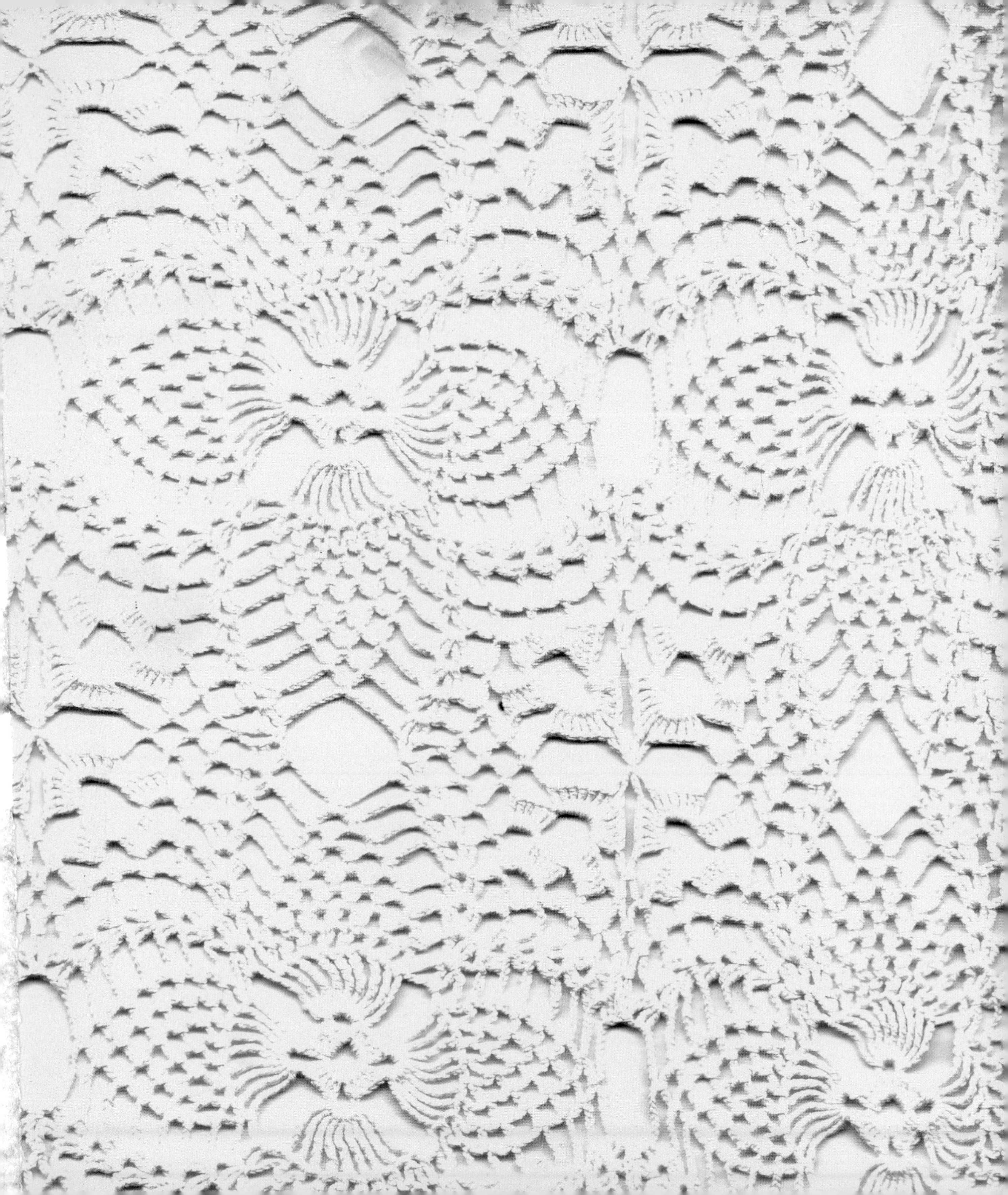

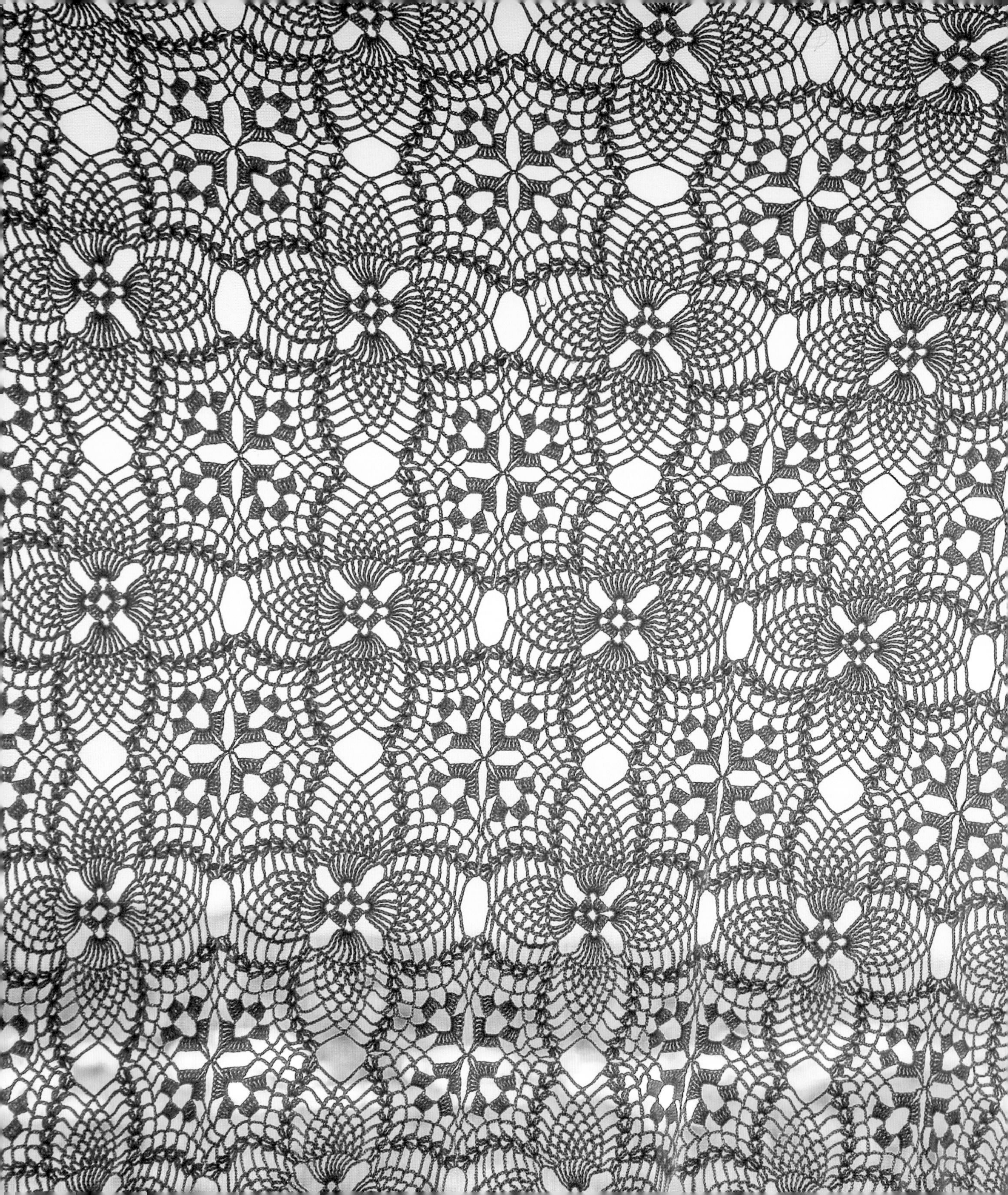

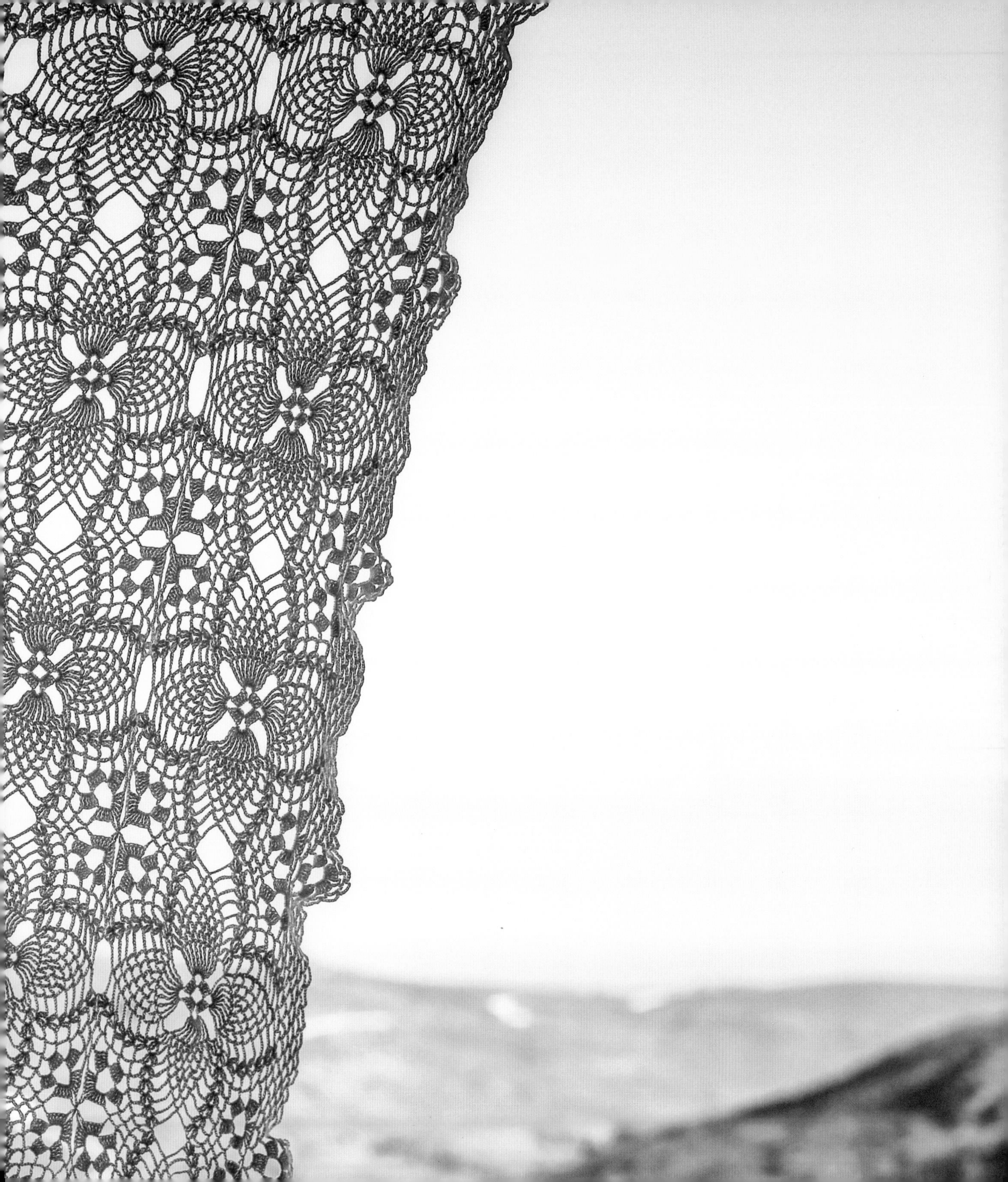

Dear Ana

Em qualquer parte,
em qualquer paragem,
a tua imagem estará comigo.

Wherever, in every place,
Your image will remain with me.

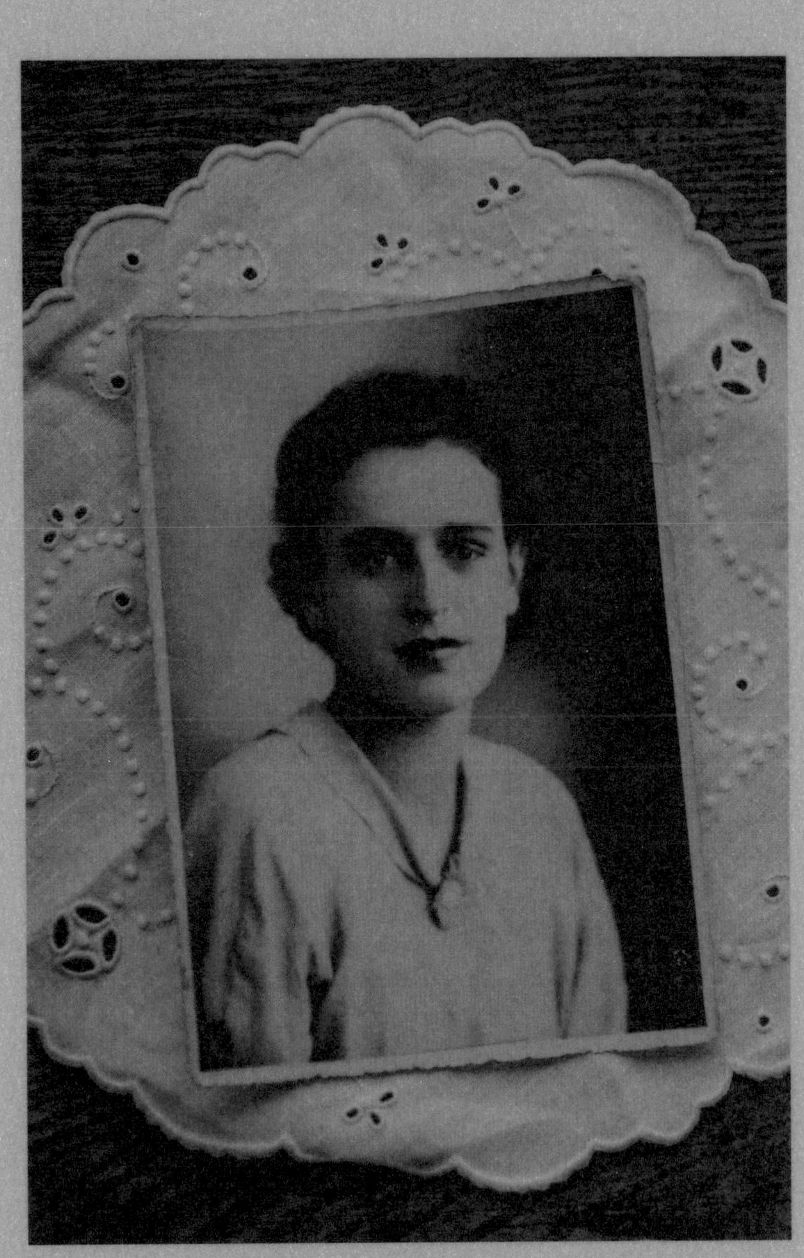

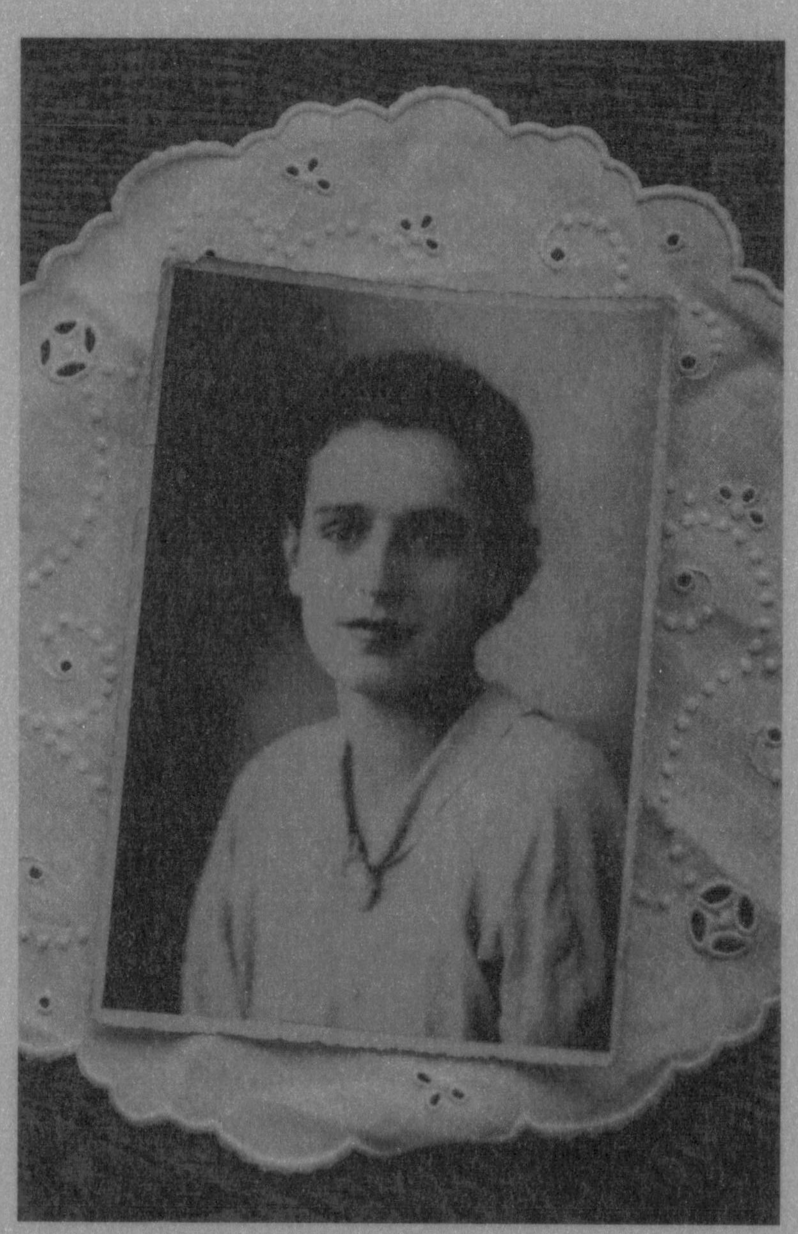

Dear Ana
By Leticia Valverdes
Published by Hurtwood, 2021

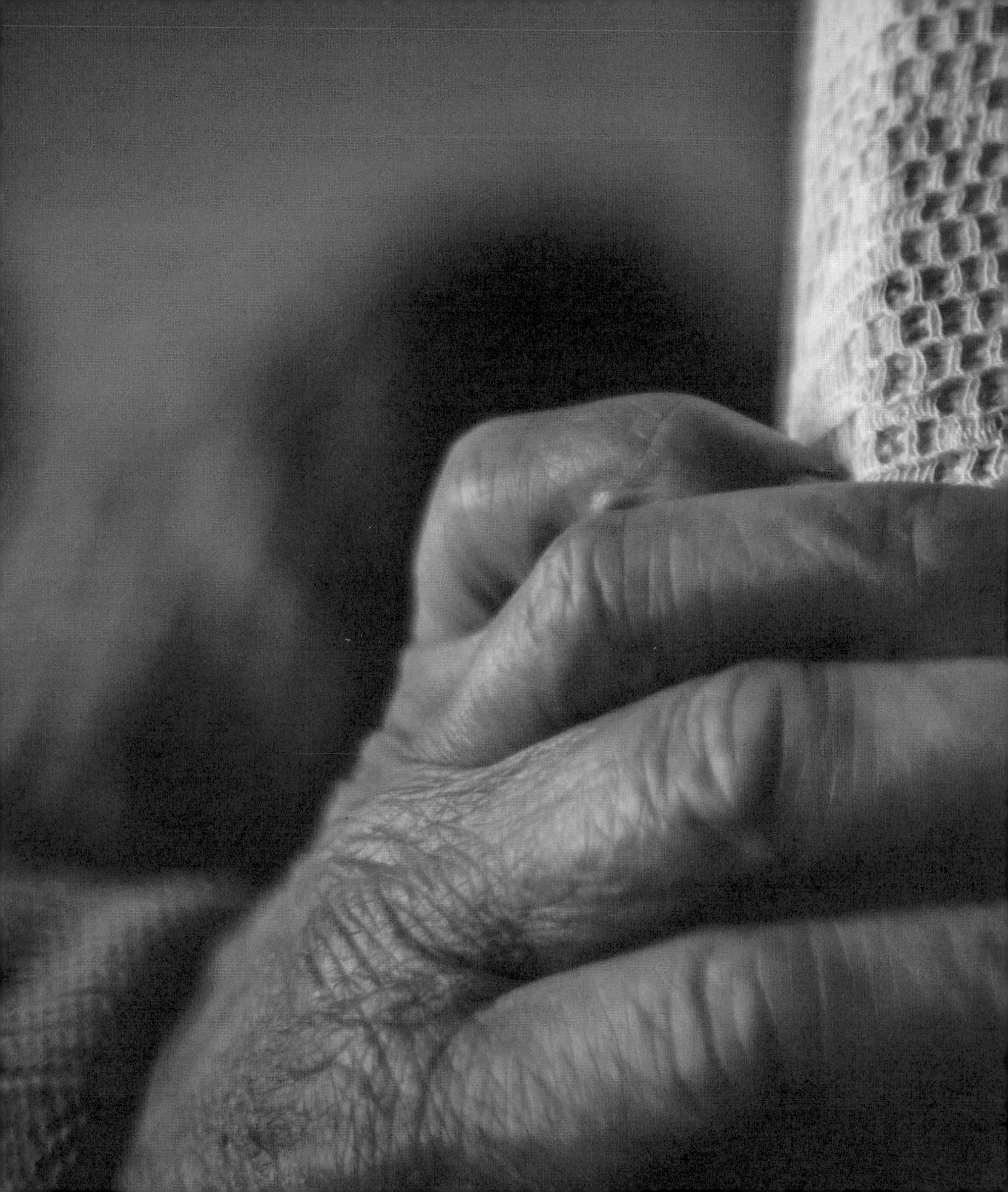

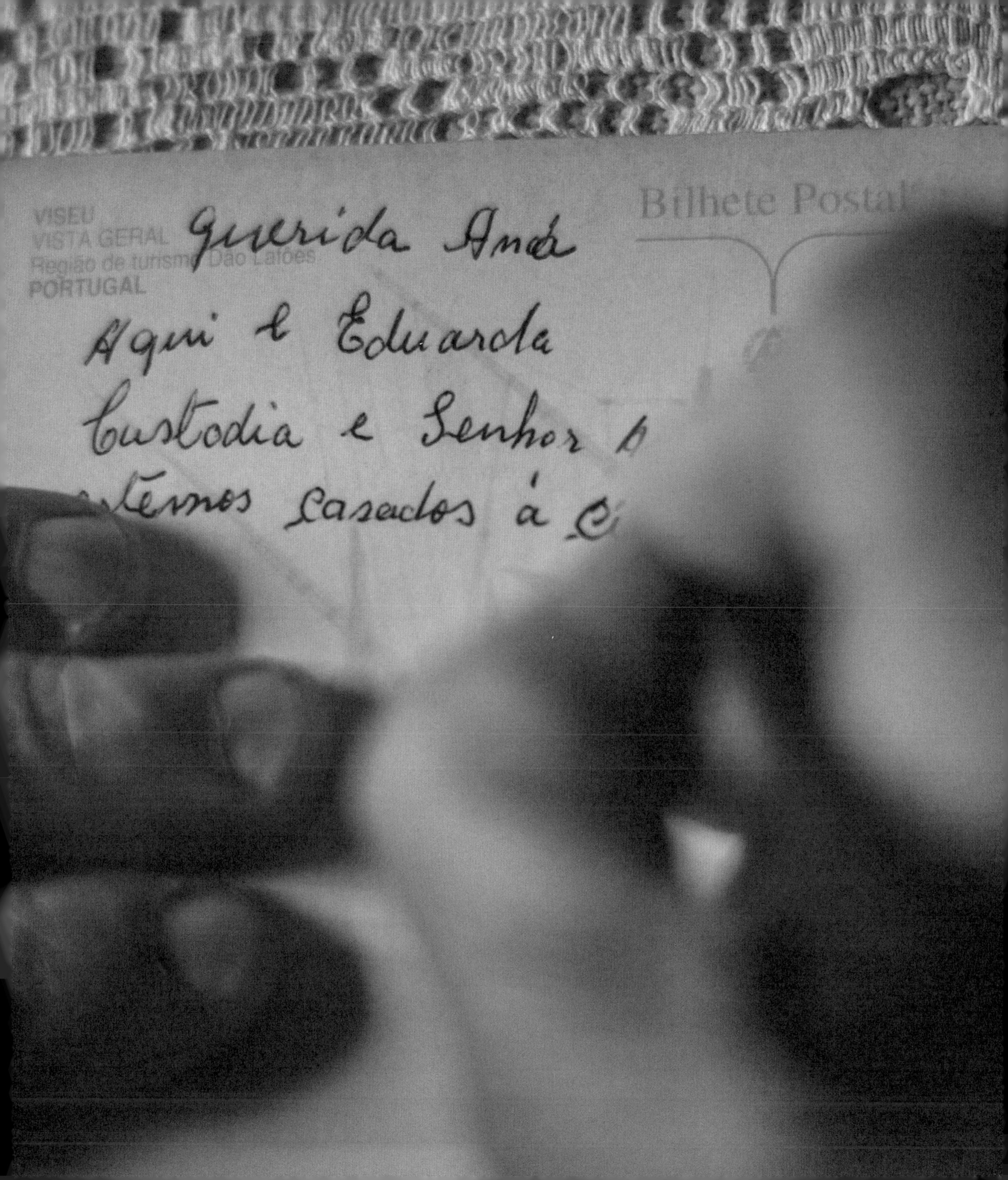

VISEU
VISTA GERAL
Região de turismo Dão Lafões
PORTUGAL

Bilhete Postal

Querida Ana

Aqui é Eduarda

Custodia e Senhor ...

... temos casados à ...

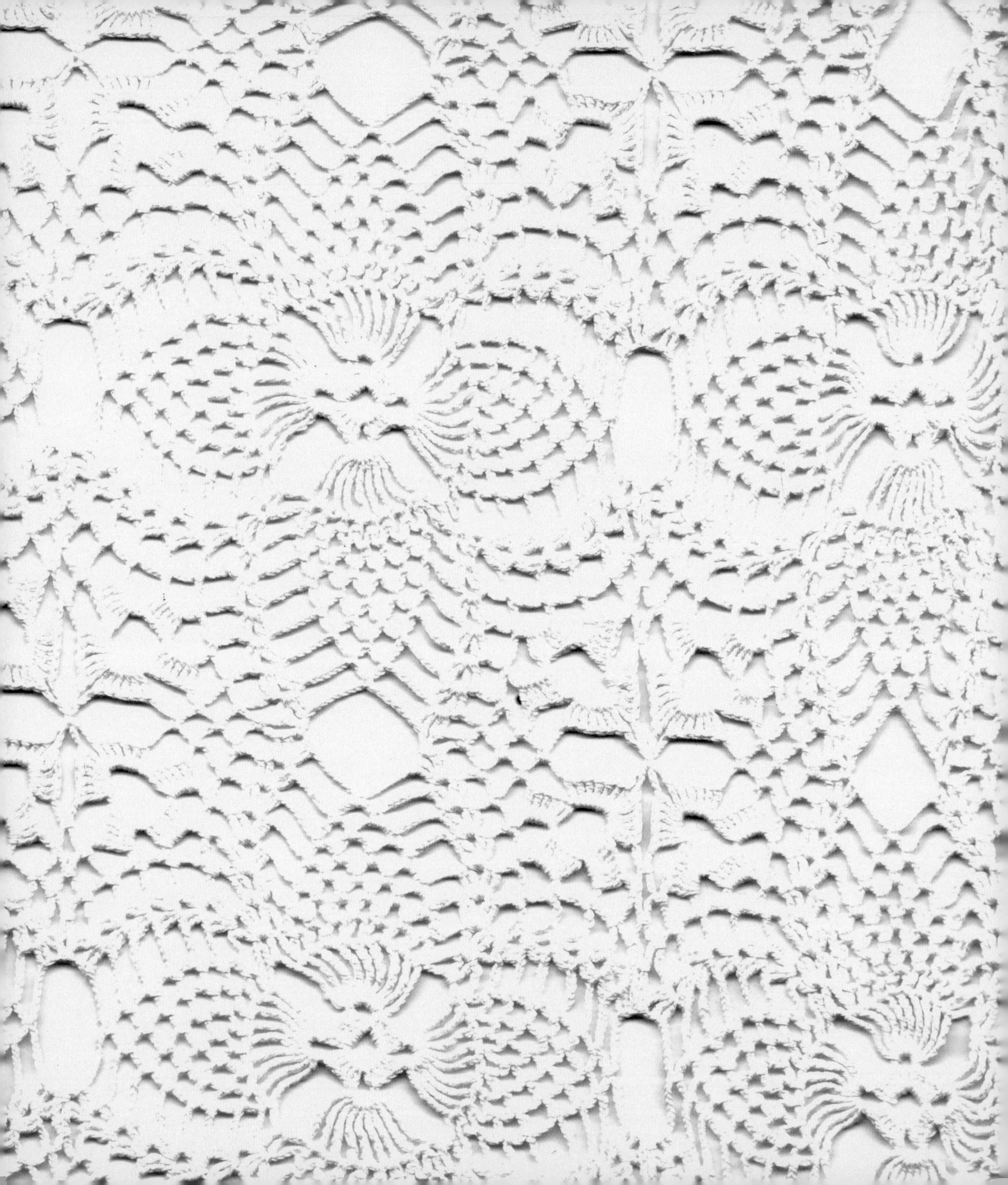

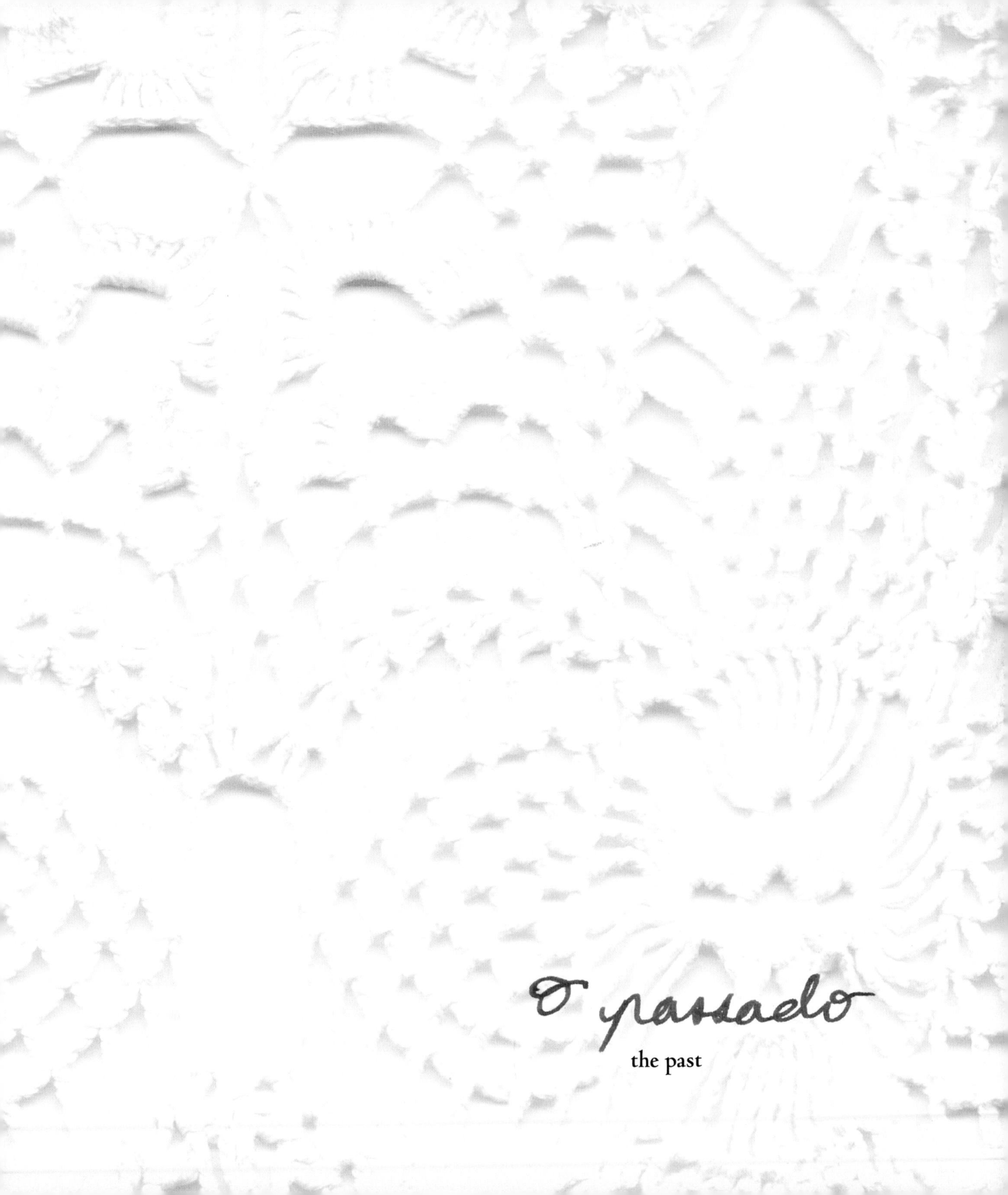

O passado

the past

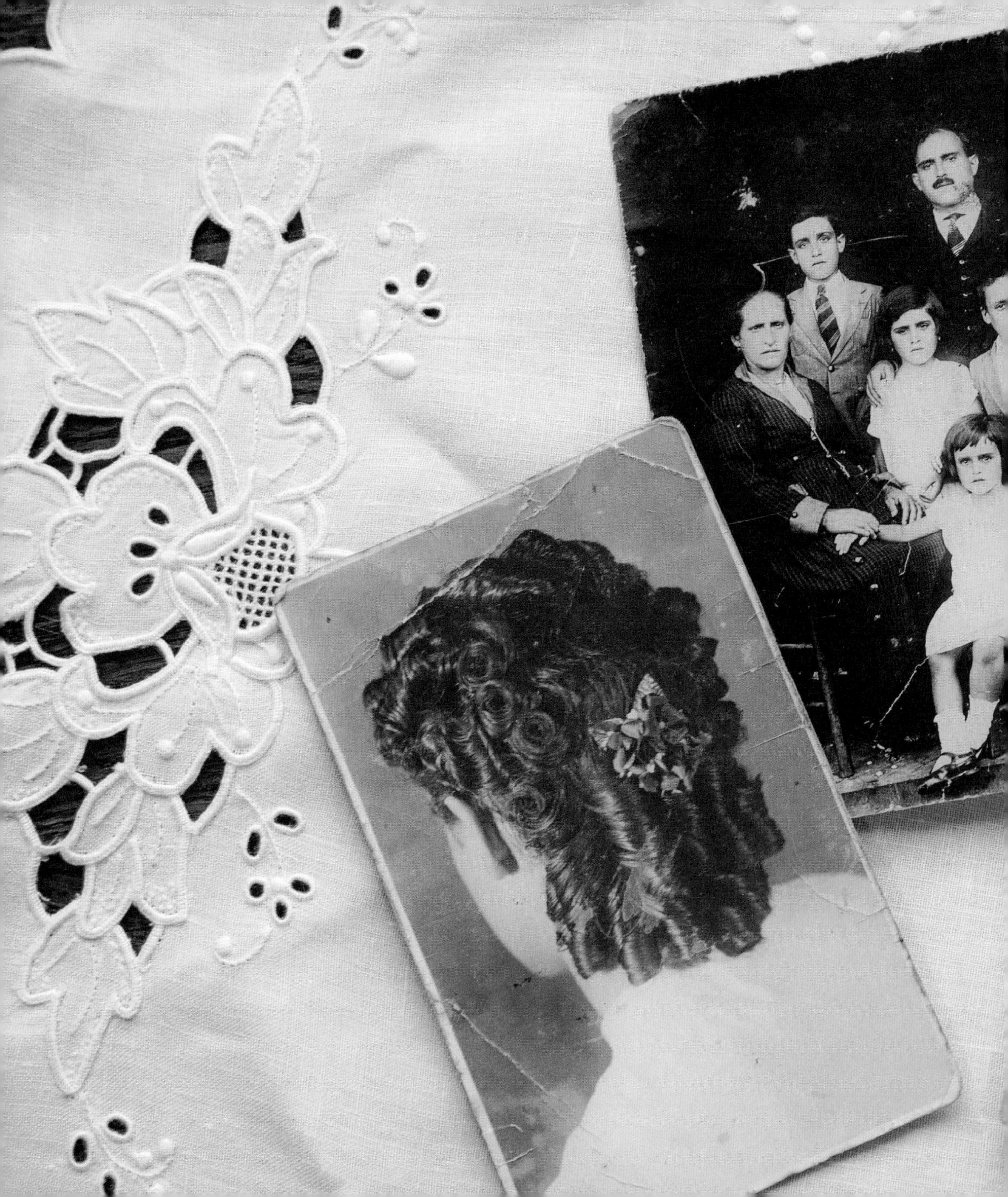

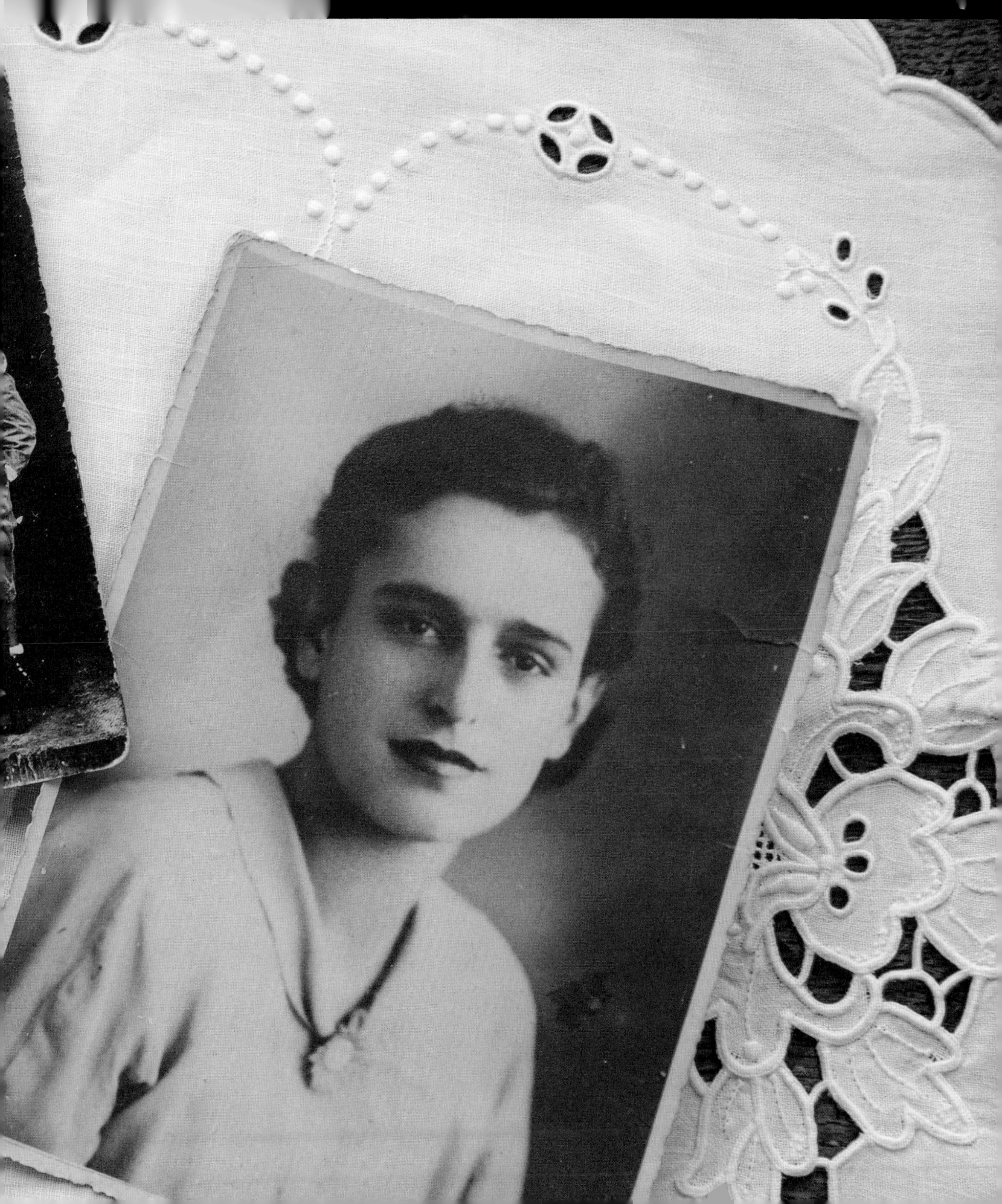

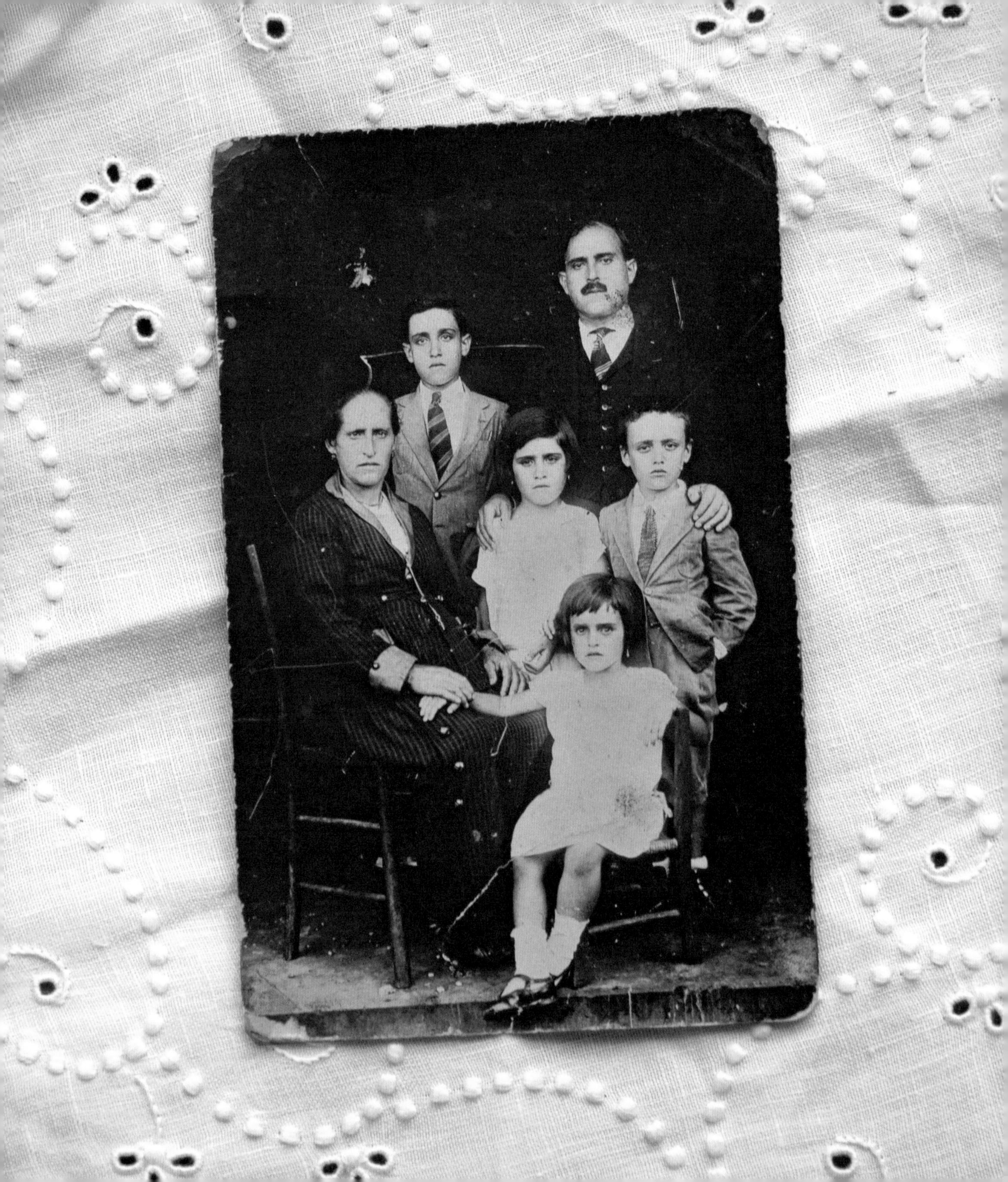

Anna

Querida Leti,

I am on the corner of the *feira* in our neighbourhood in São Paulo where I took you shopping when you were a child. I feel so at home here - after all we, the Portuguese popularised the Brazilian street markets.

I see the intense colours of the tomatoes, the pineapples and papayas. I can smell the sugar cane juice and the fried *pastéis.* I am reminded of the redness of your cheeks as you wondered at the fruits on sale, as you stared at the sunken eyes of the cod lined up on the ice in the fish stands. I am here, and the sounds and smells are so familiar, yet so strange. I long for the scent of the crop of lemons and oranges to enter my nostrils, to transport me back to my Mundão in Portugal. But I'm not there, and you are, with my friends, with family I never knew I had, taking in a world that I have always felt part of but never belonged to. *O mundo do além mar.*

I don't know if you will understand how I can feel this way. Perhaps this letter will help you understand who I am, who you are, what it means to be a woman of my generation and to feel a bit out of place wherever she lives. *Um peixe for d'agua.* Perhaps it will help me understand. I was born in Mundão, district of Viseu in Portugal in 1920. We were poor. It was the end of a war, and worse still, there was a flu pandemic that killed so many people in Europe. I was just over one year old when we, along with others of the eight hundred or so people who lived in the village at that time, left for Brazil. It was the land of plenty, *a terra da fartura,* we were told, and the hundreds of thousands of Portuguese inhabitants who had come before us would make us feel at home.

I don't know if I remember the journey to São Paulo, but my mother recounted it so often that I remember it in my soul. We left because of poverty, because we had no work, no money, because there was starvation in the village, because there was no hope. My mother told me of how we sold the few goods that we had, and left our small house shuttered and abandoned to the fates. So many others did the same. It was a sorrowful time. I was only a toddler but memories and secrets are transferred from woman to woman of a lineage. We are the guardians of the forgotten and excluded memories which we inherit in our wombs. Do you know, Leti, that you were once a seed in my womb? We have always been connected.

I can almost feel the tears of my grandmother as she waved us goodbye,

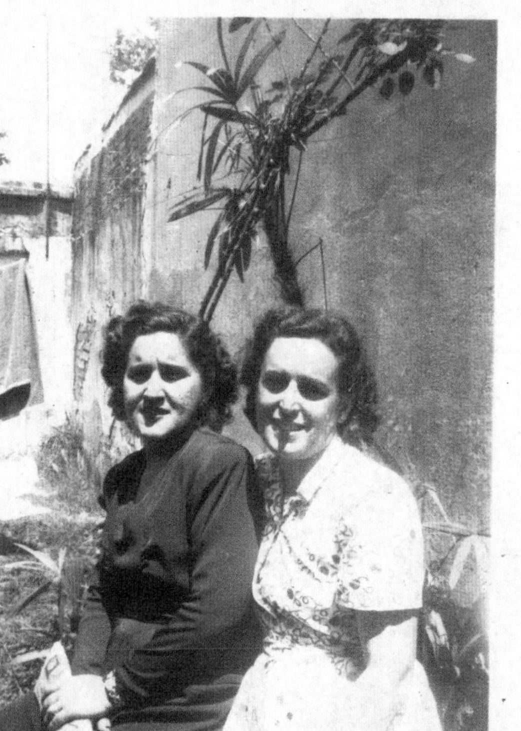

Na casa da Rua S. Isabel em 1950 ou

almost hear the last lament of the priest as he gave us his blessing. I think I remember seeing the women working in the fields as we travelled west, I remember wondering why they were staying and we were leaving. And I remember smelling the scent of oranges and lemons as we travelled to Porto where we waited for the ship to leave to Santos port in São Paulo.

To São Paulo we took what we could and lived in an immigrant neighbourhood where the customs and traditions of our homeland were preserved in these communities beyond the sea. I could get lost on the streets where up above, washing lines were hung on our balconies with whiter than white table cloths and underwear for all to see.

We had the *Fado* and dances, we had the food, festivals and other traditions brought from the motherland. We went to church of course, where, especially at Christmas and Easter, we wore our smartest clothes. I was particularly entranced by the Good Friday procession when we watched Mary being paraded down the streets and went to midnight mass. *In the name of the Father, the Son and the Holy Spirit* would say the priest and I thought he was calling me as that it is also my name – Espirito Santo. At Easter we ate my favourite *bacalhau À Brás* with a touch of South America as we had tropical produce so abundant and available. While our mothers shopped and talked to stall sellers we stood in the market square, our mouths watering at the sights and smells of juiced fruits, grilling meats and frying pastries. New arrivals would sometimes look with distrust at the magnificence of rainforest fruits and vegetables, foods that were alien to anyone European. Not all of them survived Brazil. The food, the lifestyle, the weather, the people... *Brazil is not for beginners* said a famous composer I don't remember the name of. Despite the European veneer and trying to preserve the old ways, deep down we knew this was another place altogether. We were in a different land, a different country where different rules applied.

I was a beautiful girl, Leti. The sort of beauty that you have now, and definitely the same spirit and shining soul. I grew up among sisters and we took pride in dressing up. Once I was allowed to wear it I never went out without the red lipstick that made me feel like a powerful woman. I take pride in being an elegant lady, always dressed in my best clothes, which I started to make myself quite early on. After all, as a seamstress, why make anything other than the best?

My first grandchild, you spent a lot of time with me since you were a baby, I remember taking you everywhere. We often went to buy material for costumes. I loved to let the fabric unravel from the roll and fall over my shoulder, my arms, my hands. I remember you touching it, feeling the sheen of satin ripple over your skin, the warmth of wool, the coolness of cotton. I sometimes think you were impatient with me, trying to hurry me along, but the haberdashery *armarinhos* shops were my fantasy life. It was my escape from the claustrophobia of the hard life of a working-class woman. I could dream there. I dreamt for me and I dreamt for you, your mother and your sisters, Leti. I made you dresses for school, gowns for parties, outfits for Christmas and Easter, and the loveliest and brightest carnival costumes that any child could have. Here, I have made one for you now, to wear with a flower in your hair, in my favourite shade of red. I brought the glamour of Europe into your life, dear. To my eyes you were the best-dressed children in town, and when I saw you, I used to cry with joy at what you were, at the choices you would have, at who you could become.

We had dances in our neighbourhood. I went to them before I married your grandfather. I put on my foundation, eyeshadow, mascara and lipstick. I wore the dress that I secretly tucked in at the bodice and waist for the occasion, and I put on what were the most glamorous heels I could afford. My feet were so beautiful in them! In community and church halls we danced the folkloric dances of our motherland, the *rodas*, the *vira*. That was how we flirted, we met boyfriends and, some of us, got married in the end. That's when we could escape the eyes of the adults who watched over us. There were always adults watching over us. I still see them now, feel their gaze upon me.

I remember flirting like that in those days before I married, I can feel my eyes being drawn across the room to a young man who was looking at me. He looked down first when I caught his eye, then I looked down. I didn't dare look up again, partly because I was afraid he would be looking at another girl. But he didn't look at another girl, and when the next dance came up I remember brushing past him, our hands touching. I saw my future in the smile in his eyes.

I am remembering the smell of the foods of my childhood, the *bacalhau* that we made from the salt cod bought from the feira where I sit now, the same dishes I used to cook for you before you left in the opposite direction

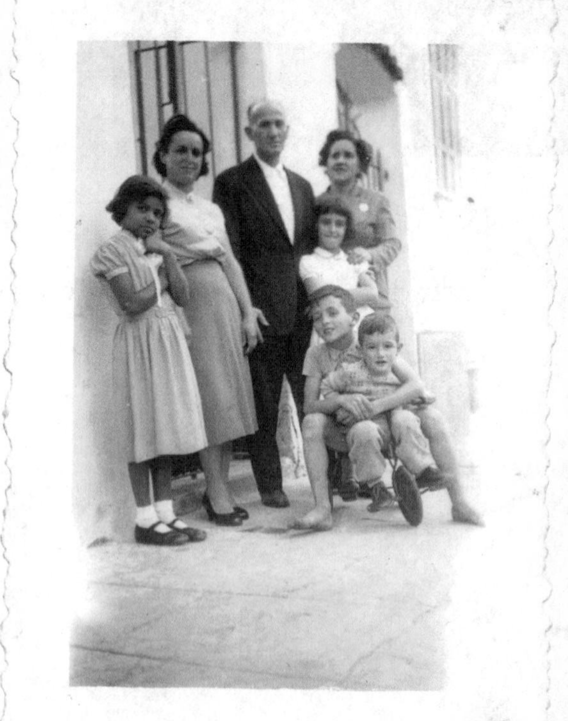

6/3/1955

to the continent I left behind. *Tudo vale a pena se a alma não é pequena.*

I was so in love, Leti. His name was José, and he was an engineering student. When he looks at me with his dark eyes, like *jabuticaba* fruit, time stops. My heart beats faster and all I want is to dance. We meet when I come home from the workshop, but for moments only in the shade of the trees in Parque da Independência. I can never escape my parents and brothers, or any of the family and friends who live in our area of São Paulo. His name was José, and my name was… My name was Crescenciana, but for José I became Ana. It was my new name, my new self. It was the name of the woman I had always wanted to be. José's Ana, in this strange new world.

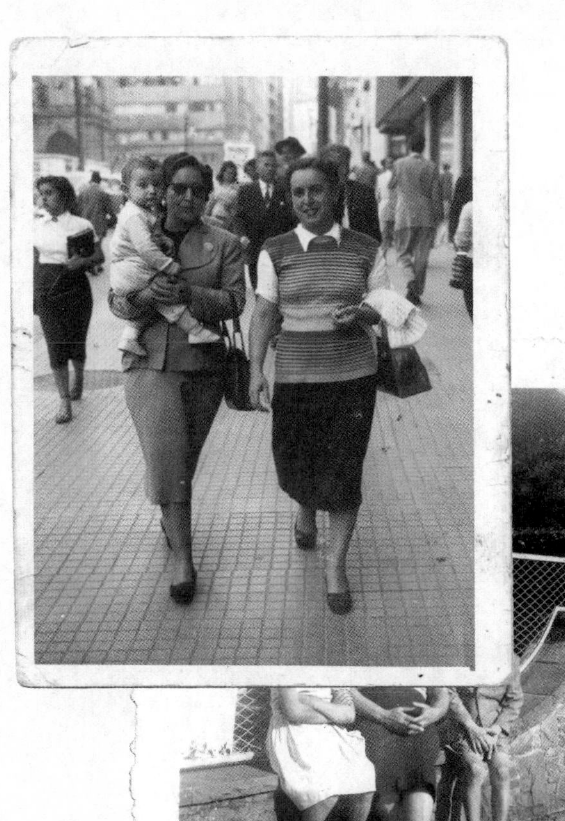

I have always disliked my given name, Crescenciana. I never accepted it and for good reason. I wasn't supposed to be called Crescenciana, I was supposed to be called Ana. That is what my parents agreed when I was born. My father went alone to register my name and on the way to the the registry office, he stopped for a drink. First one, and then another. And another.

By the time he was ready to continue on to his final destination he had forgotten the name he was supposed to give his baby girl, and came up with Crescenciana. He obviously could be quite creative under the effects of liquor given that no one else has ever come up with the same combination of letters.

As well as the dances, we went to some concerts. I remember listening to the piano in the concert hall. I longed to play that piano. I pleaded with my father to let me take piano lessons. But he wouldn't let me. My father thinks that music in Brazil is not fitting for a proper young lady. He thinks it's too raw, too filled with sensual energy. But I think sensual energy is exactly the point of life.

Even when I was asked to model for some photographs, my father stopped me. *You cannot show your face*, he said. I wanted to show my face. I was proud of how I looked. I wanted others to see my eyes, my lips, my smile. But it wasn't to be. I could only show my hair, from the back, my face hidden, its powers concealed from the world. I so wanted the world to see my face. I want to turn around and look at the camera, let my cheekbones catch the light.

I'm so happy that you can show your face, that you can be who you want to be. I weep at the thought of that ever being taken away from you, of you living a life of unfulfilled dreams.

I married when I was 23, my lovely. I met my husband, Luca, through friends of the family. He was 18 years older than me and already an established tailor. He was from a big southern Italian family. Immigrants from poverty like us. We understood each other, in a way.
But I did not love your grandad, Leti. I loved another man my whole life, and yet I stayed married to Luca till the end. Never do that, my dear. Never stay with a man you do not love. It makes a sadness that goes as deep as your soul. I wonder about what might have been if I hadn't married Luca, if I had refused and stood my ground. Would I have been even more alone, cast out and living outside our community, on the streets even? Or would I have found a different way....I don't know Leti, I was too young, but without Luca I would never have had your mother, and you would never have been born. The world would be a different place and I would be a different person. José's Ana was a different woman. *A Ana do José*, I wonder if I would recognise her now.

What might have been, my *neta*. My stomach ties in a knot when I think of it. There has always been pain in my life so I cannot imagine what it is to live without it. Perhaps that is what death will bring, freedom from pain, from feelings of longing and *saudades*.

Saudade, this word in Portuguese that perfectly translates a feeling carried by those of us who live away from our home, our family, our culture, ourselves. I have felt this intense nostalgia throughout my life. The loss and the absence is fading, but this longing has defined me. It is finally ebbing away now.

Do you know my greatest pain? It is when your uncle Lafaiete died. He had such a lust for life and was still so young. He died at 21 with a cancer that did not give us much time to say goodbye. He was so gentle and loving. You were still under 2 and I remember him playing with you, taking you to the park, making you a wodden jewellery box which he finished painting when already in hospital. You were the first and only niece he ever met. He was enchanted by you.

He was my joyous third child and had brought me relief and happiness, like the other two. I lived my life through my children but I never let them know it. They lit up my life and brought me out of the darkness of the past into the hope of the present. But a child is not supposed to go before a parent. We buried him and that was it. His death was not something we talked about much in the family, I could never speak of my love or the hopes and the dreams that I had for him. He ceased to exist. The sadness swallowed me. I was like a fishing boat in a storm at sea, helpless against the waves.

But I always remembered. I took you for cake to the *confeitaria* on his birthday, And on the anniversary of his death I took you to *Igreja de Santa Cecília* to light a candle for him. I never told you why. I also took you to the *spiritist centers* as I am a medium and very sensitive to the spirits of the dead. They have always spoken to me, but their voices are louder now. I meet them everywhere - we keep each other company. Sometimes I talk to Lafaiete, and tell him about you, about the beautiful woman you've become. I think you can hear their voices too, Leti, if you listen carefully.

Soon you'll be lighting candles for me. We will still be together even after I die. I will still be with you. I have always been with you. I am part of you. *Sou parte de você* . I know you feel that too.

And when I die I know where I go. I have this intense longing, this *saudade,* for a home I have never known. For the friends I have never made. Is it strange that I can have a feeling for a place I left when I was so young, when conscious memories hadn't formed? The spirits speak to me in *saudades,* we share that language of longing and loss. I am ready to join them soon.

Lots of Love,
Your Beloved Avó, Ana

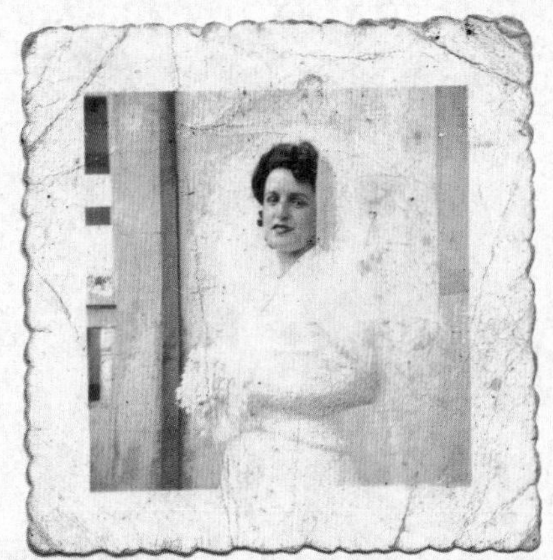

LAURA. FERNANDO. JON

GRECENCIANA. LAERCIO

MARGARIDA. HILDA

ANTONIO.

CLAUDIA

FERNANDO

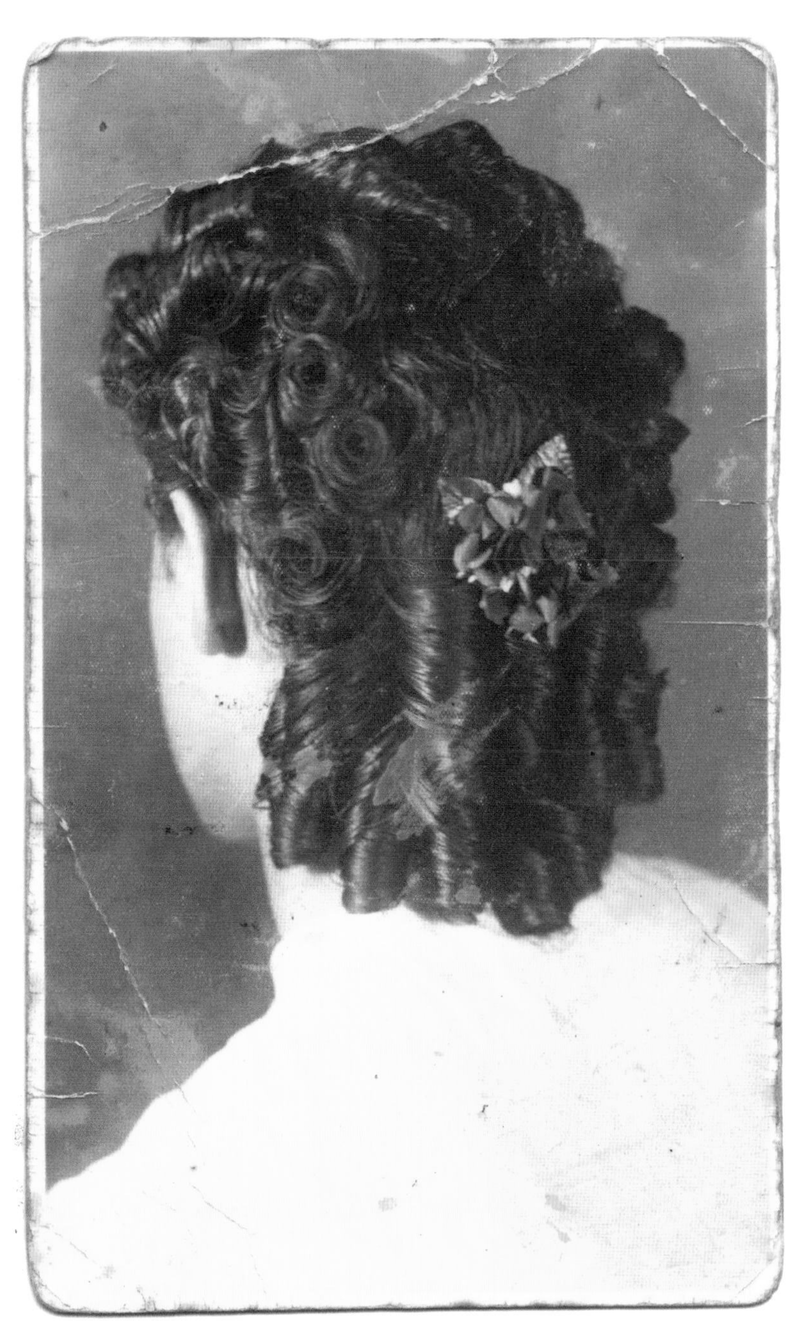

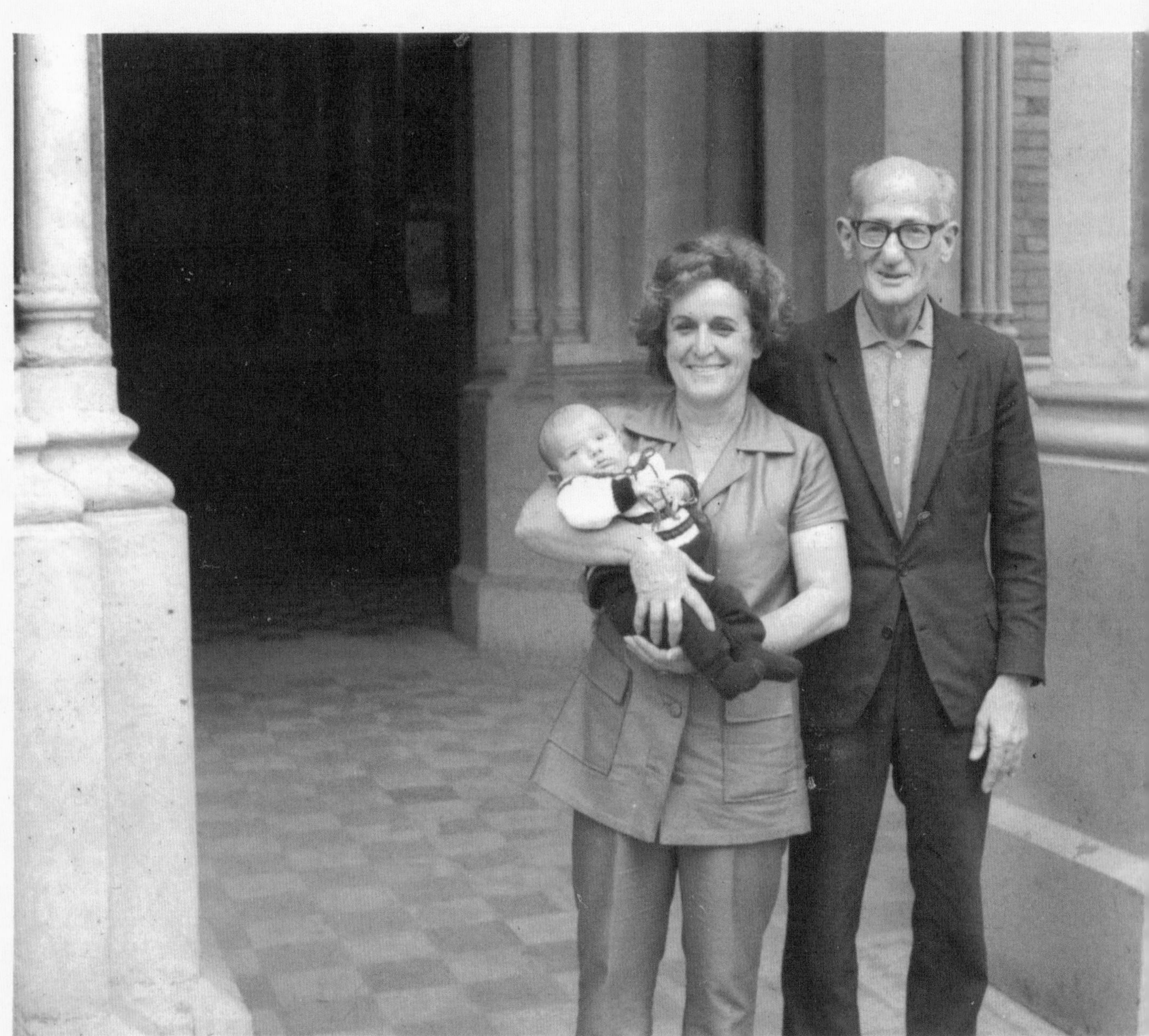

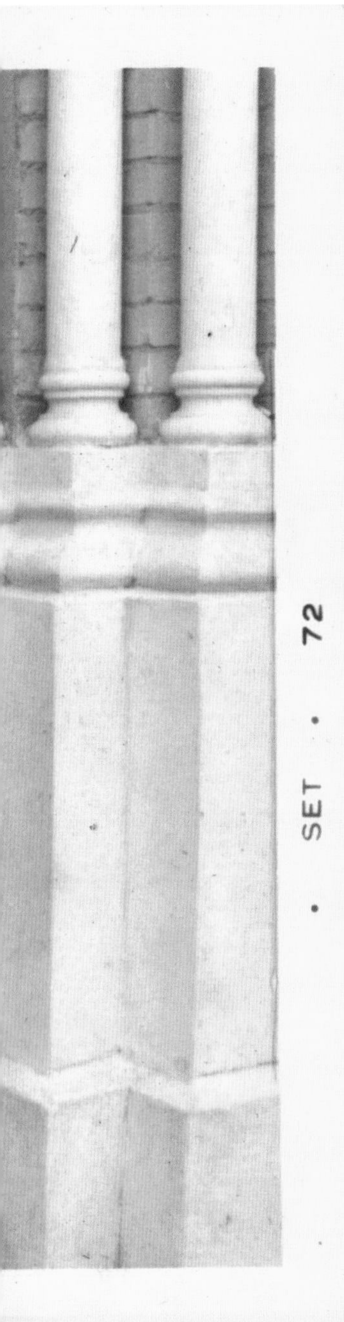
• SET • 72

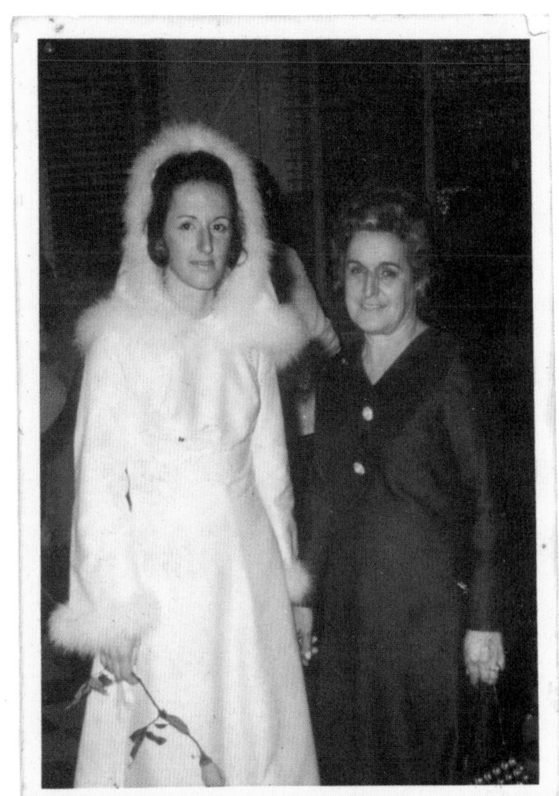

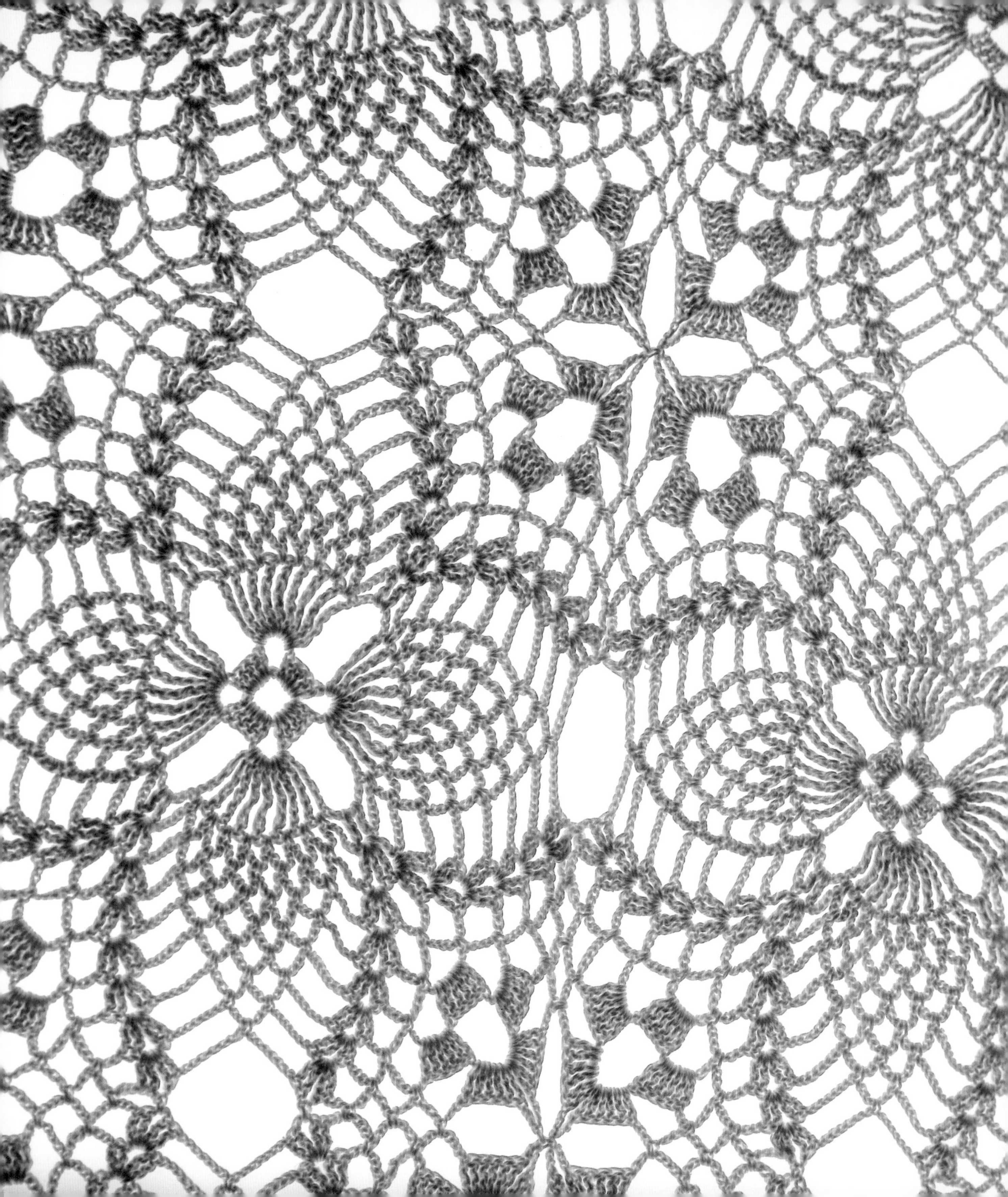

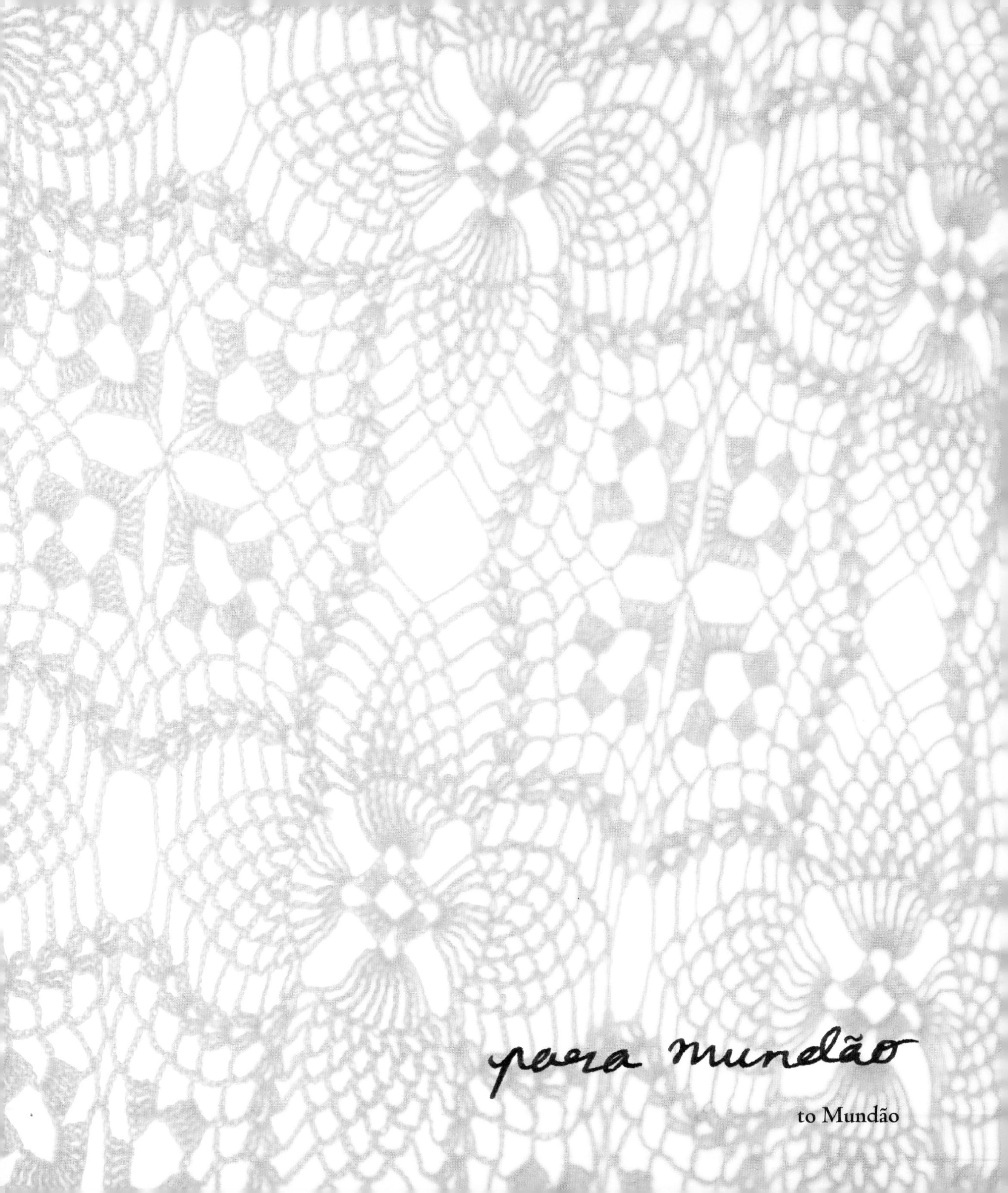

para mundão

to Mundão

I paint my lips red to
honour you. In the mirror,
my mouth is your mouth.

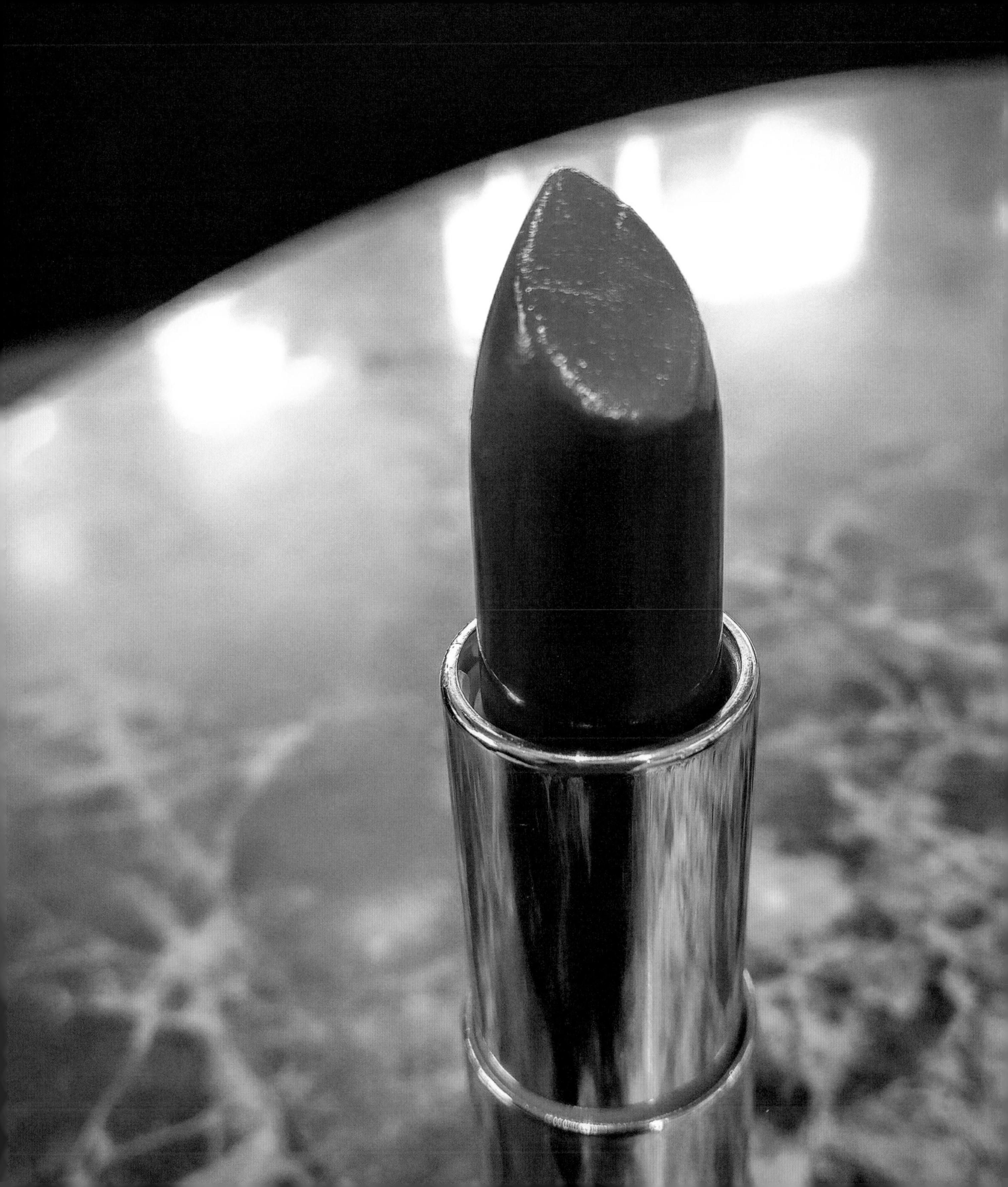

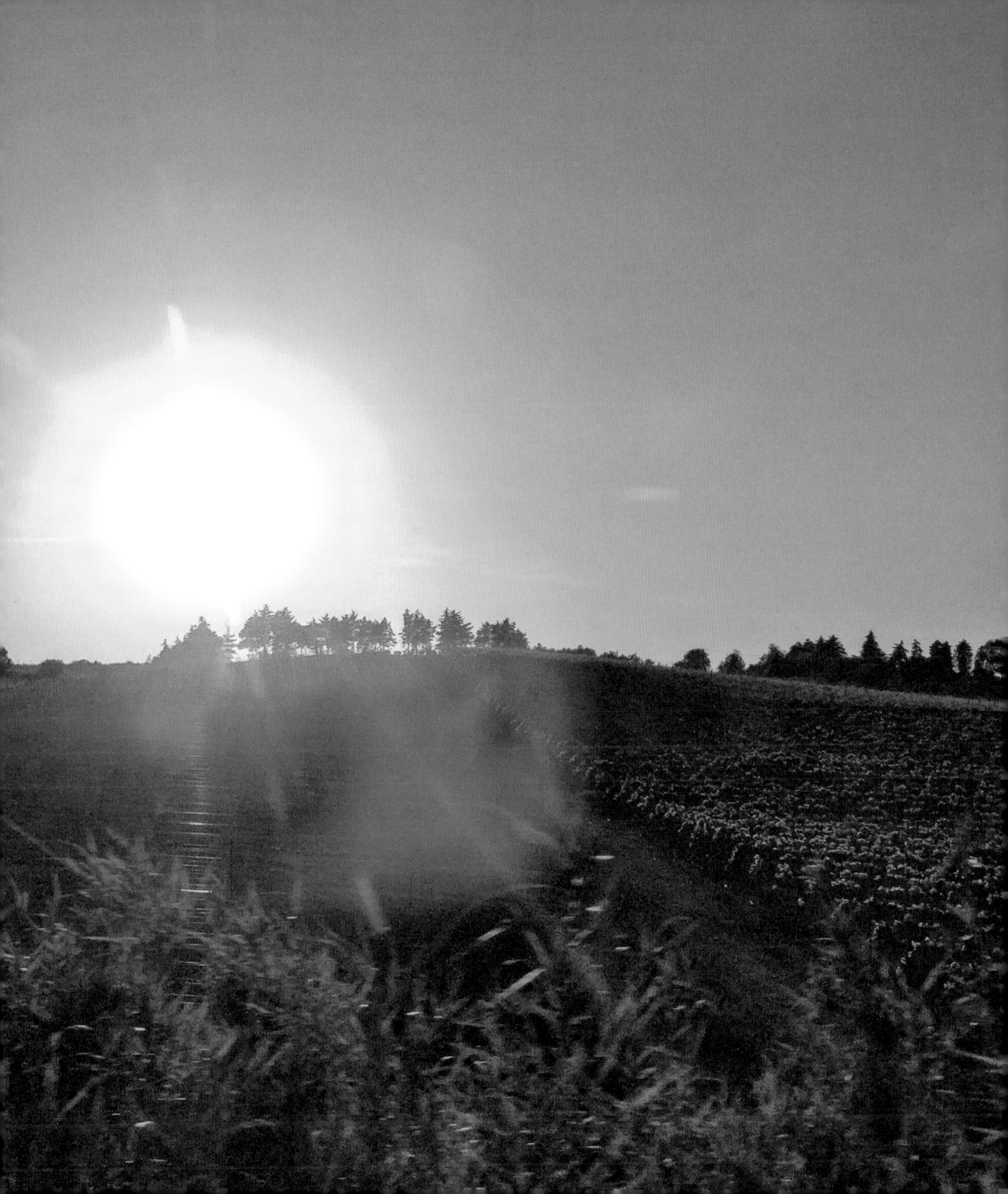

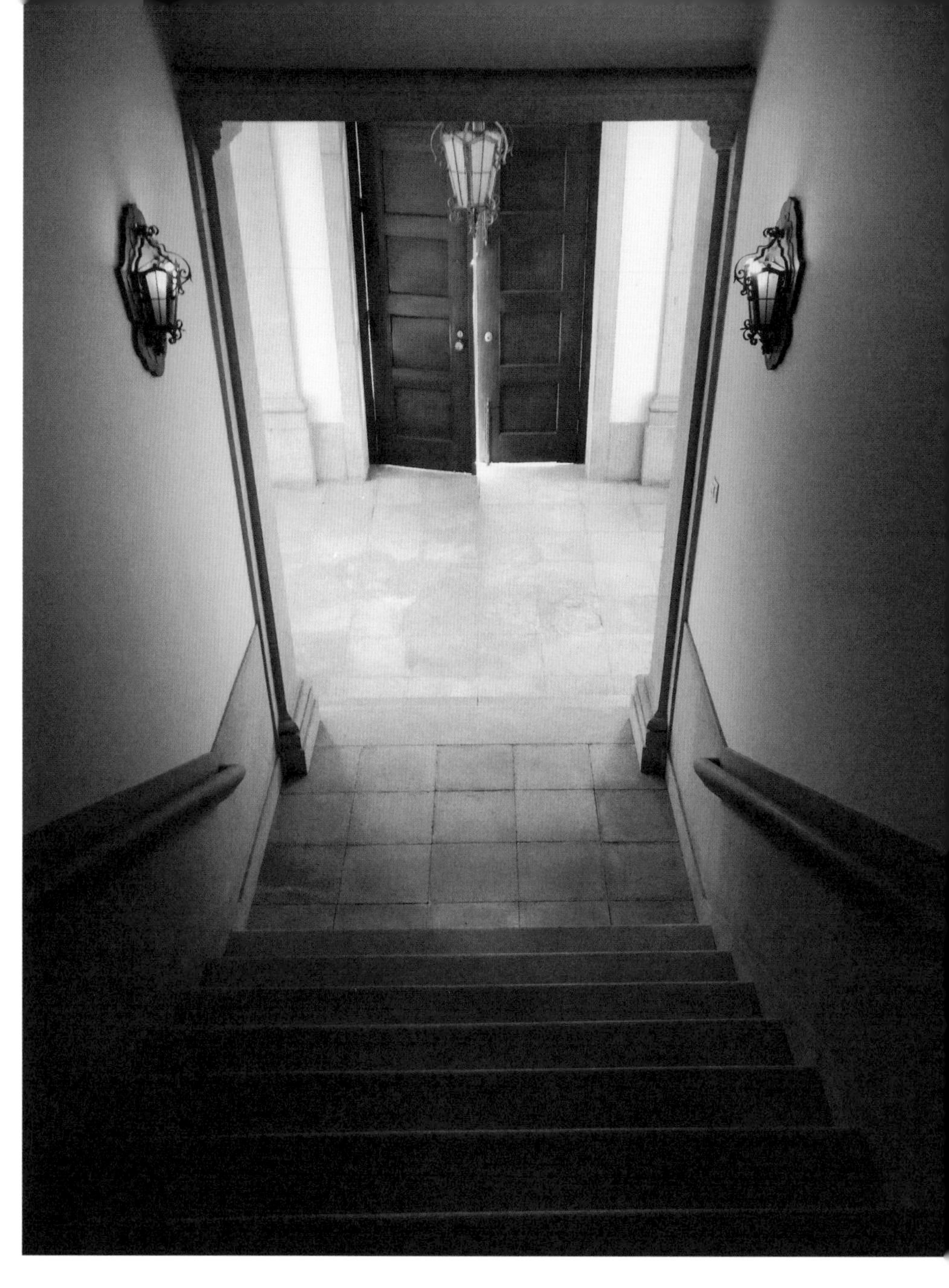

I look outside and see a woman's
face in the fields.

Her eyes are haunted

by the choices of a
different life...

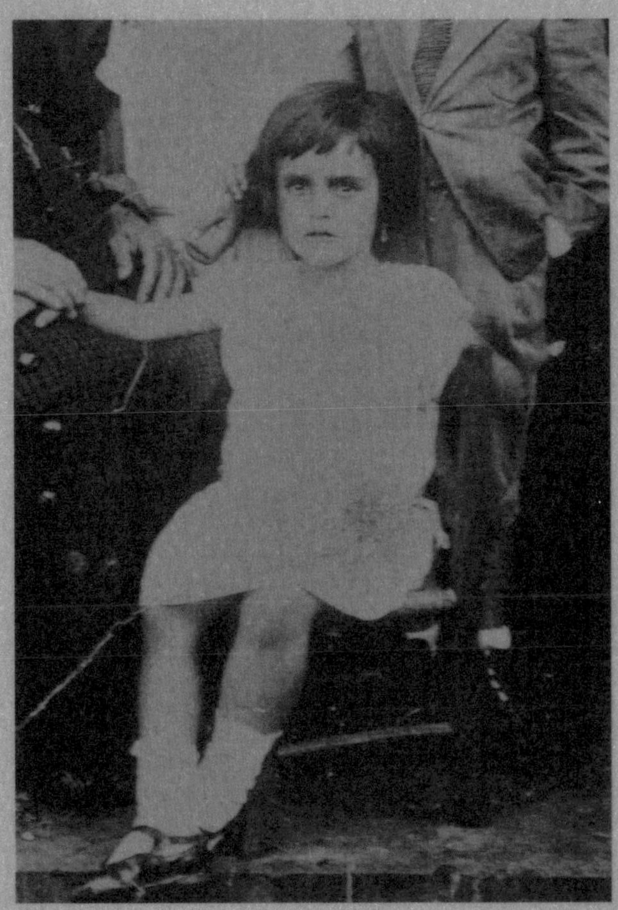

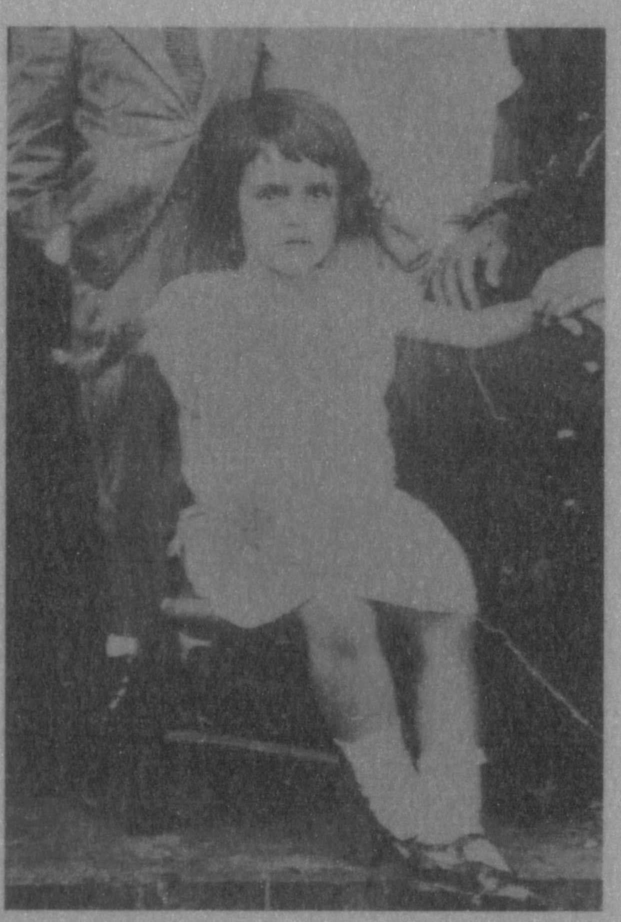

Through each doorway I step closer
to the girl you
once
were,
here in this big little world.

The squares in Portugal and the squares in São Paulo speak in the same language. The same dappled light. They long for each other...

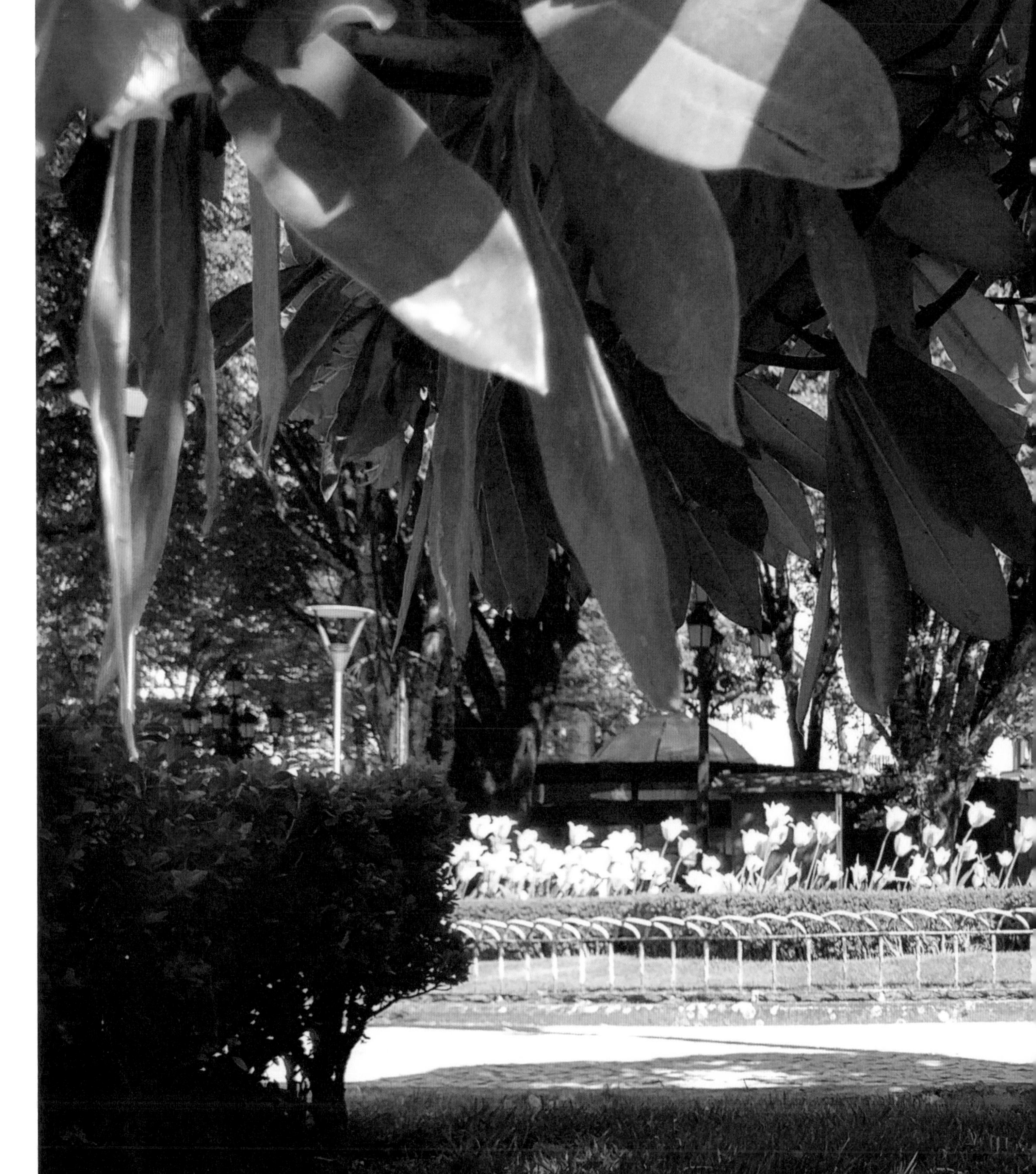

... You were not museum worthy,
Cresenciana Espirito Santo,
but you mattered so much to me.

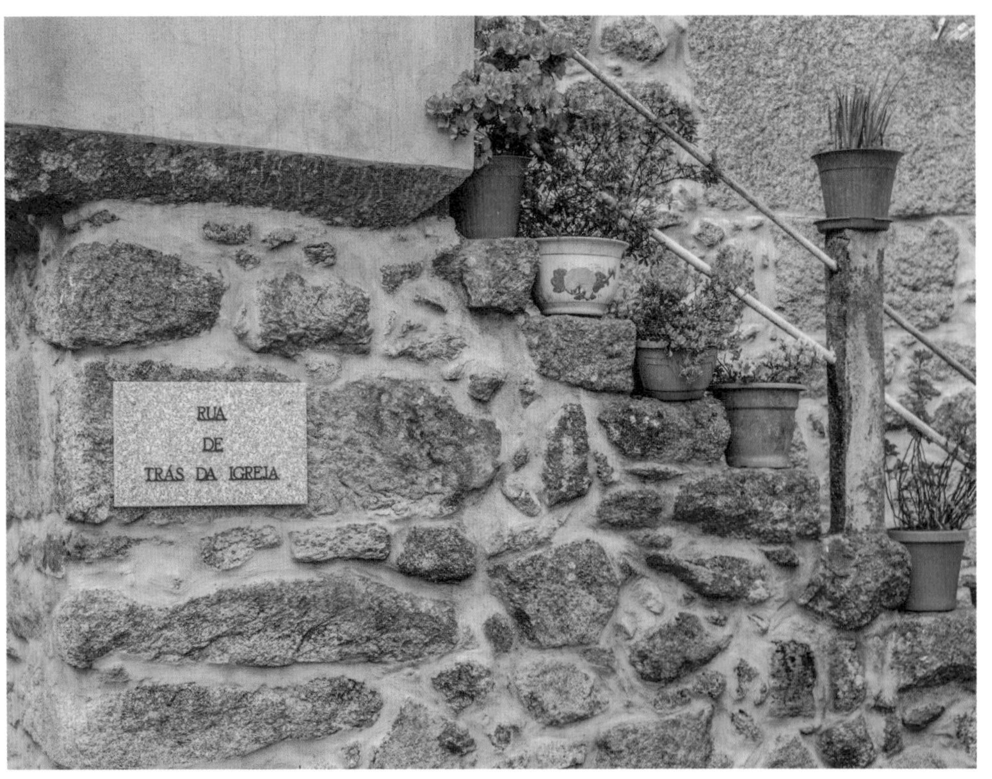

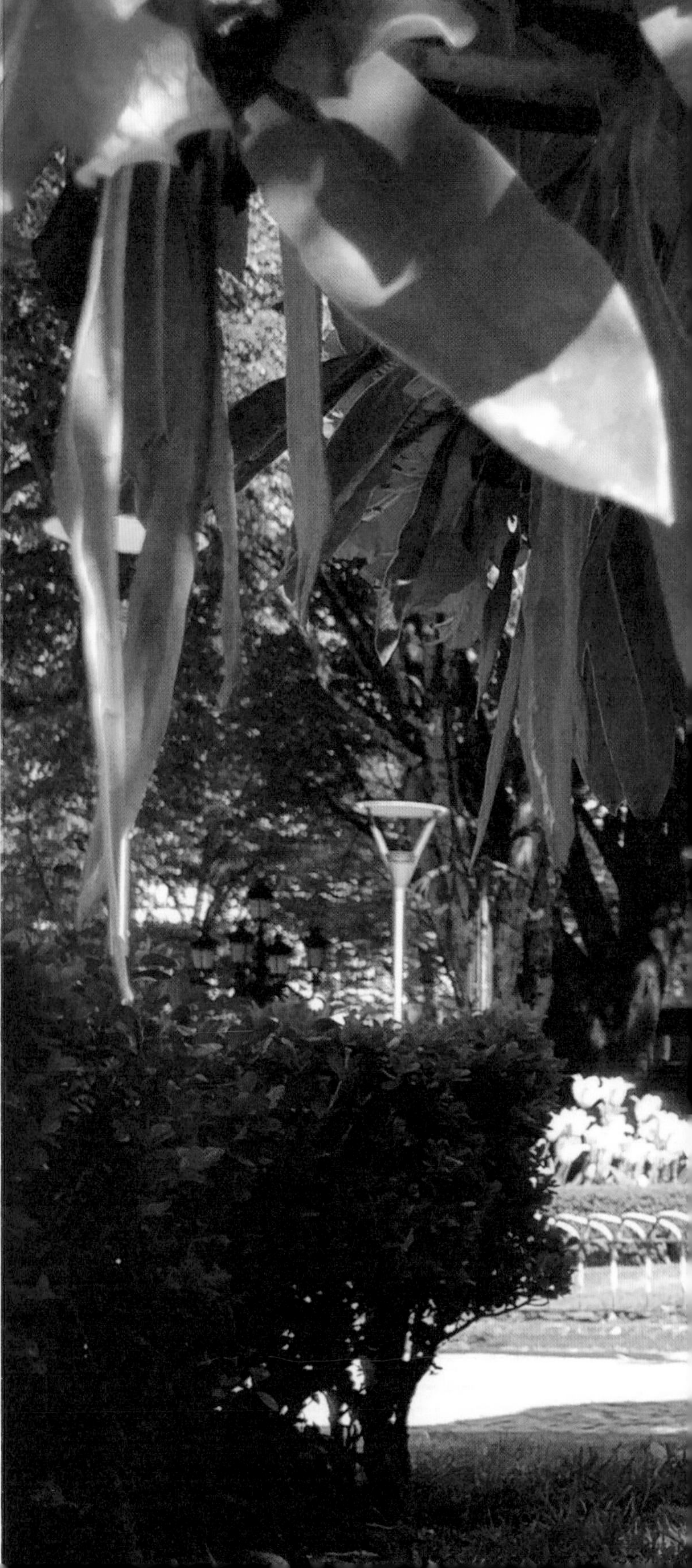

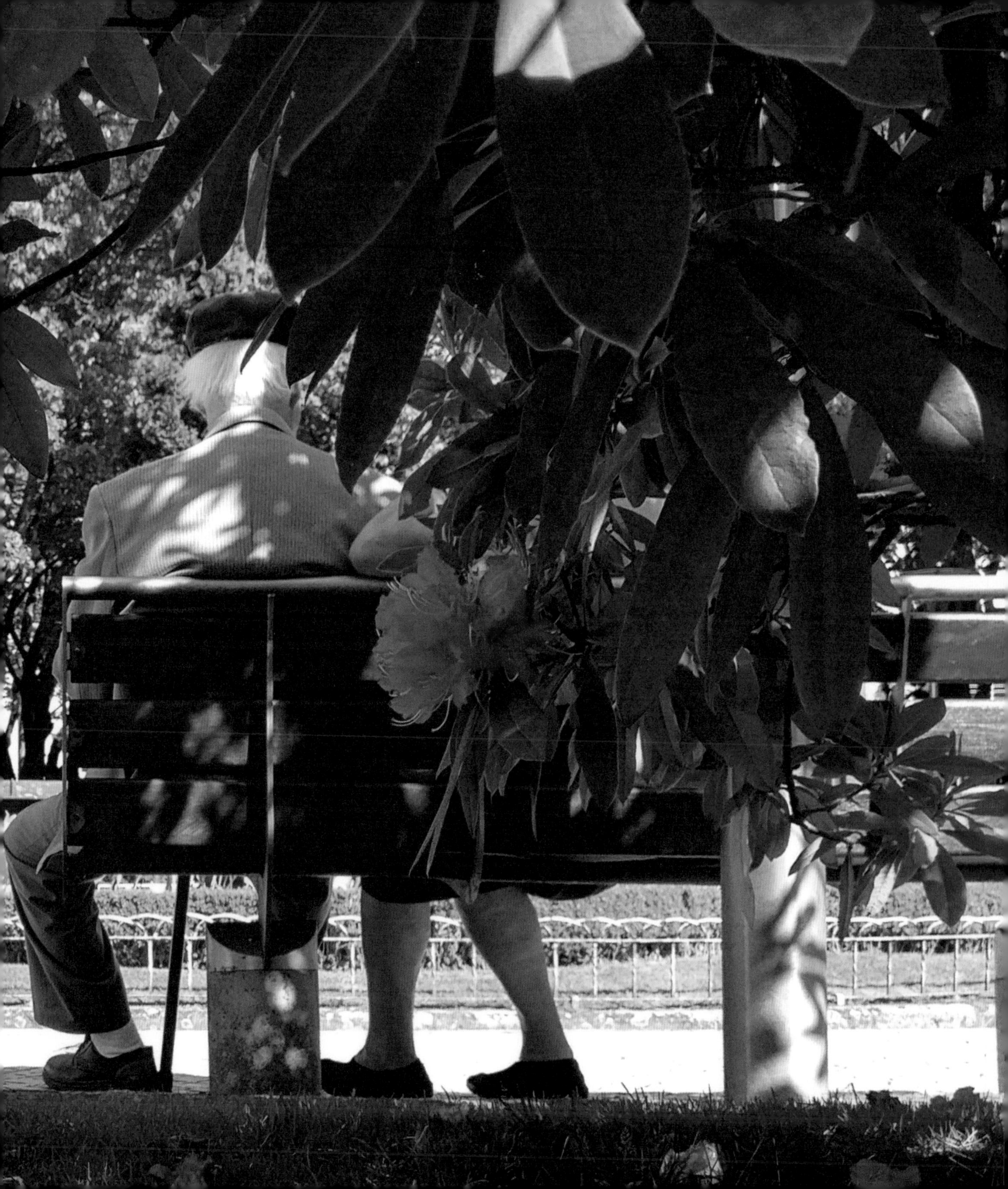

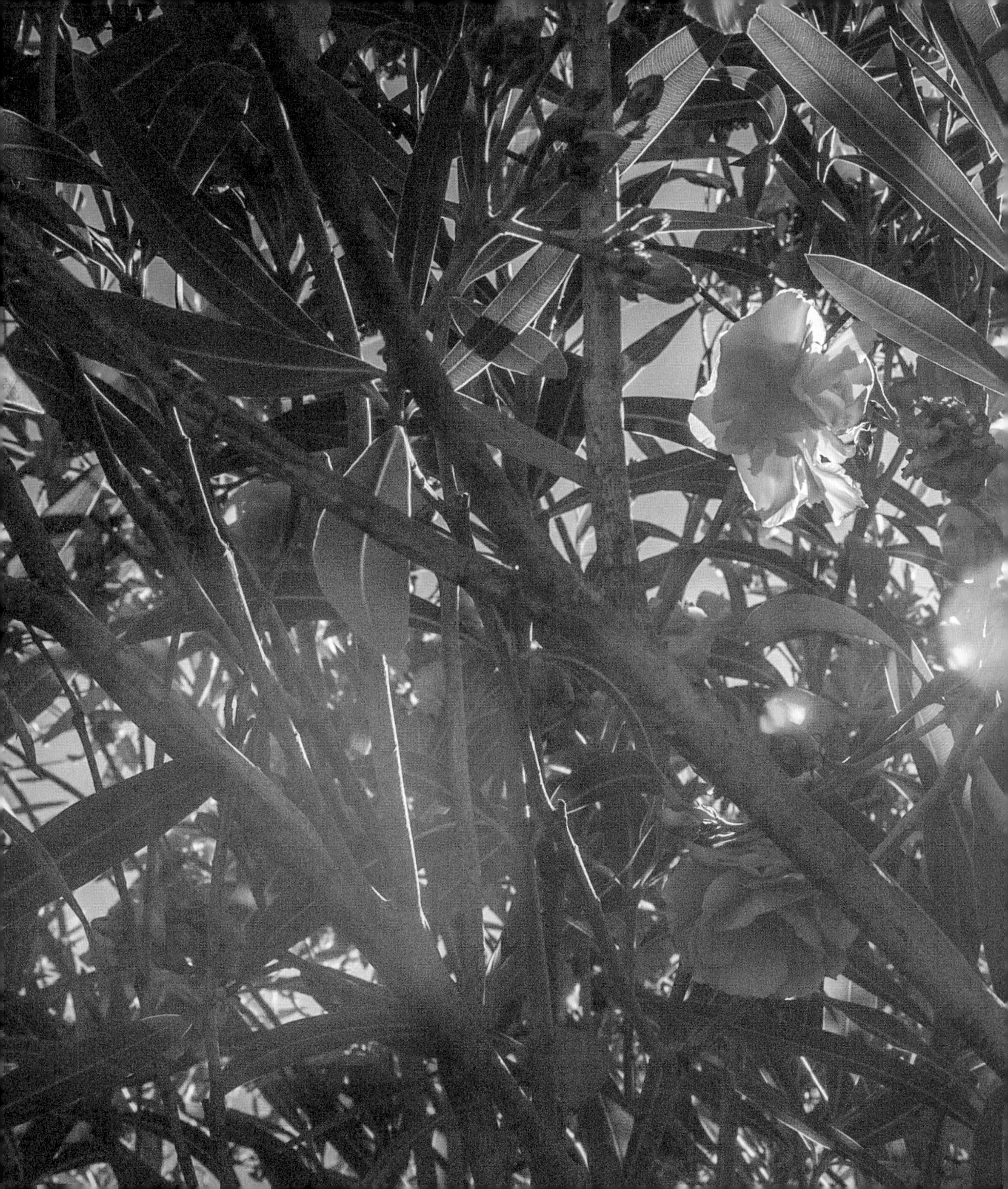

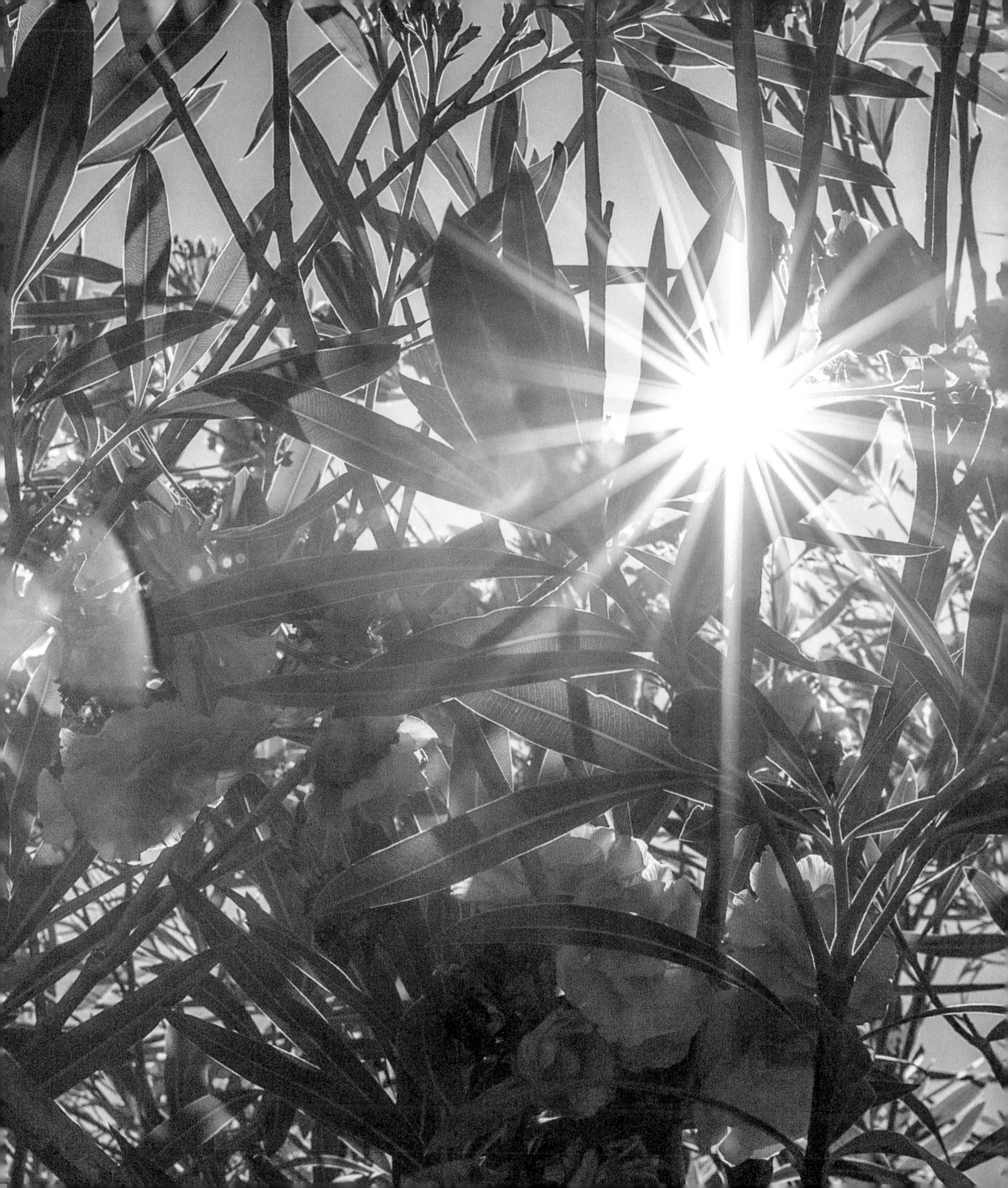

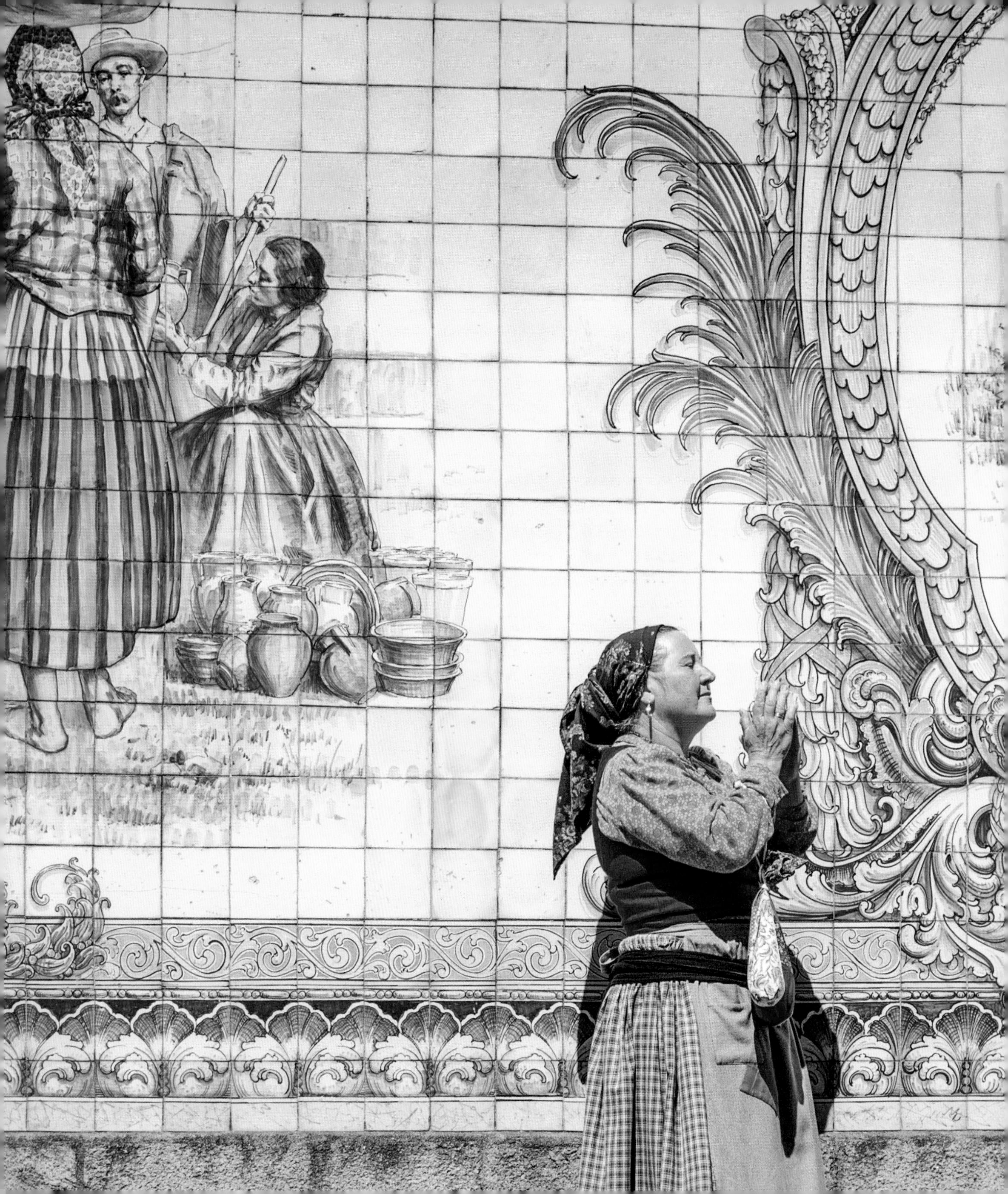

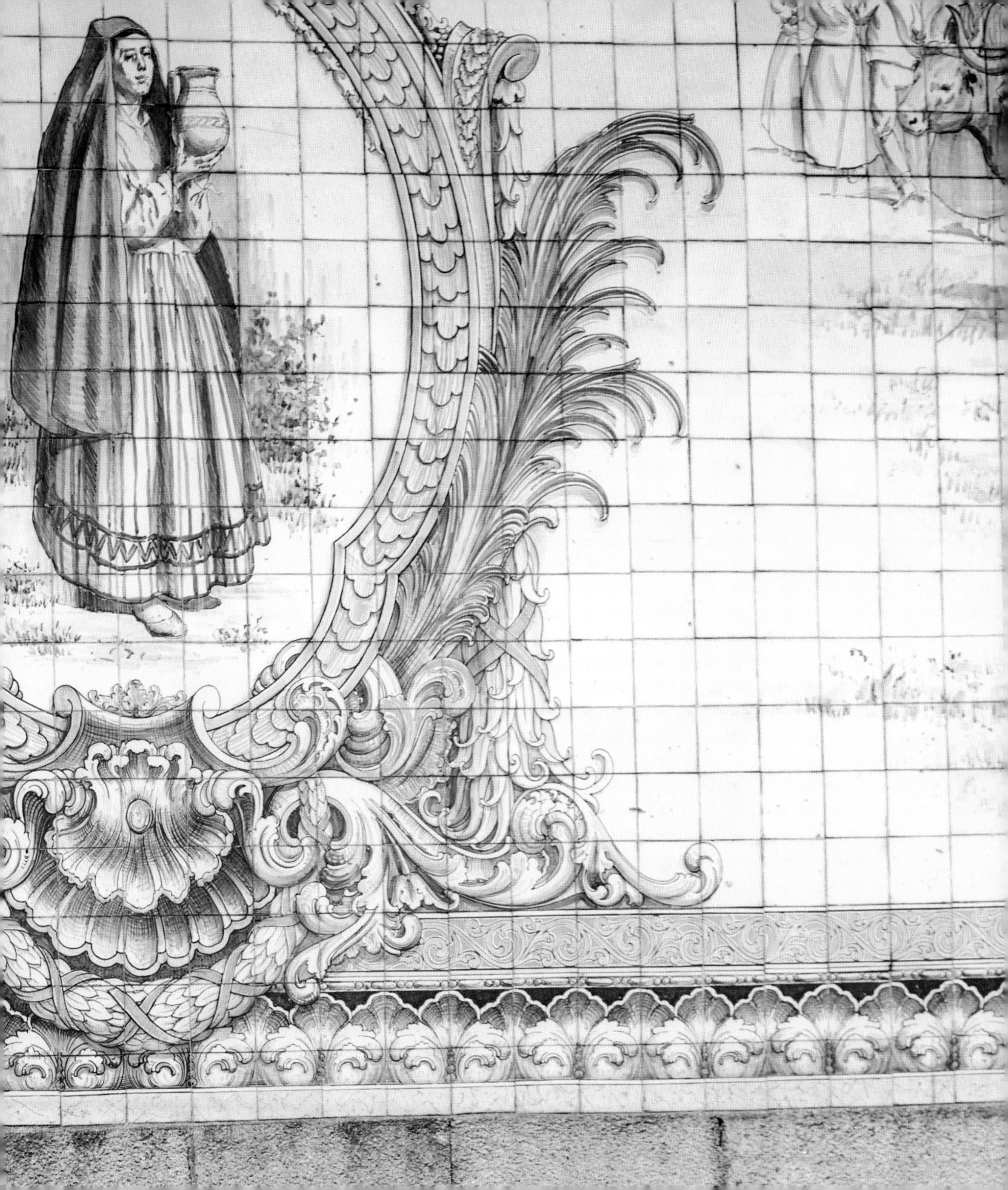

I find myself in the
Good Friday parade.

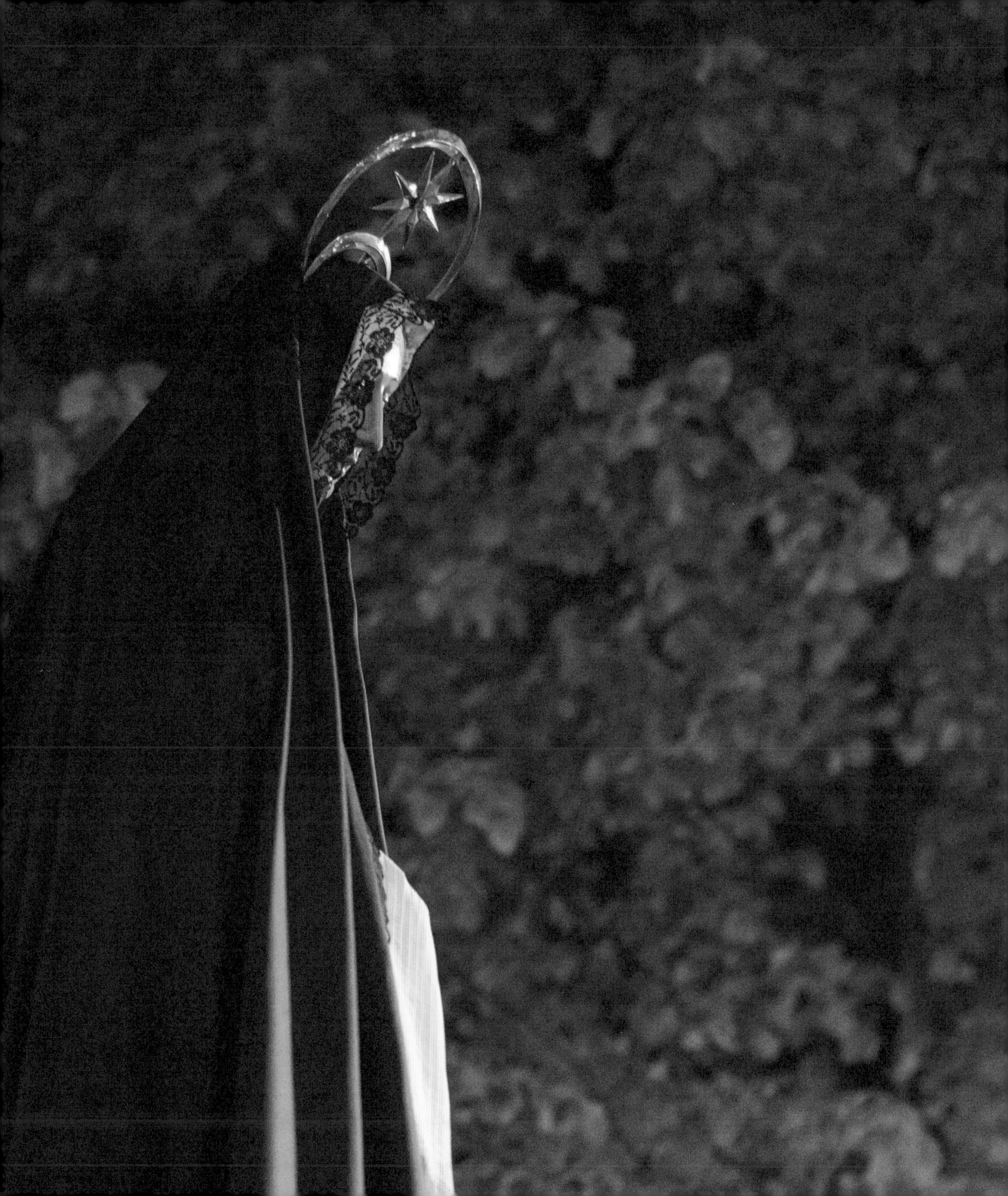

P

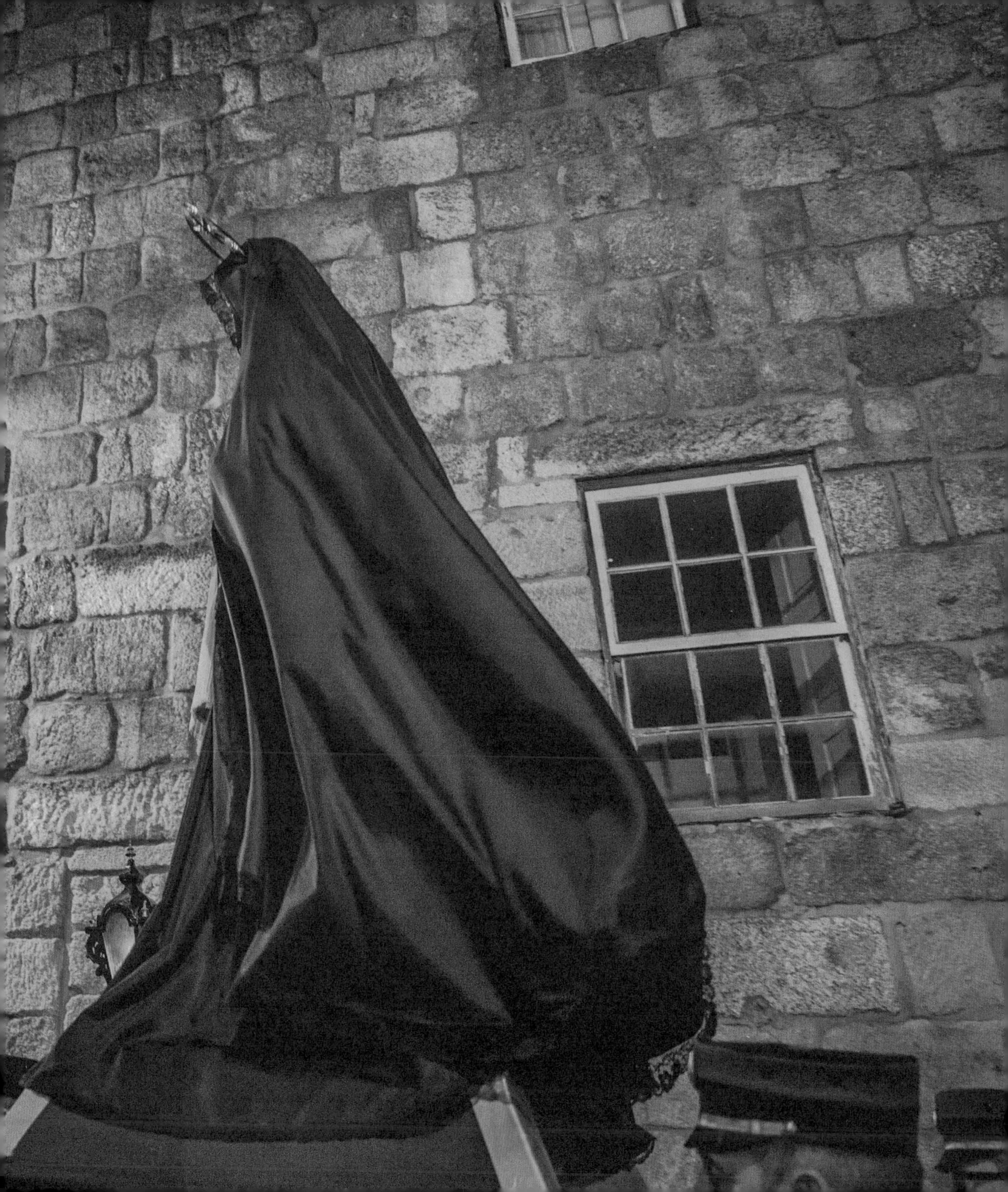

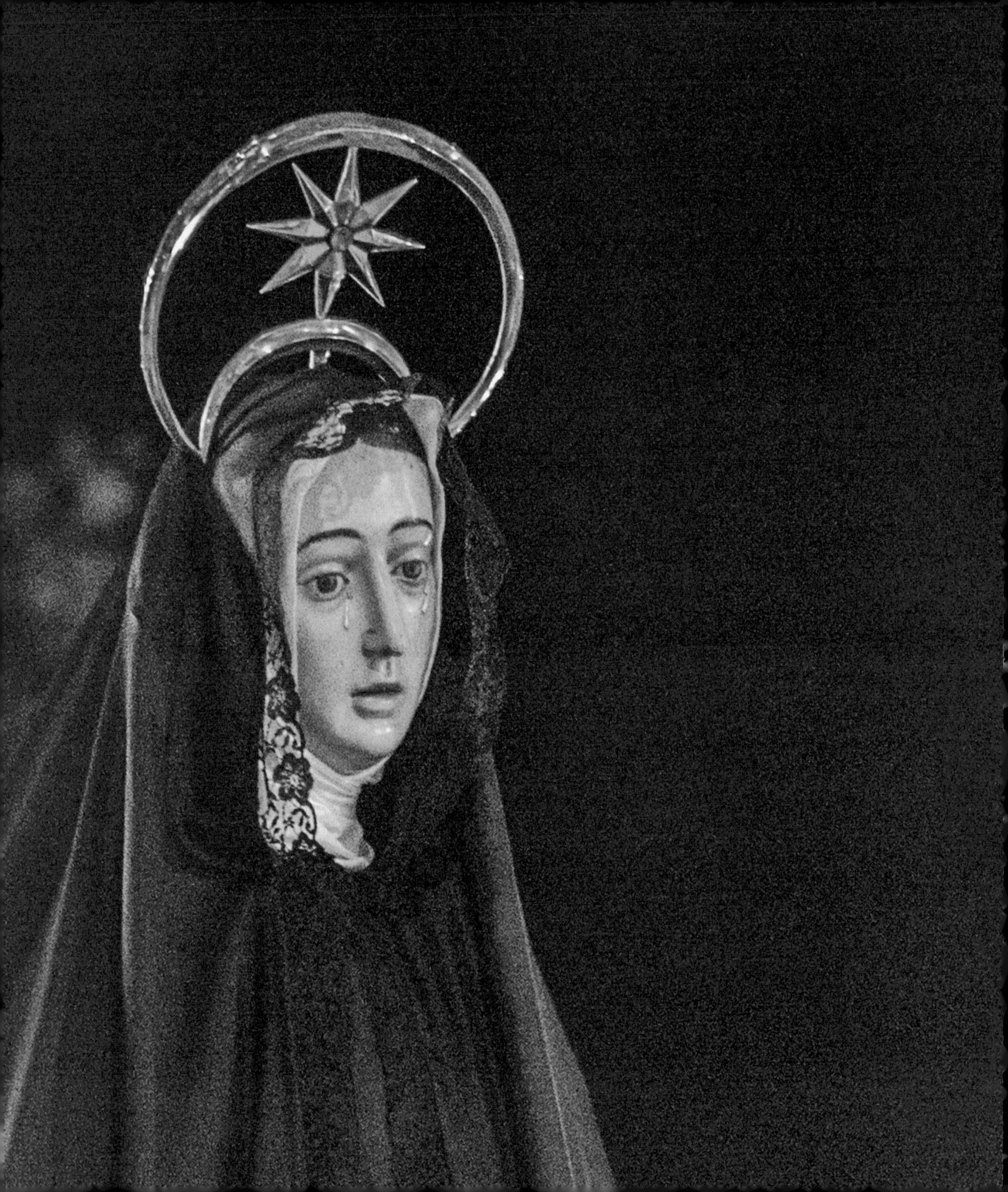

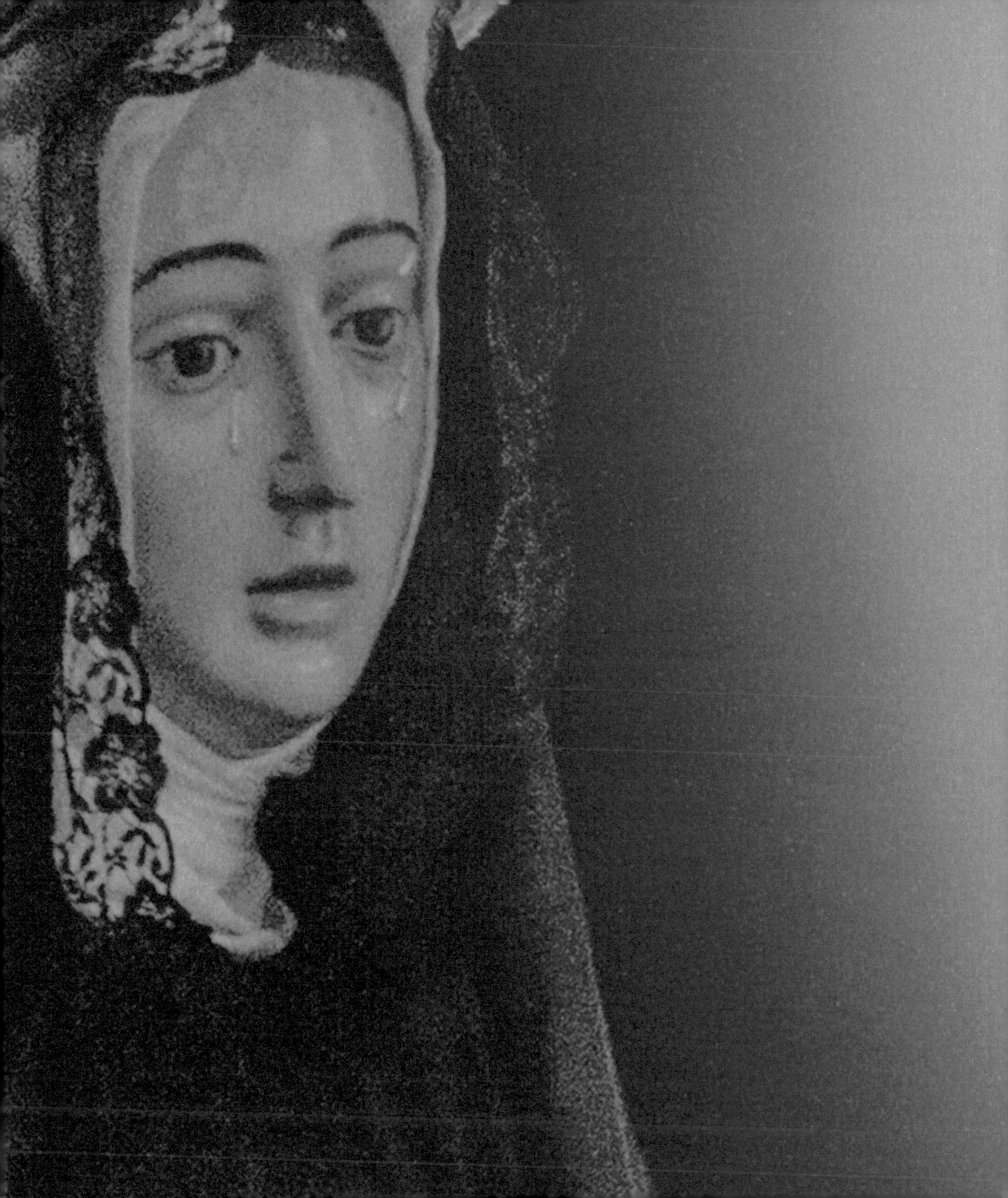

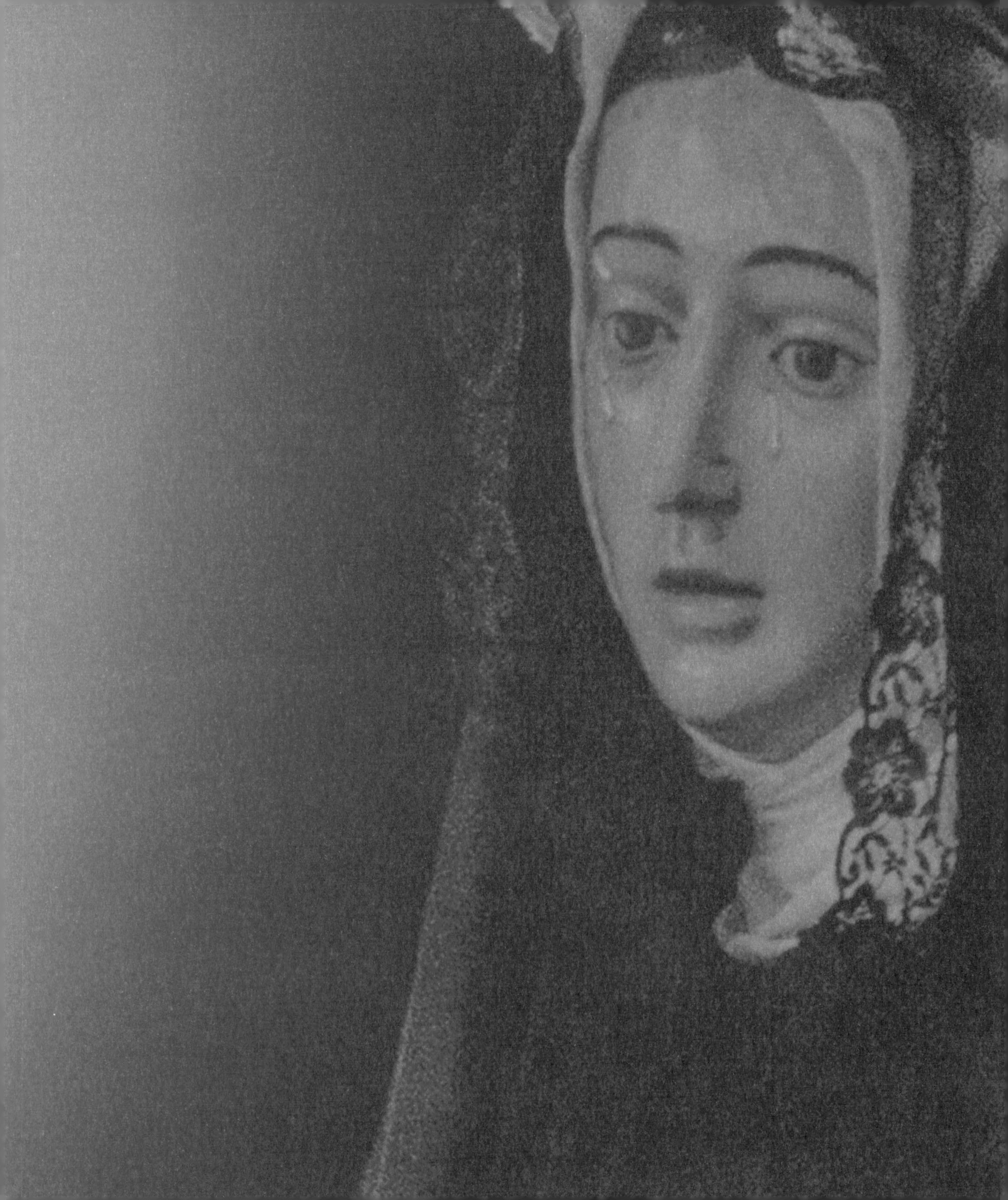

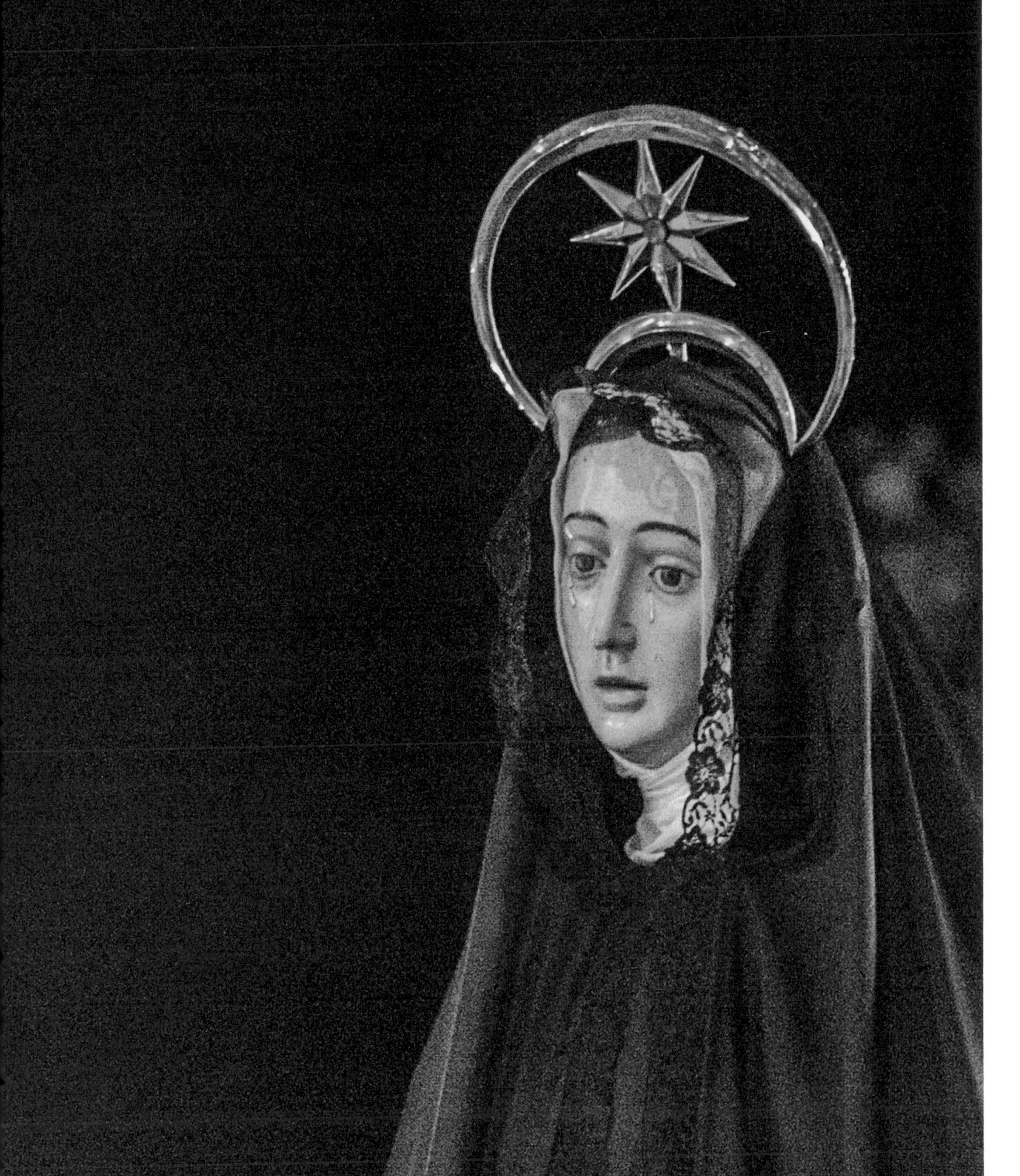

Her porcelain face
and glue tears just
made me stay.

The pain of
a mother who
loses her child
is unbearable in
any faith, time
or culture.

A pain that vibrates
across the ages.

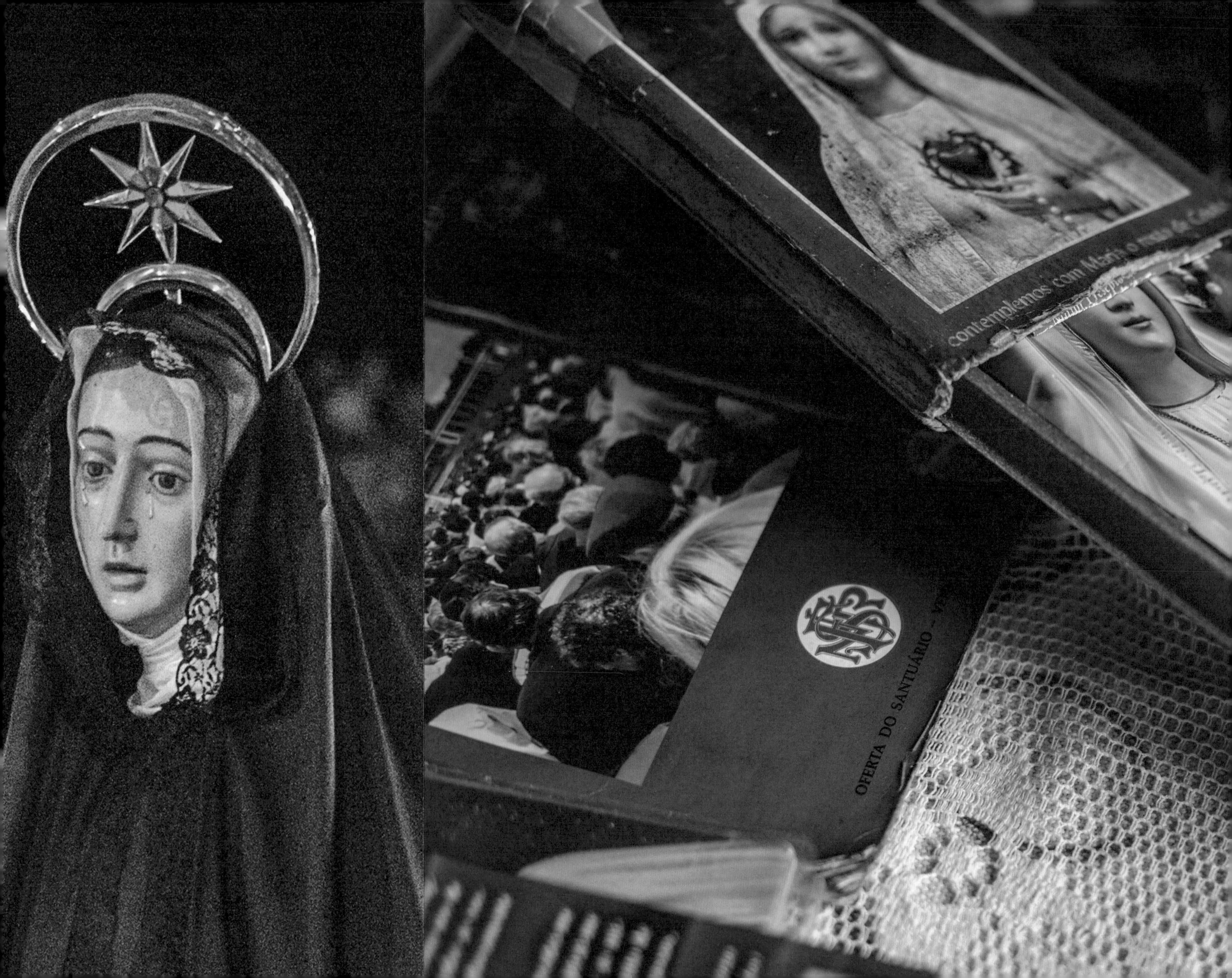
contemplemos com Maria
OFERTA DO SANTUÁRIO

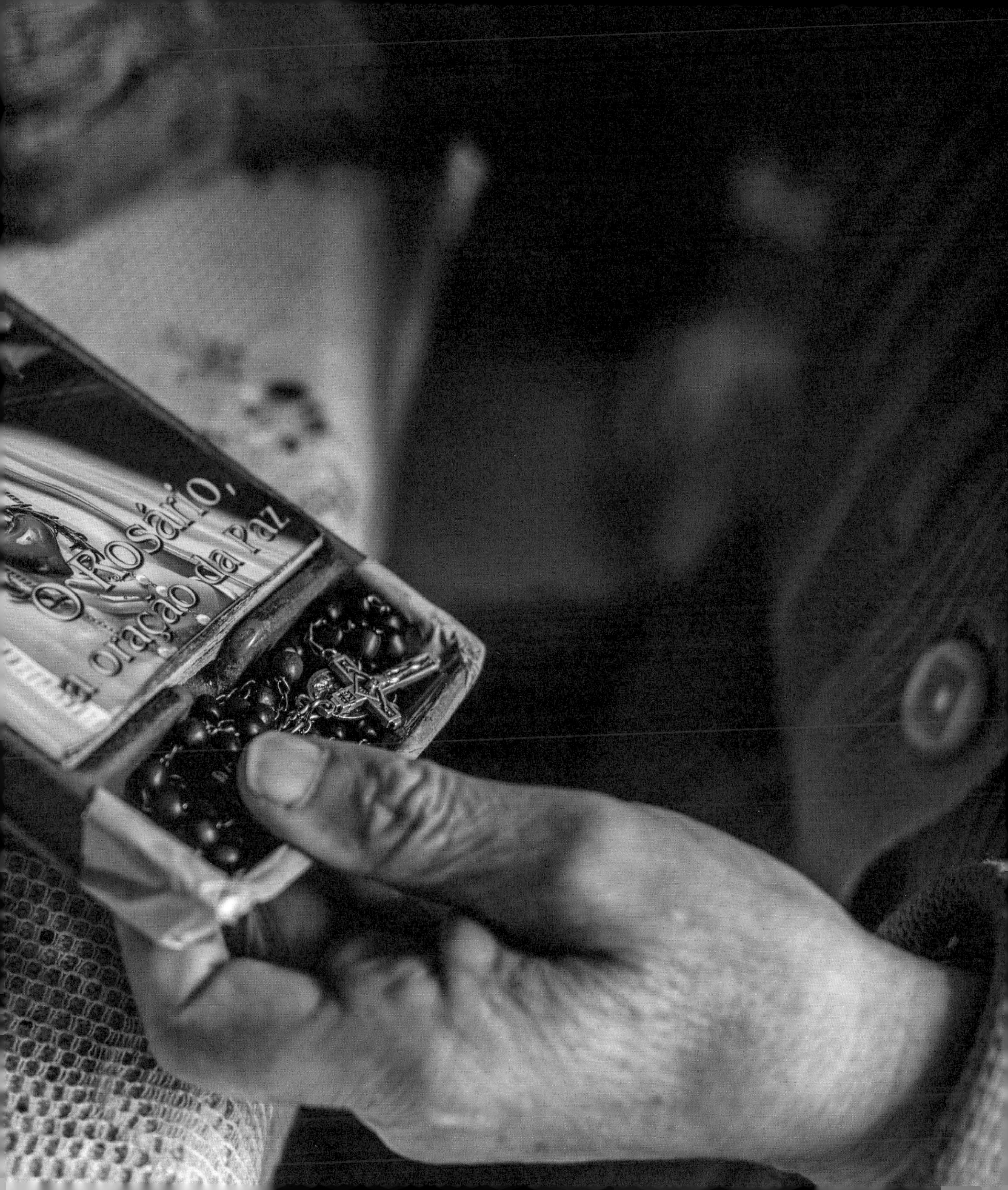
O Rosário,
oração da Paz

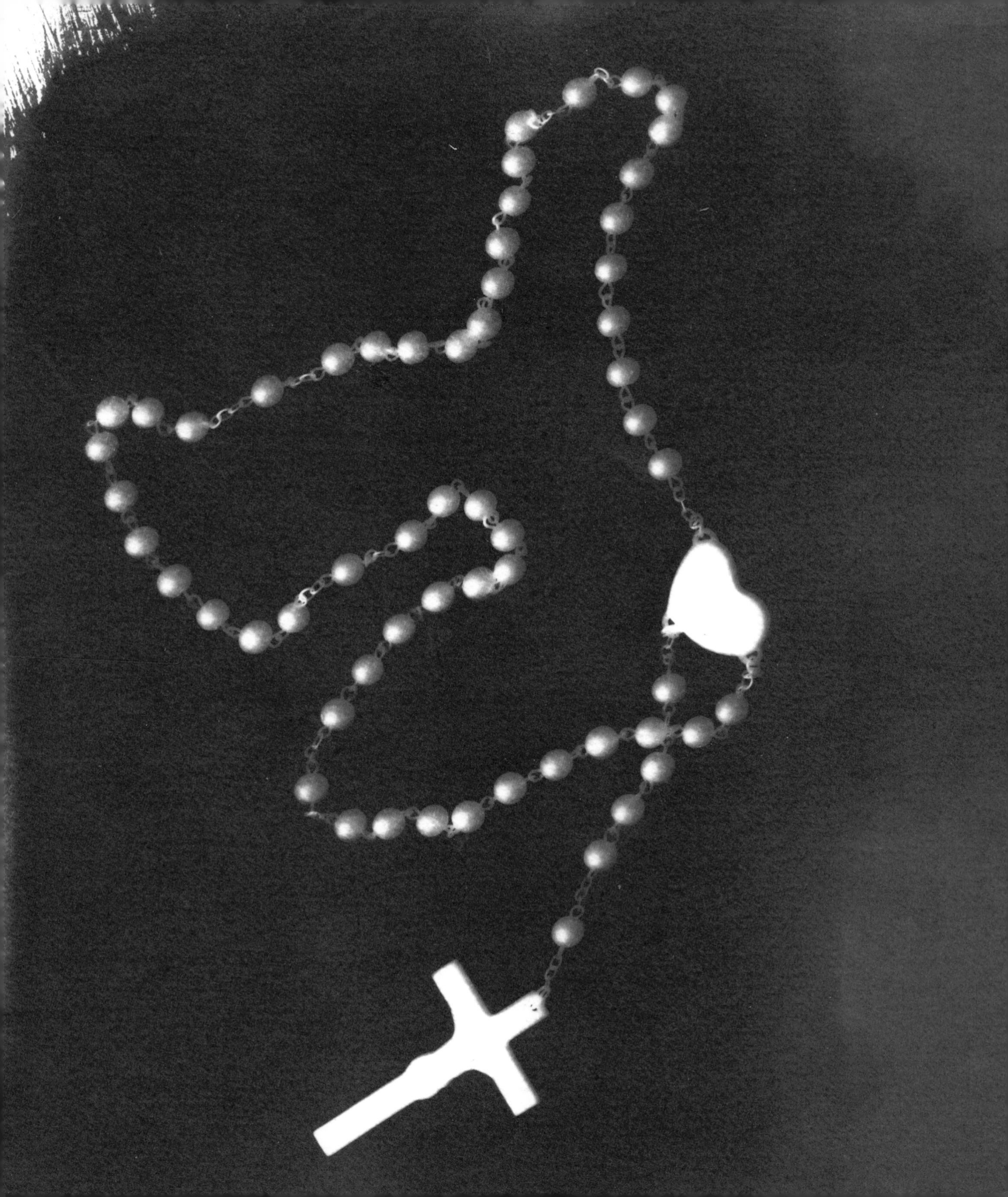

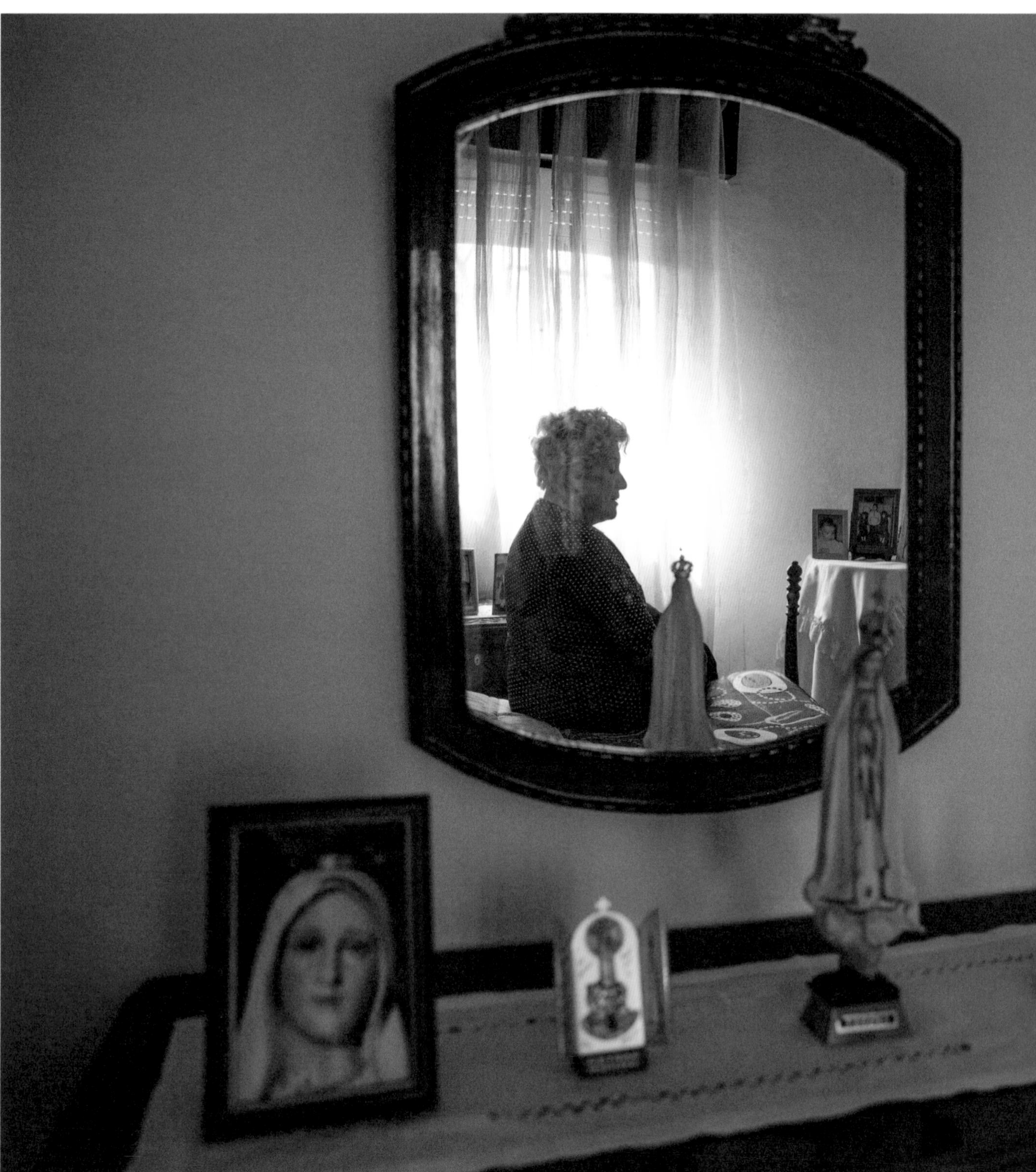

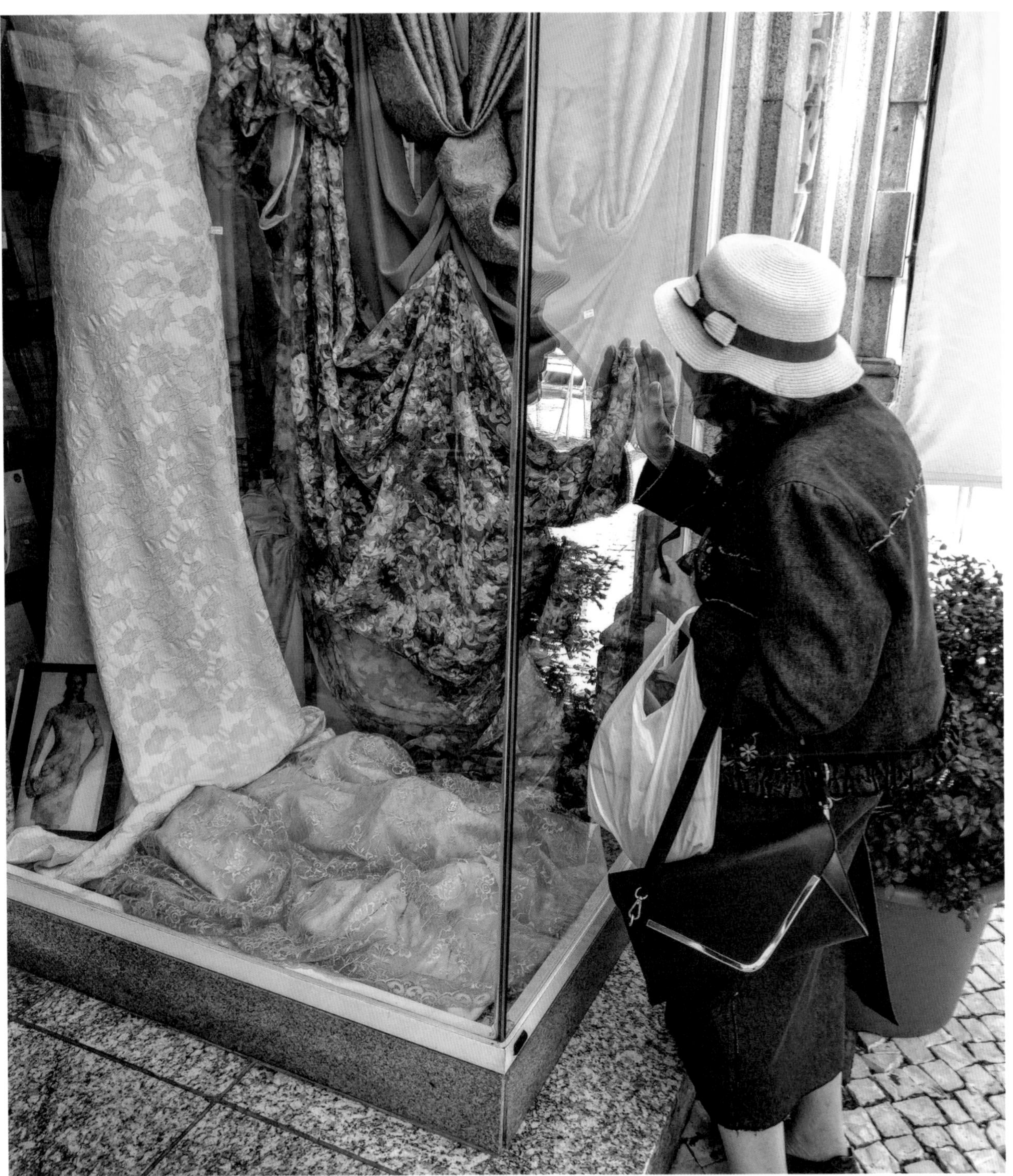

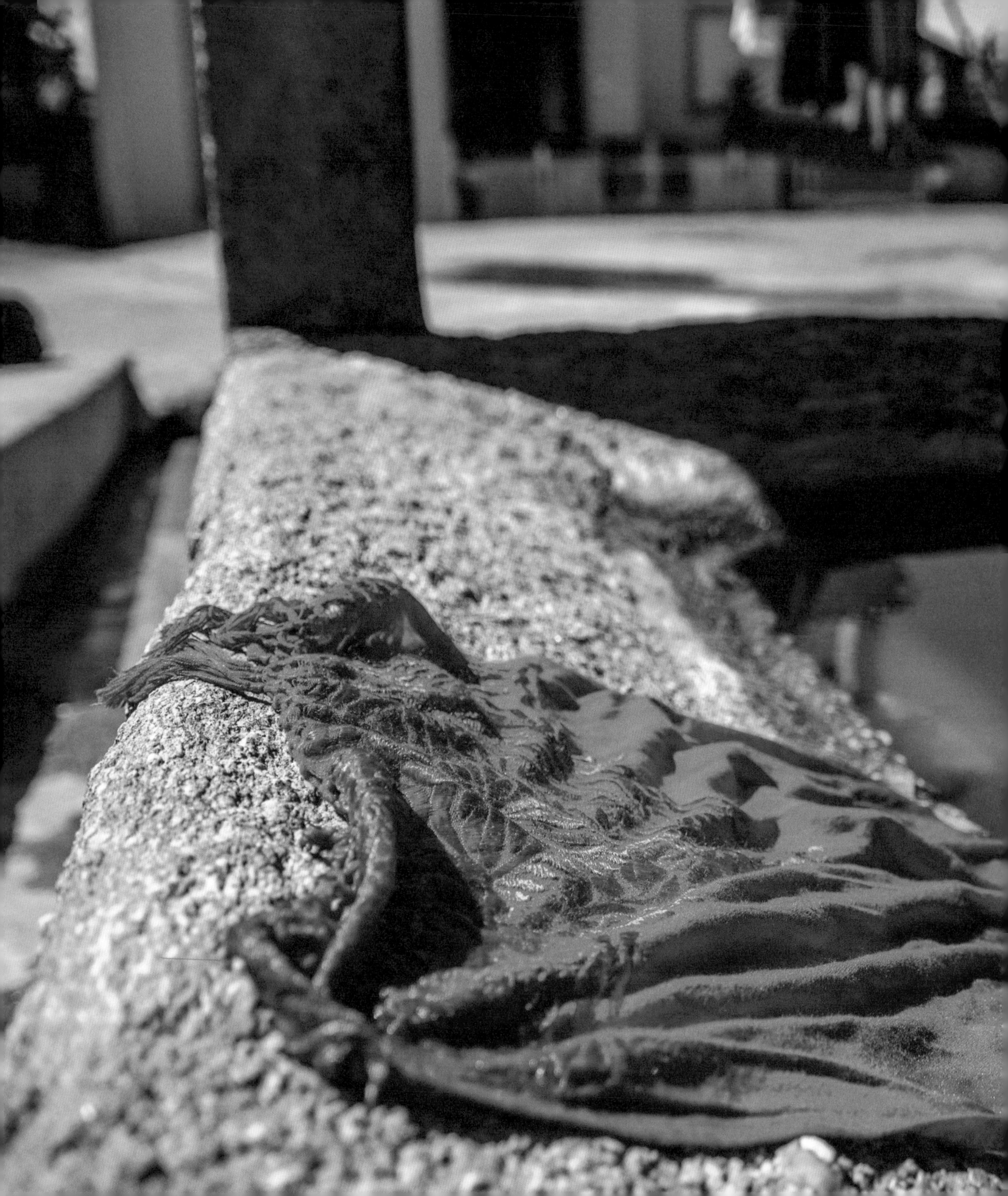

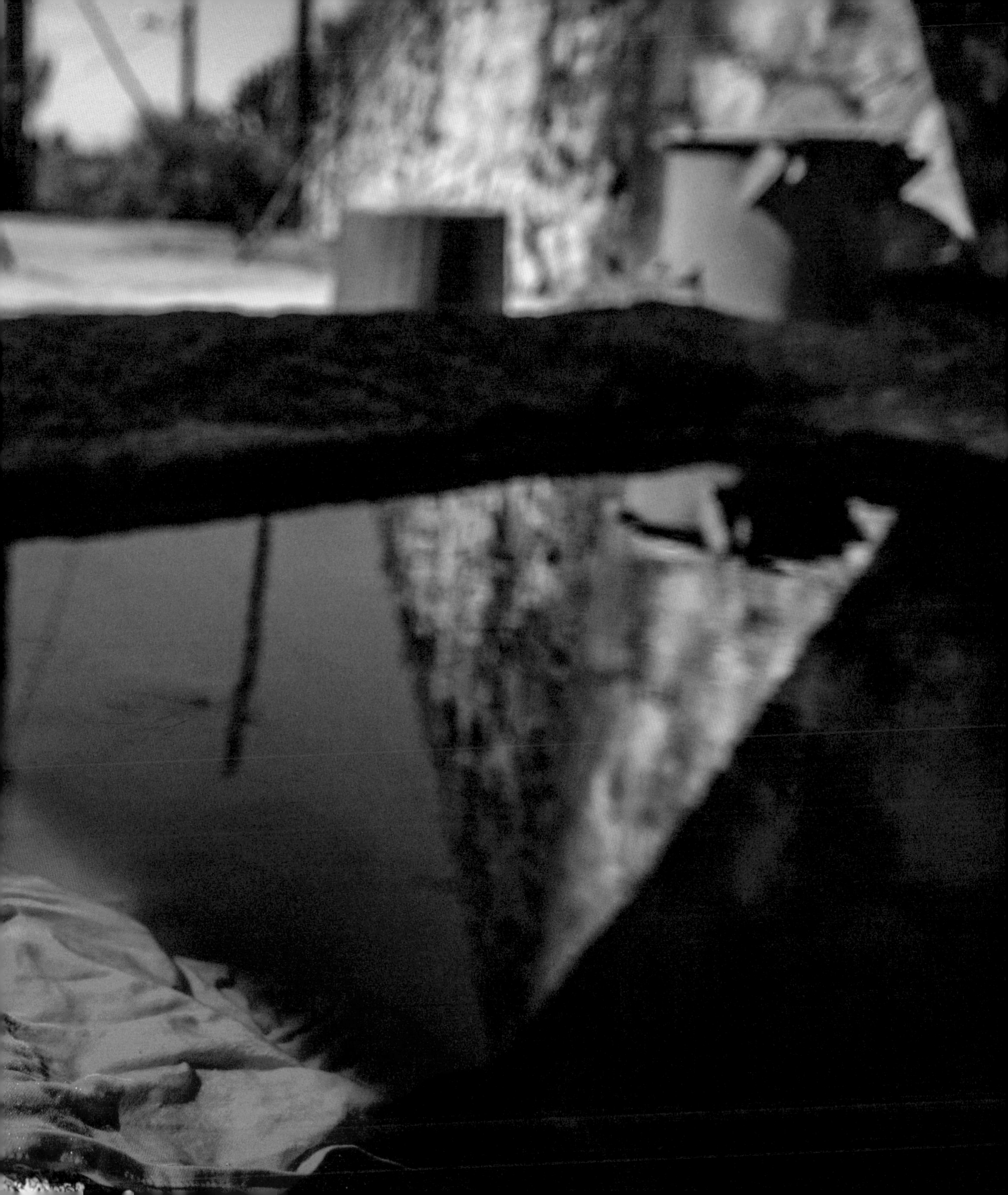

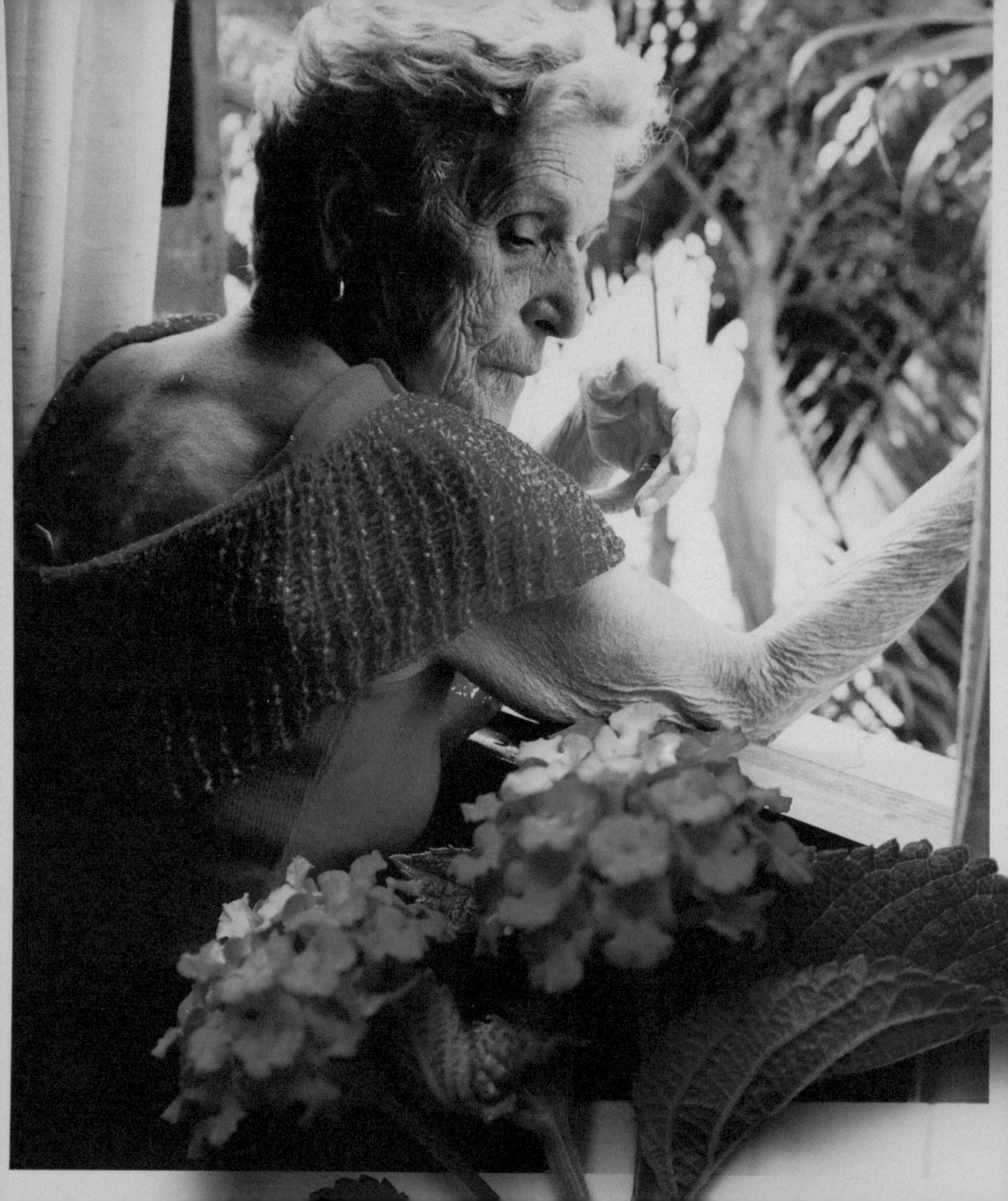

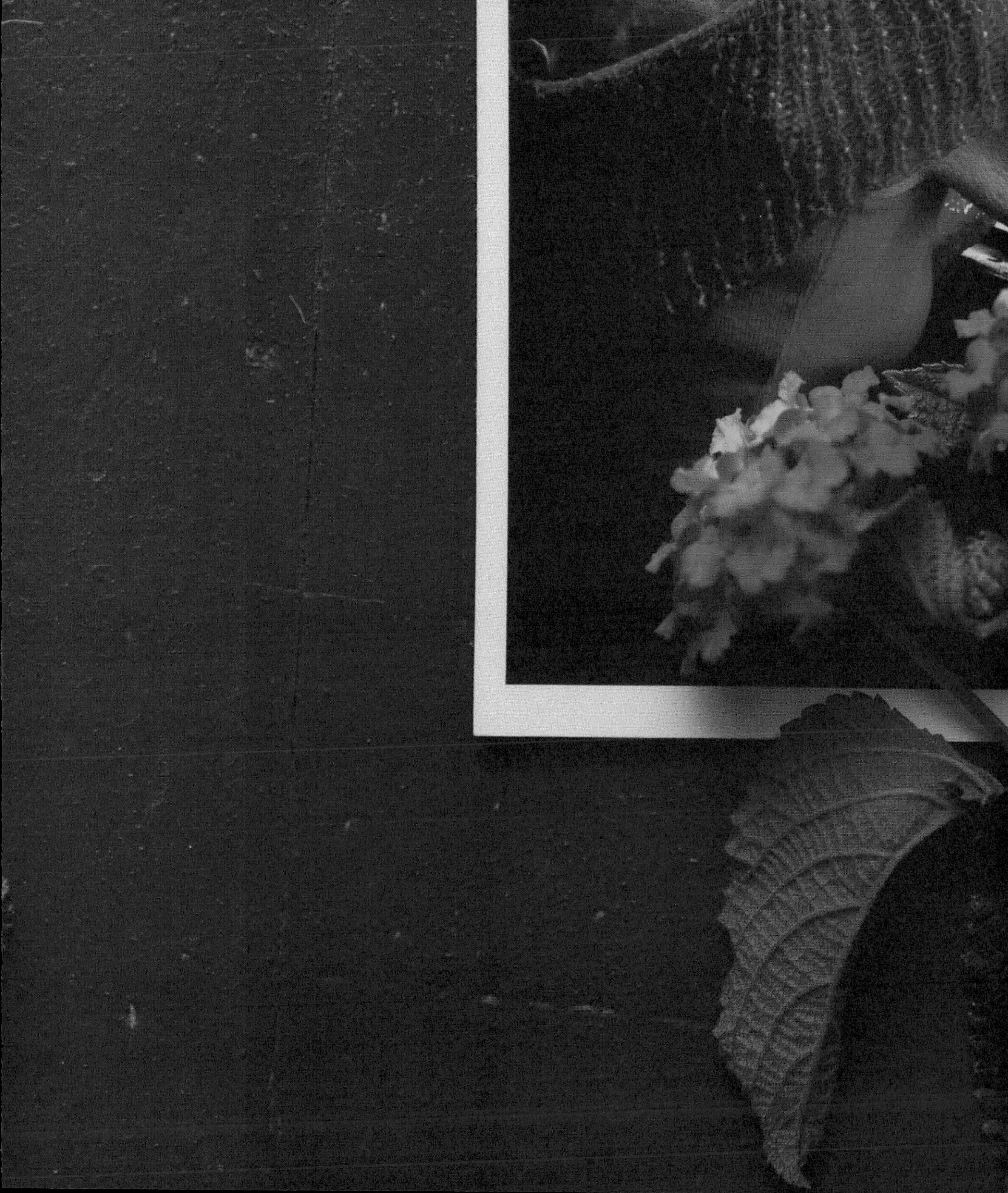

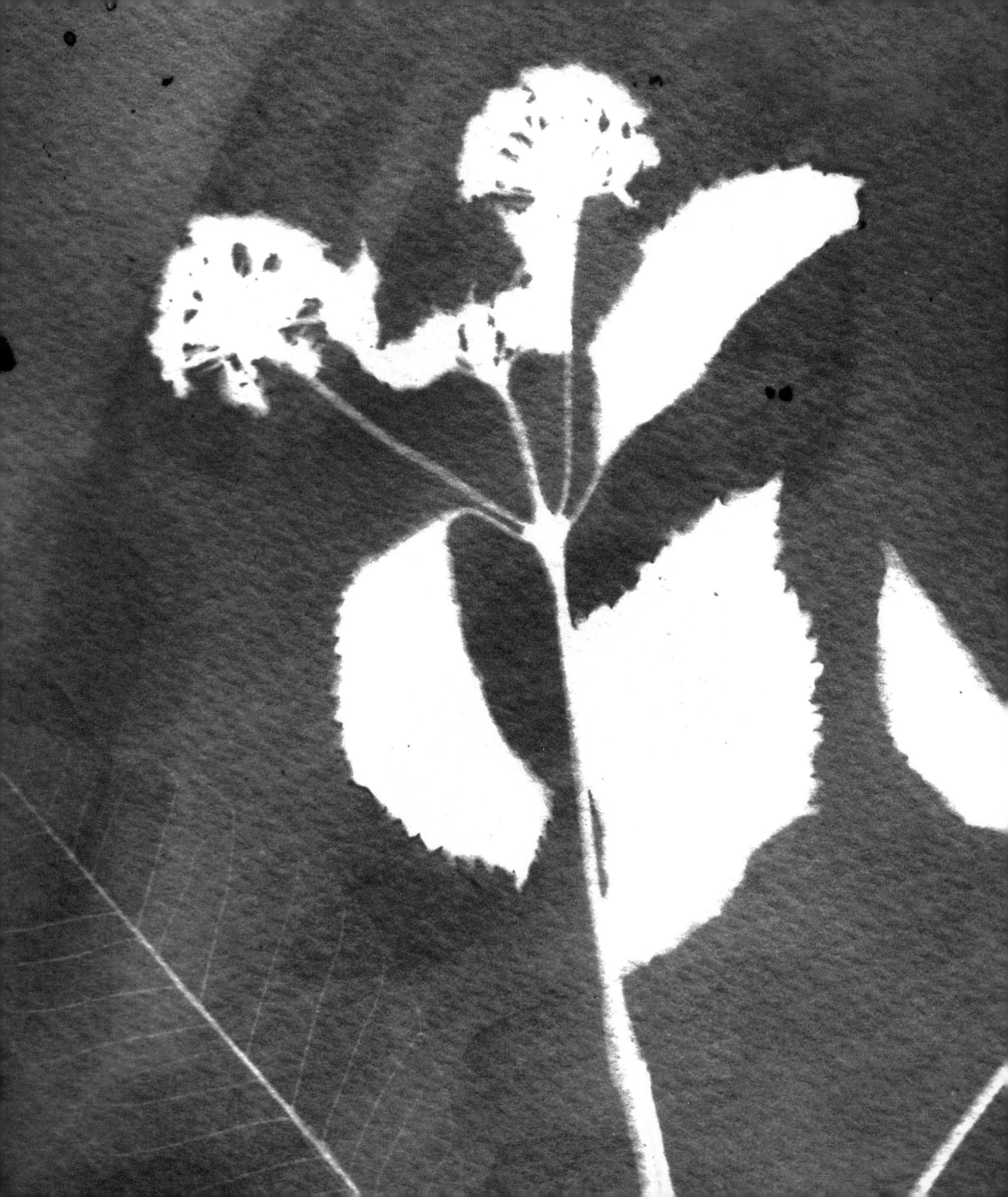

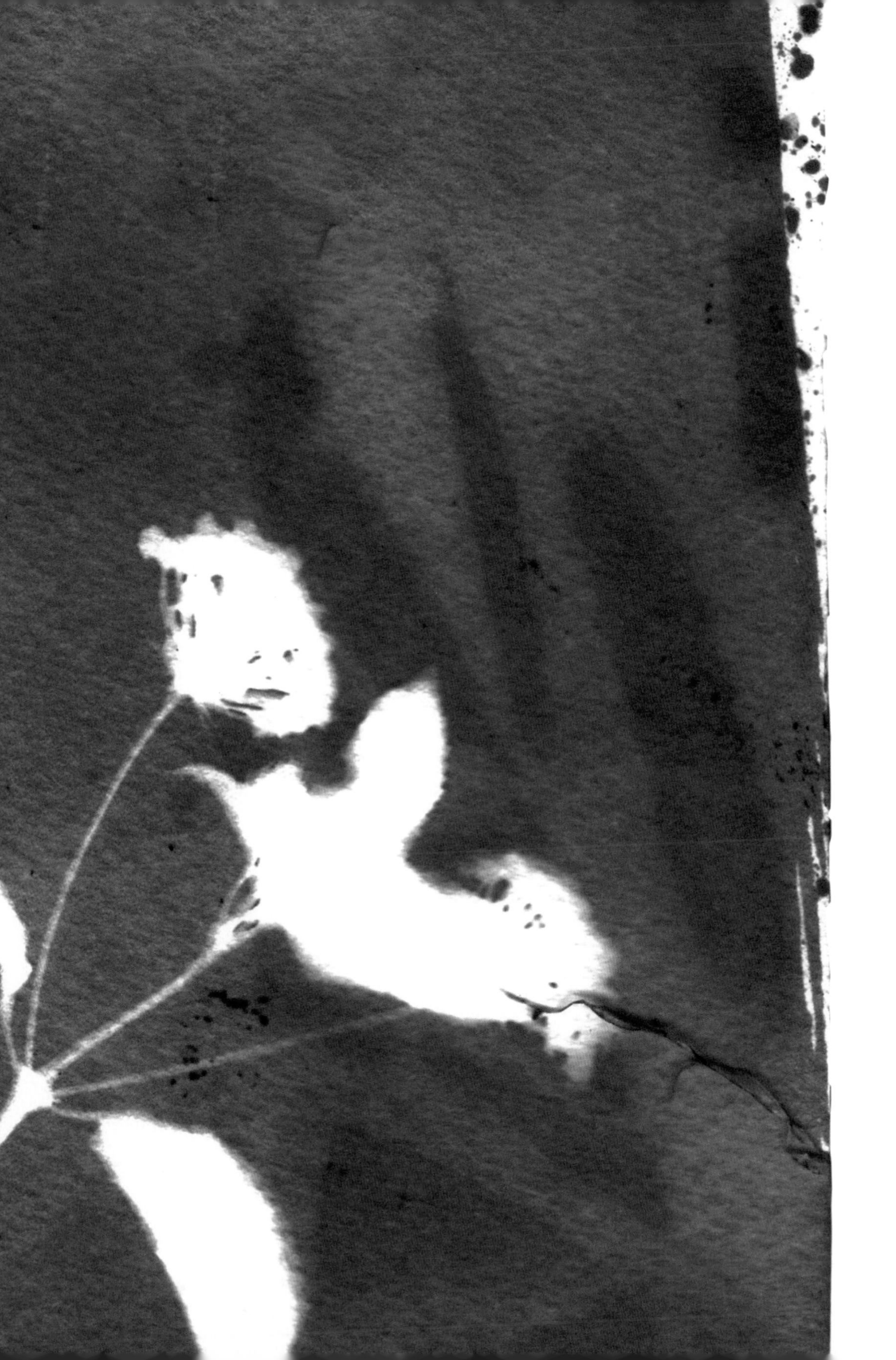

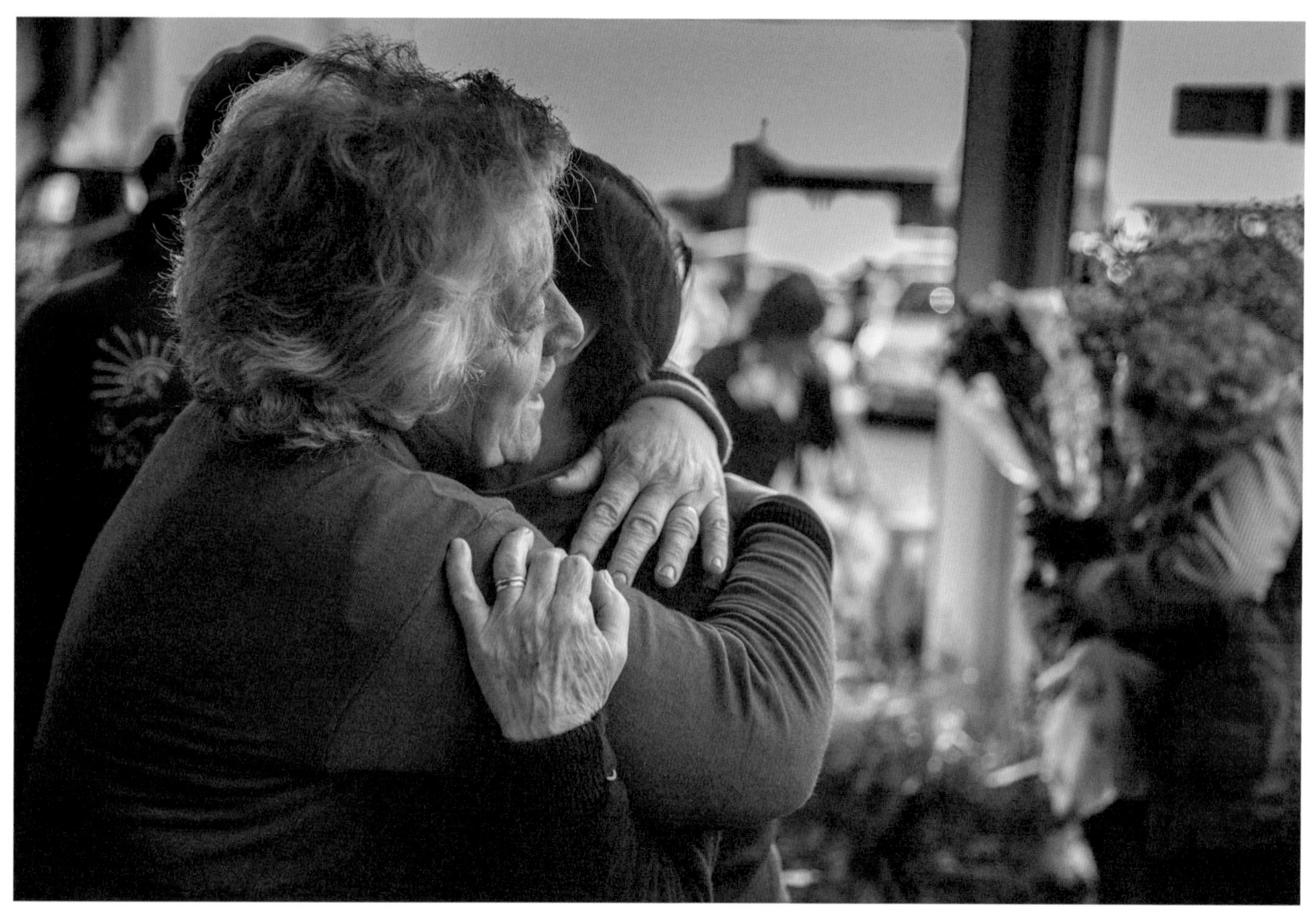

See? You are everywhere, here.

I am woken from my dreamy state by a woman in blue who, while doing the sign of the cross on her chest says loudly, *Em nome do Pai do Filho e do Espírito Santo.* I want to tell her that she just said your surname.

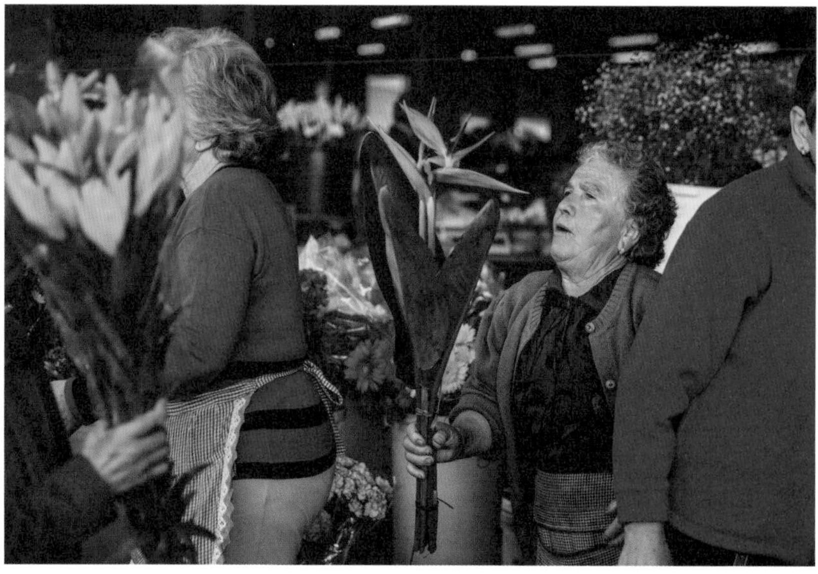

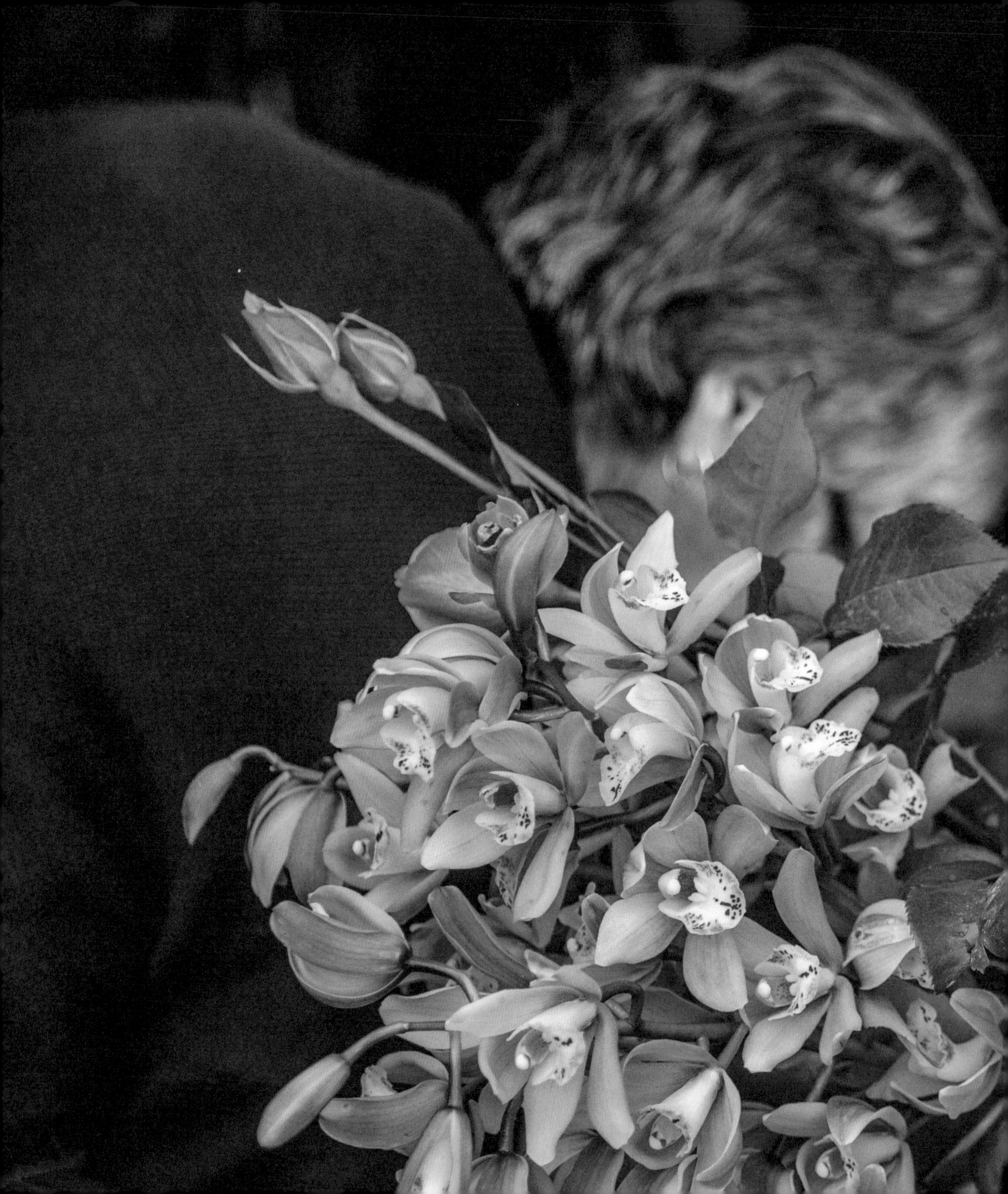

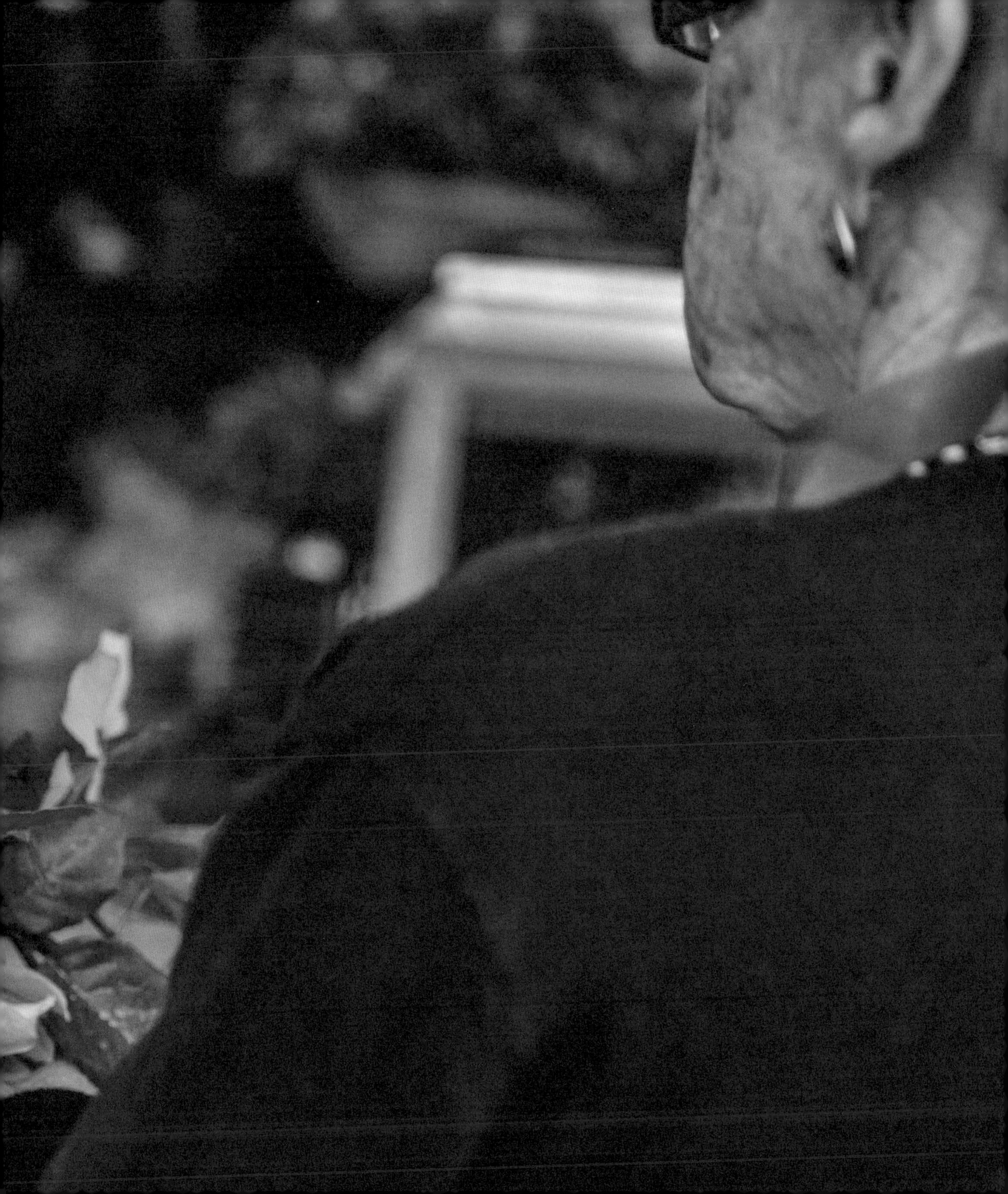

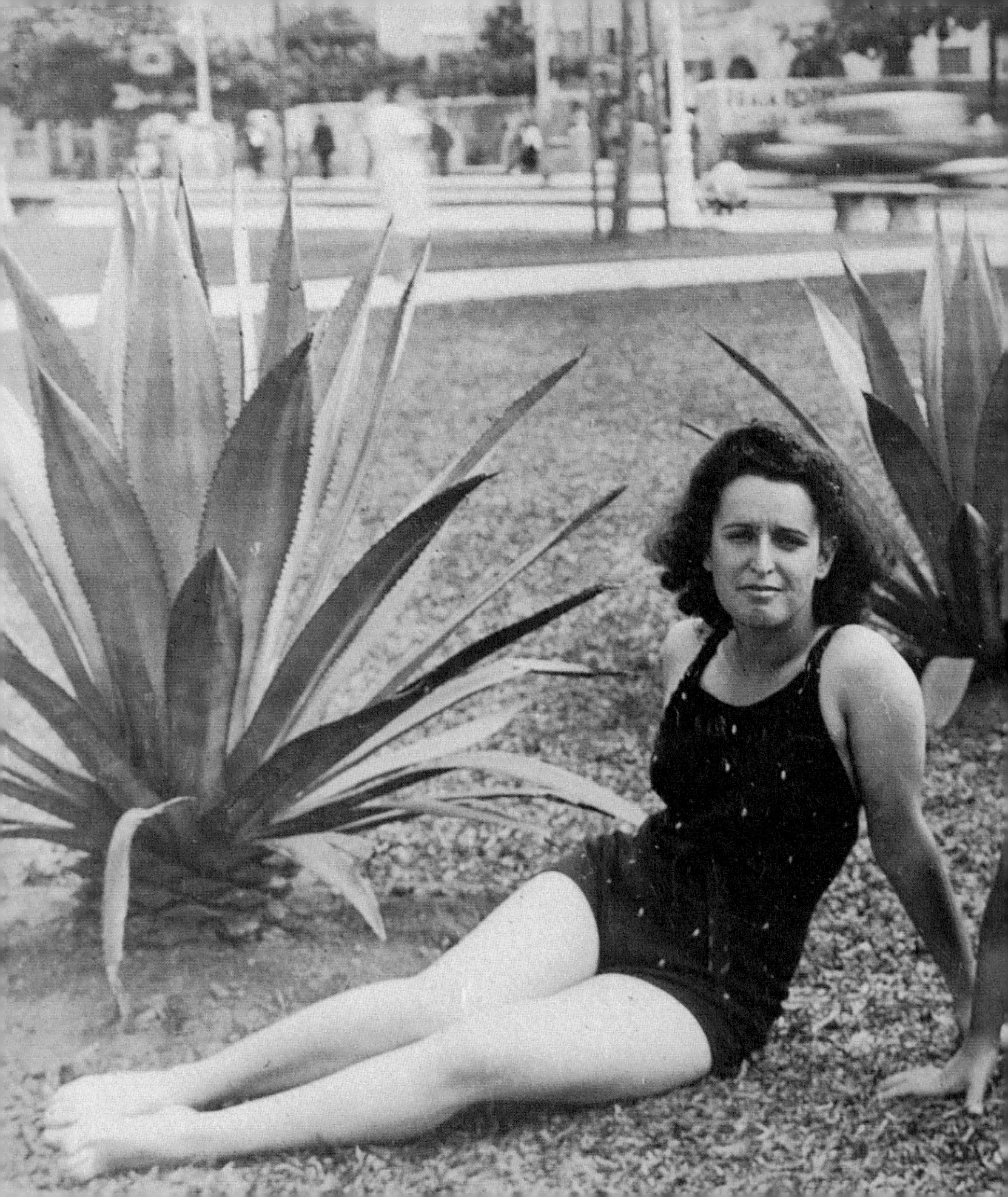

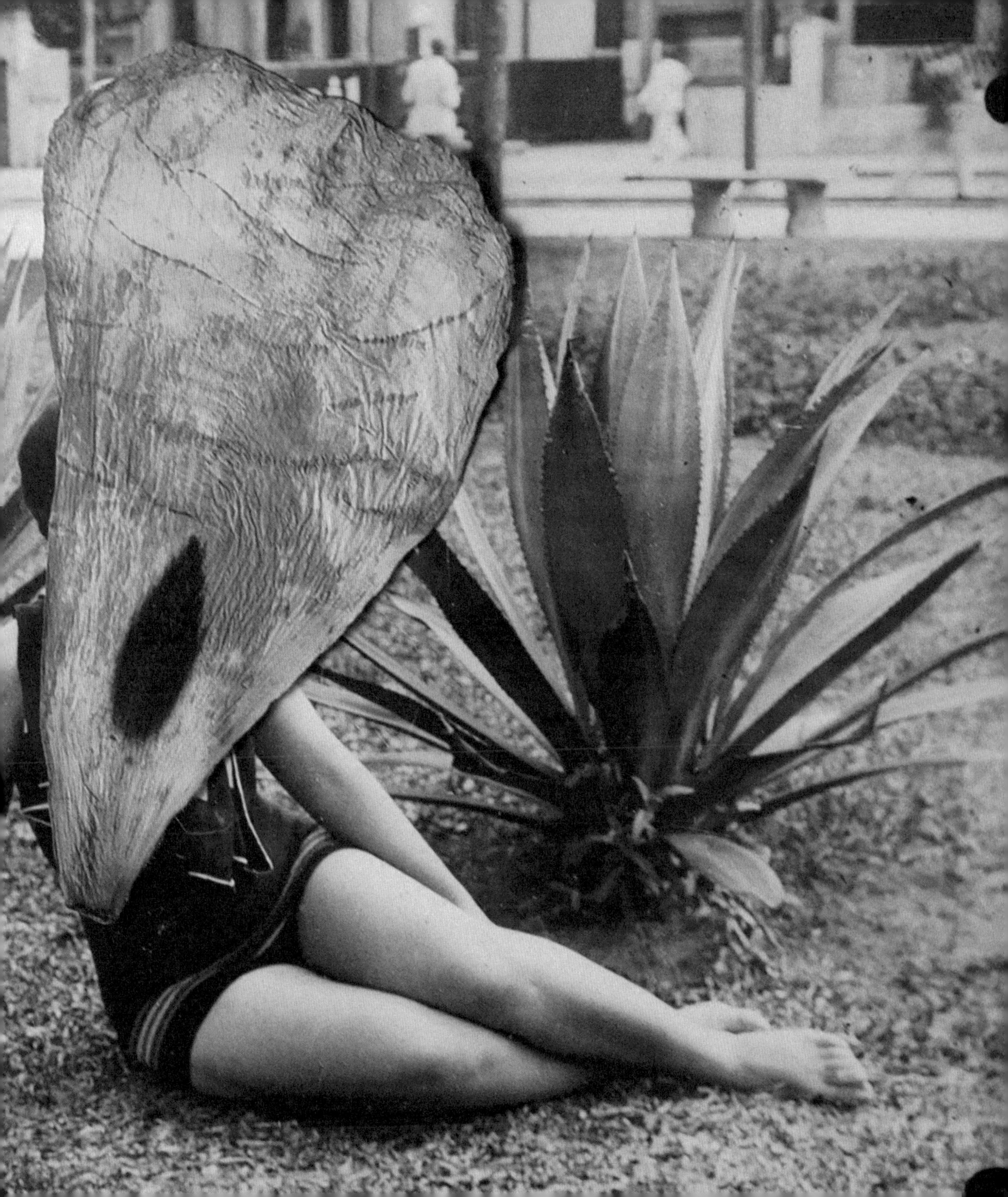

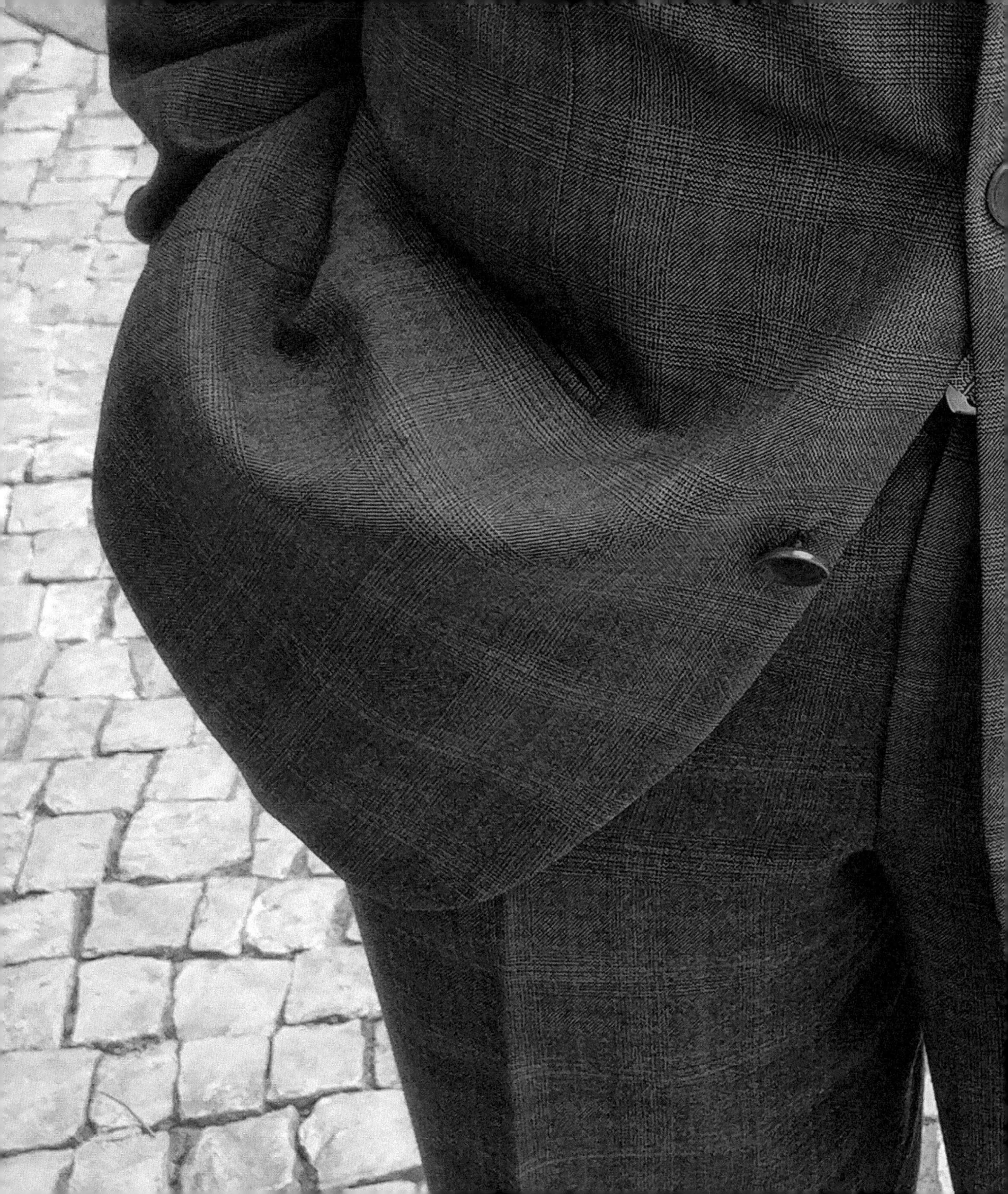

I never loved your grandpa,
you told me, near the end.
I loved another man my whole
life. I wanted to believe this
was an imaginary thought from
a fogged, ill brain, but looking
in your eyes I knew it was the
truth. The things that wash
ashore from the depths when
a vast black hole grows in the
midst of someone's brain.

I never loved your grandpa,
you told me, near the end.
I loved another man my whole
life. I wanted to believe this
was an imaginary thought from
a fogged, ill brain, but looking
in your eyes I knew it was the
truth. The things that wash
ashore from the depths when
a vast black hole grows in the
midst of someone's brain.

He offers me his
hand and my heart
beats faster as I
channel you while
walking beside him,
offering you the
chance to live your
life again, just in
this moment.

We walk
in your
footsteps
together.

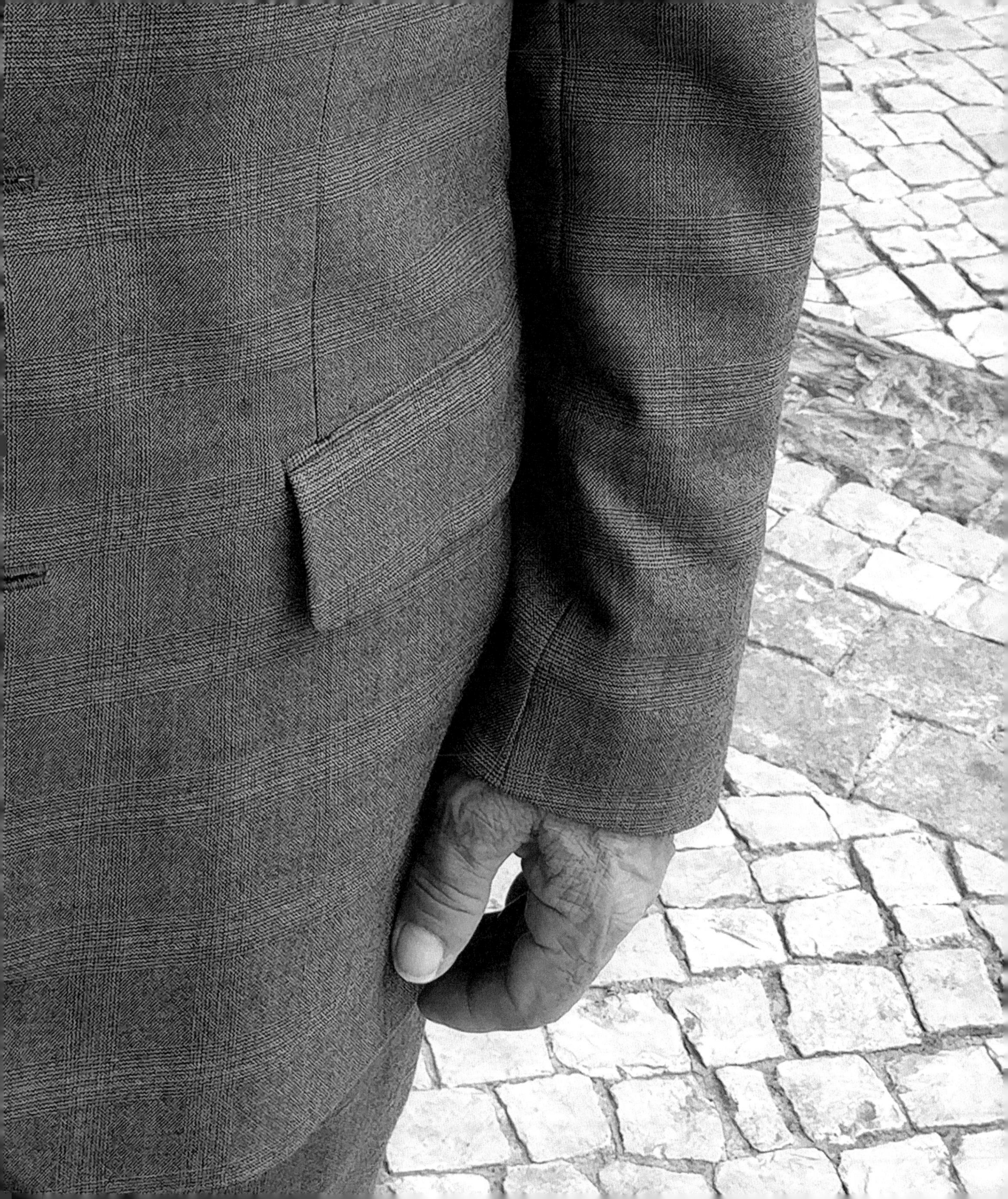

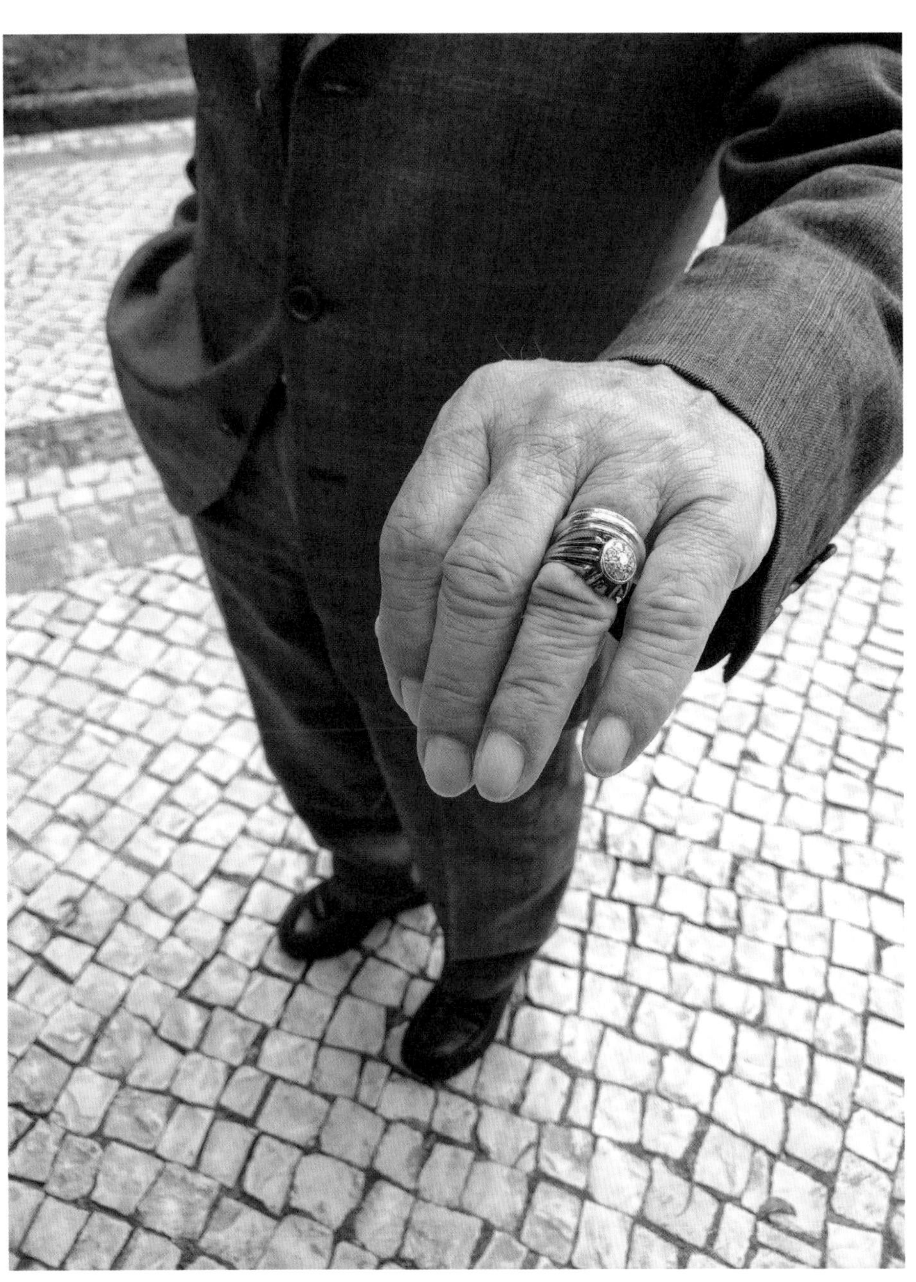

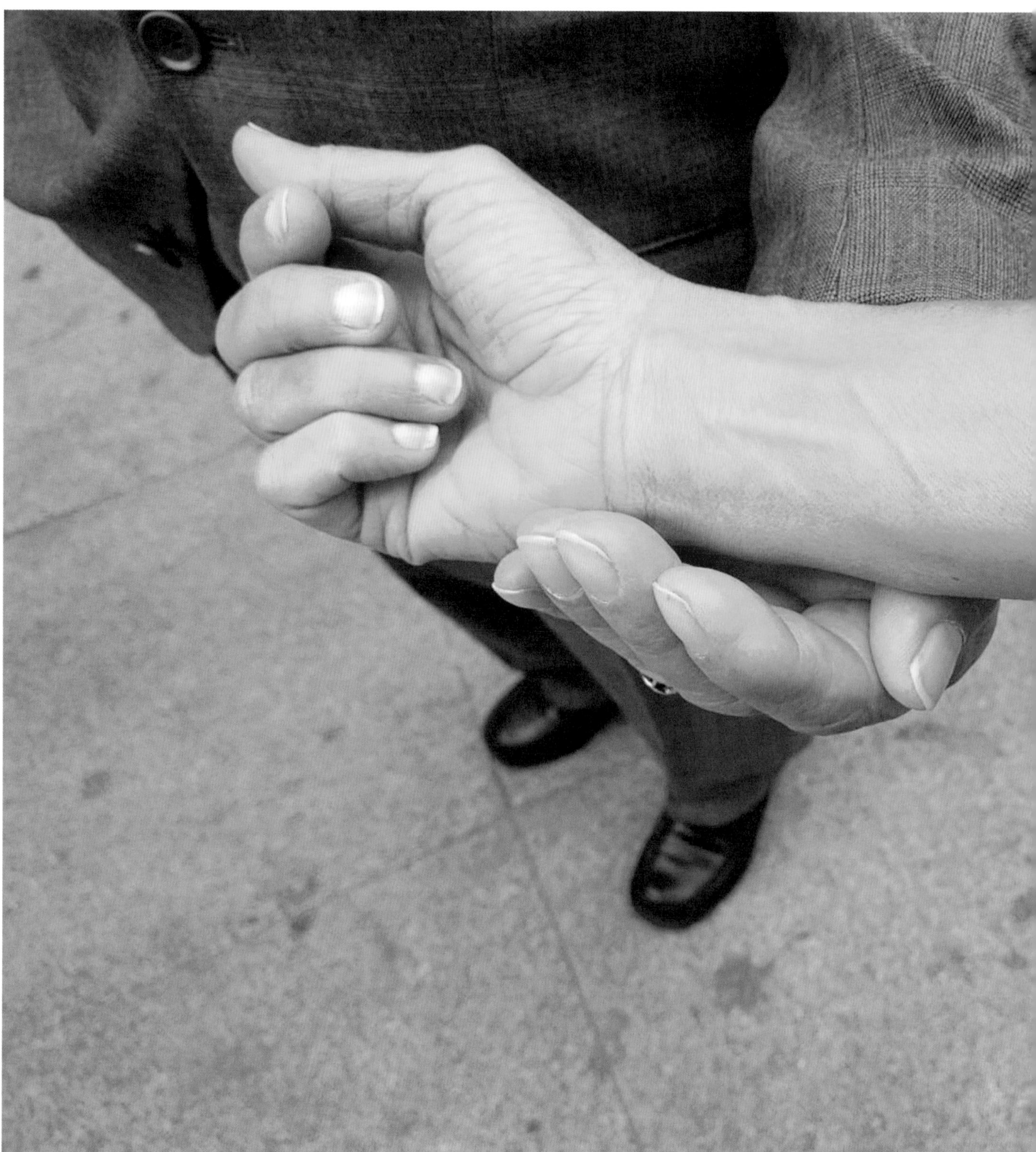

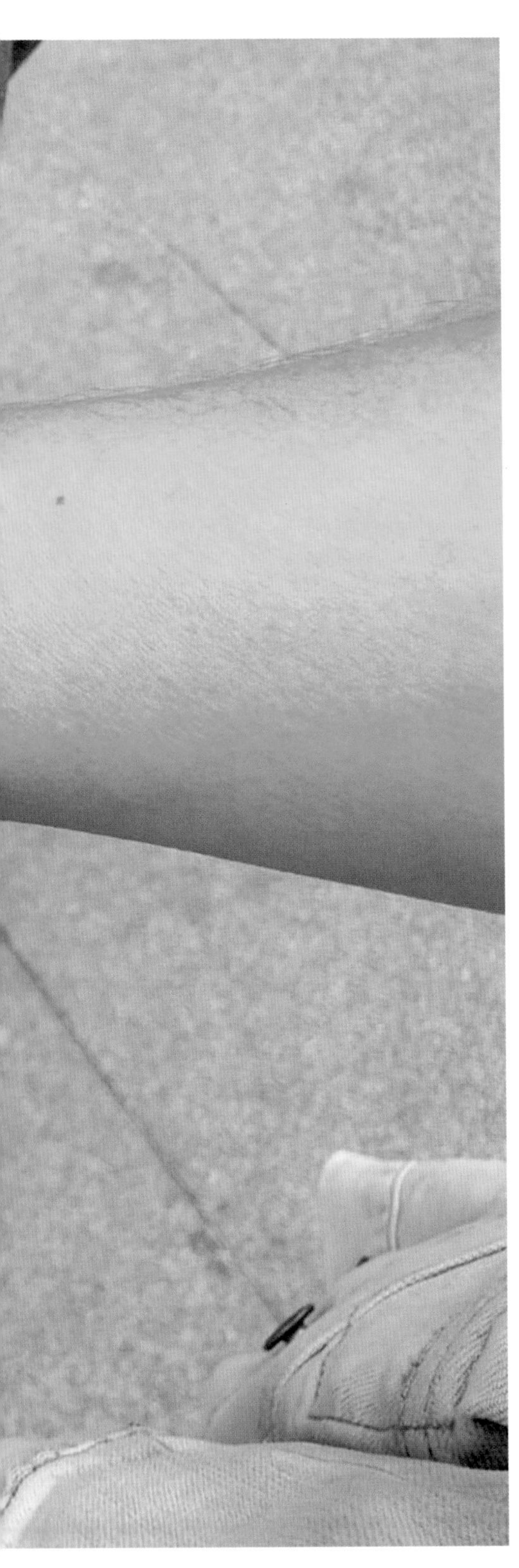

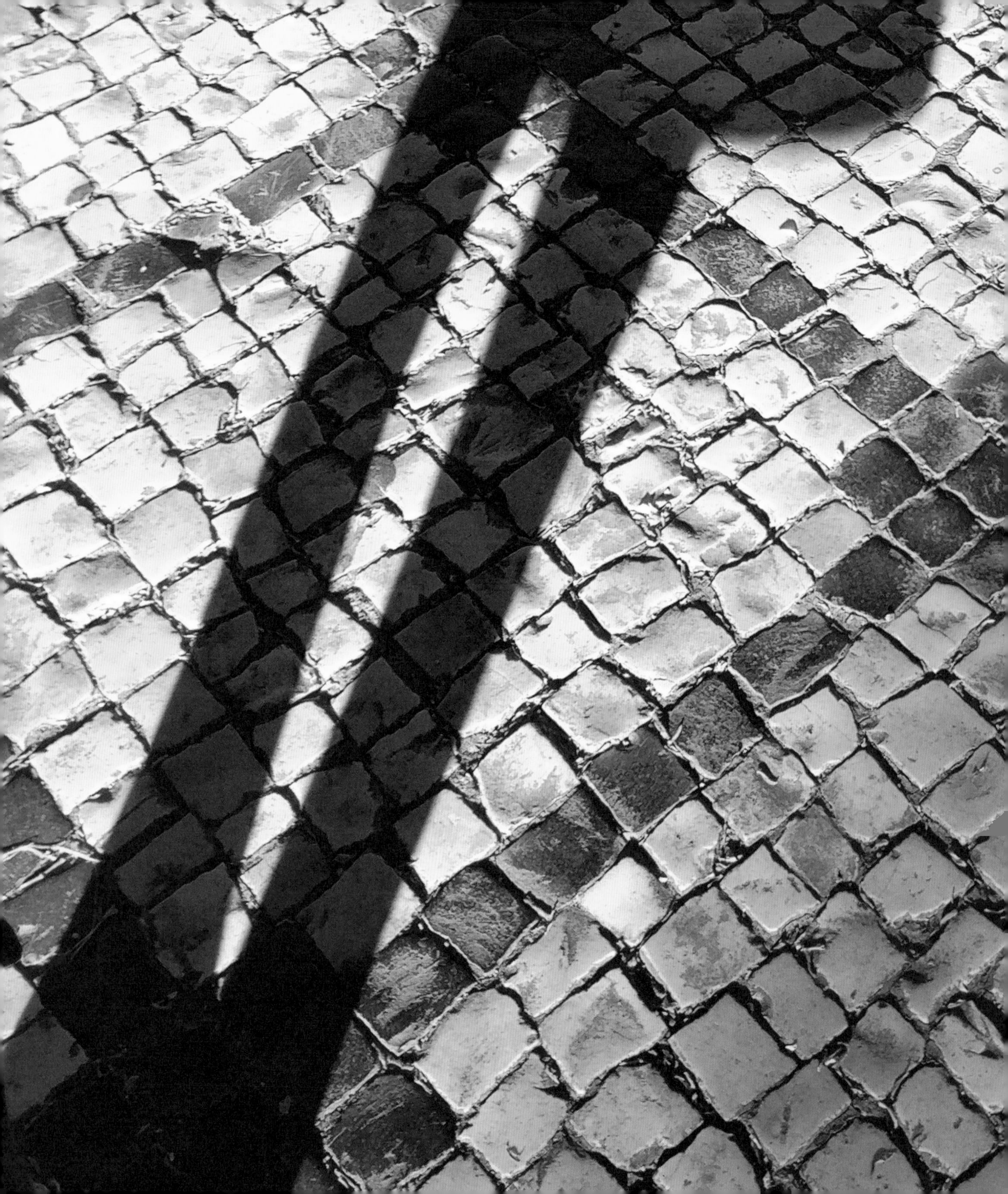

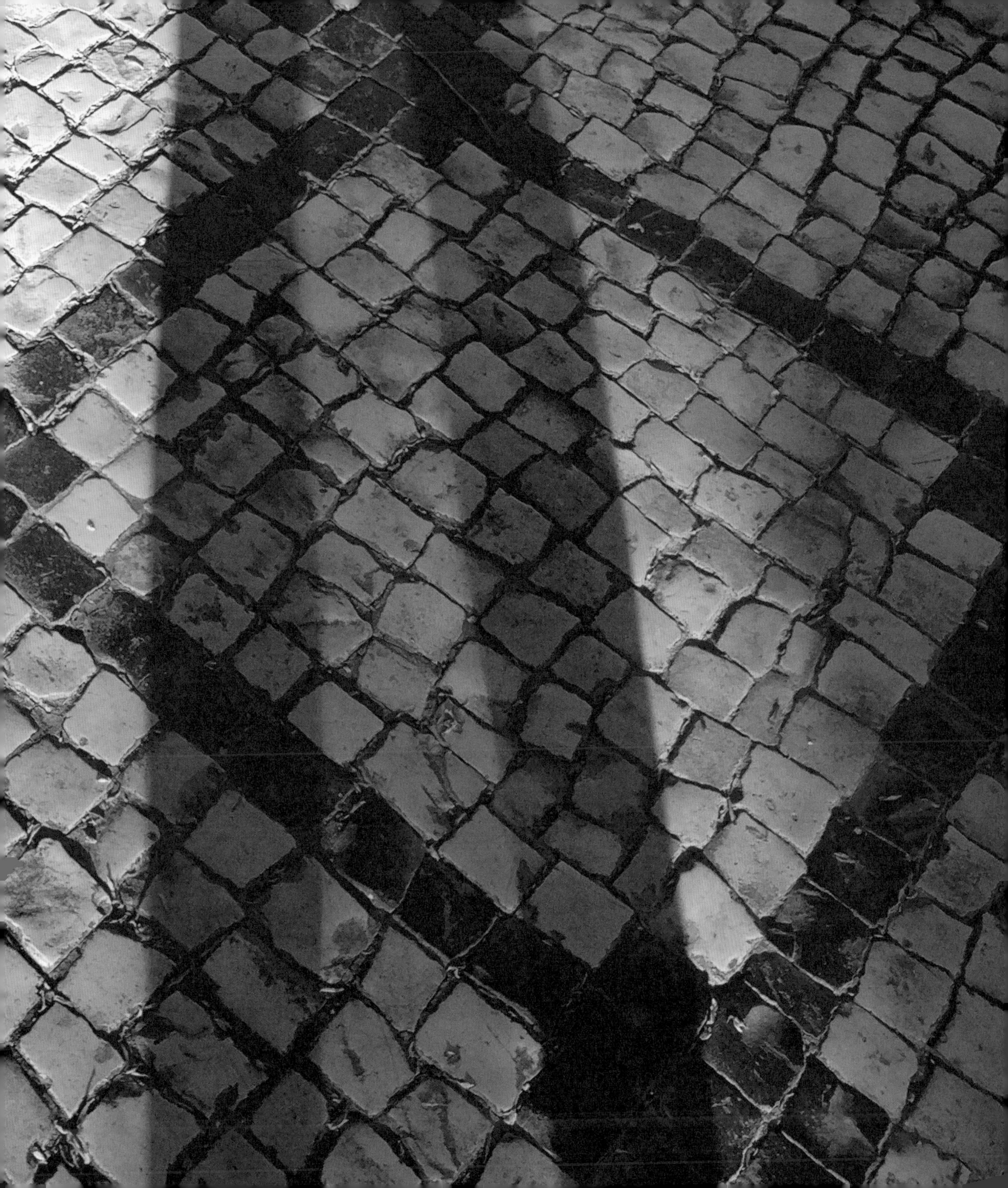

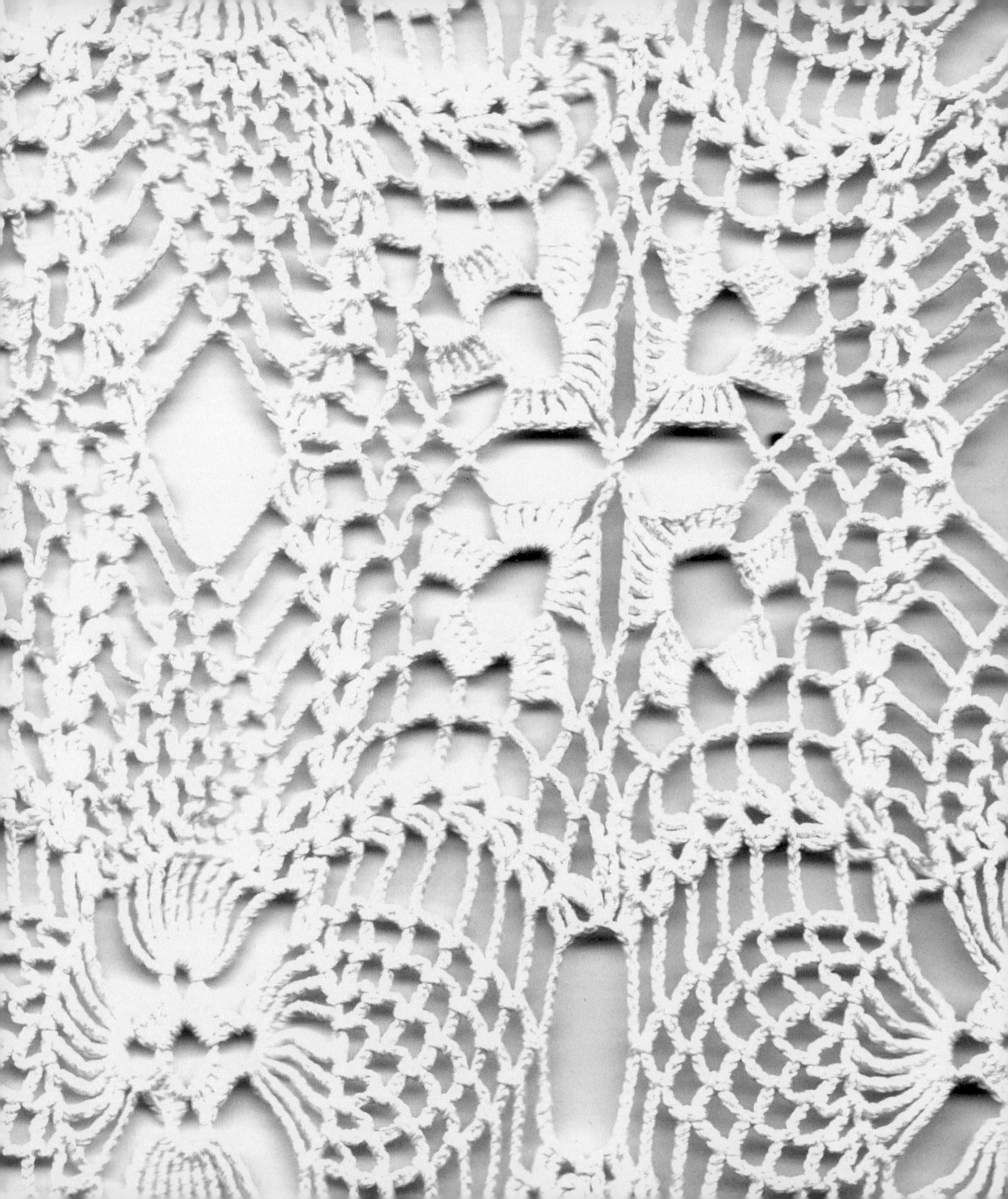

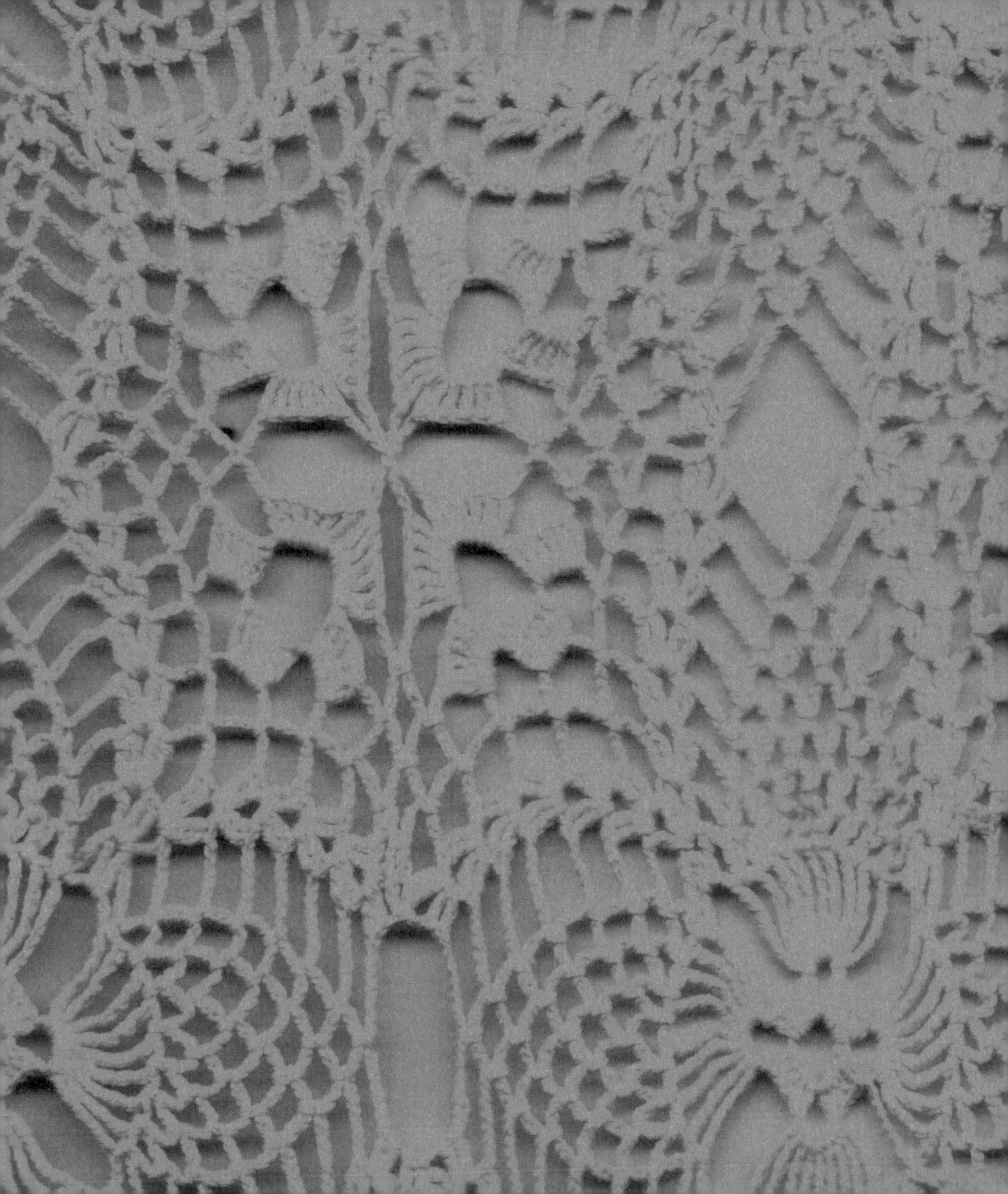

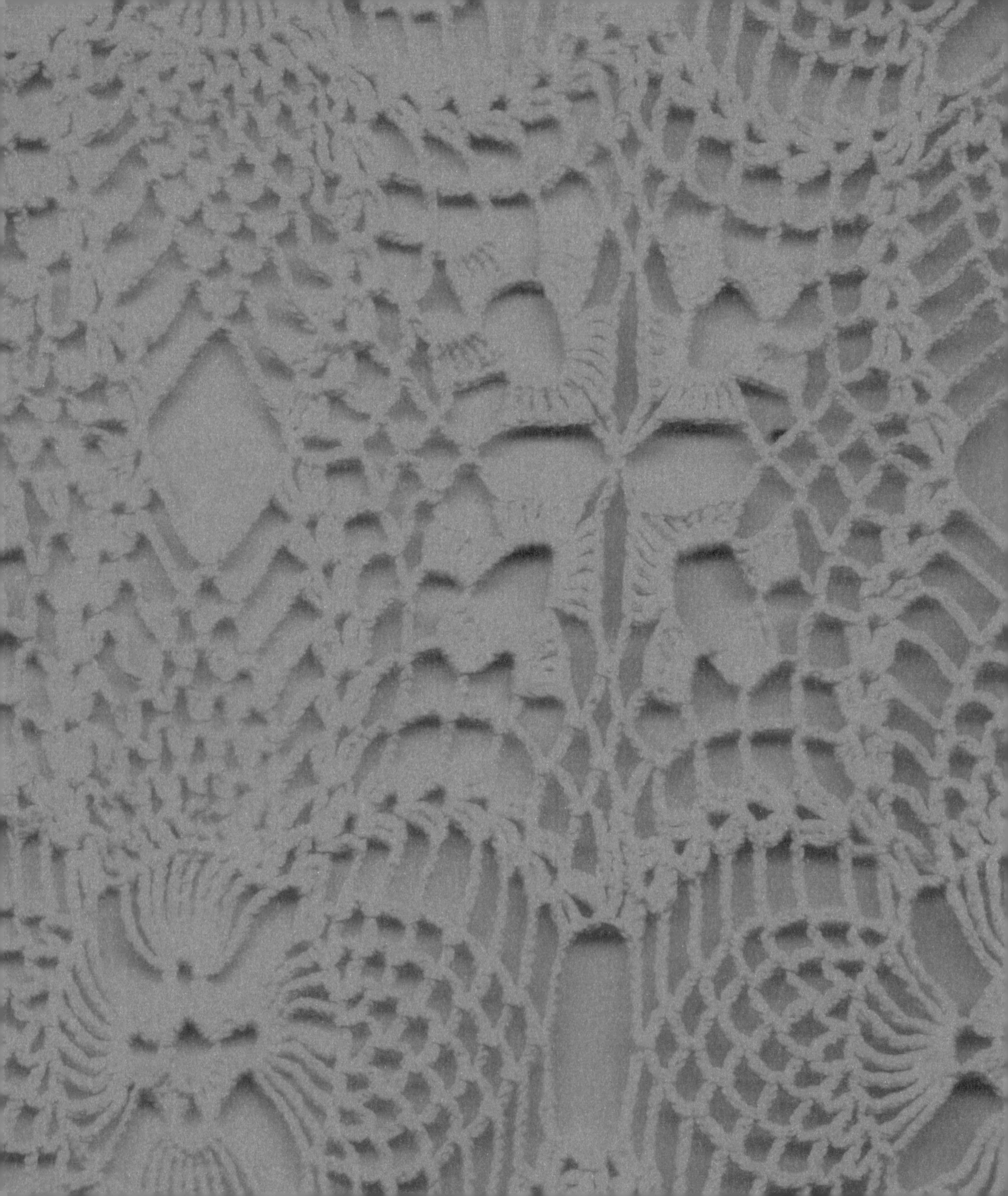

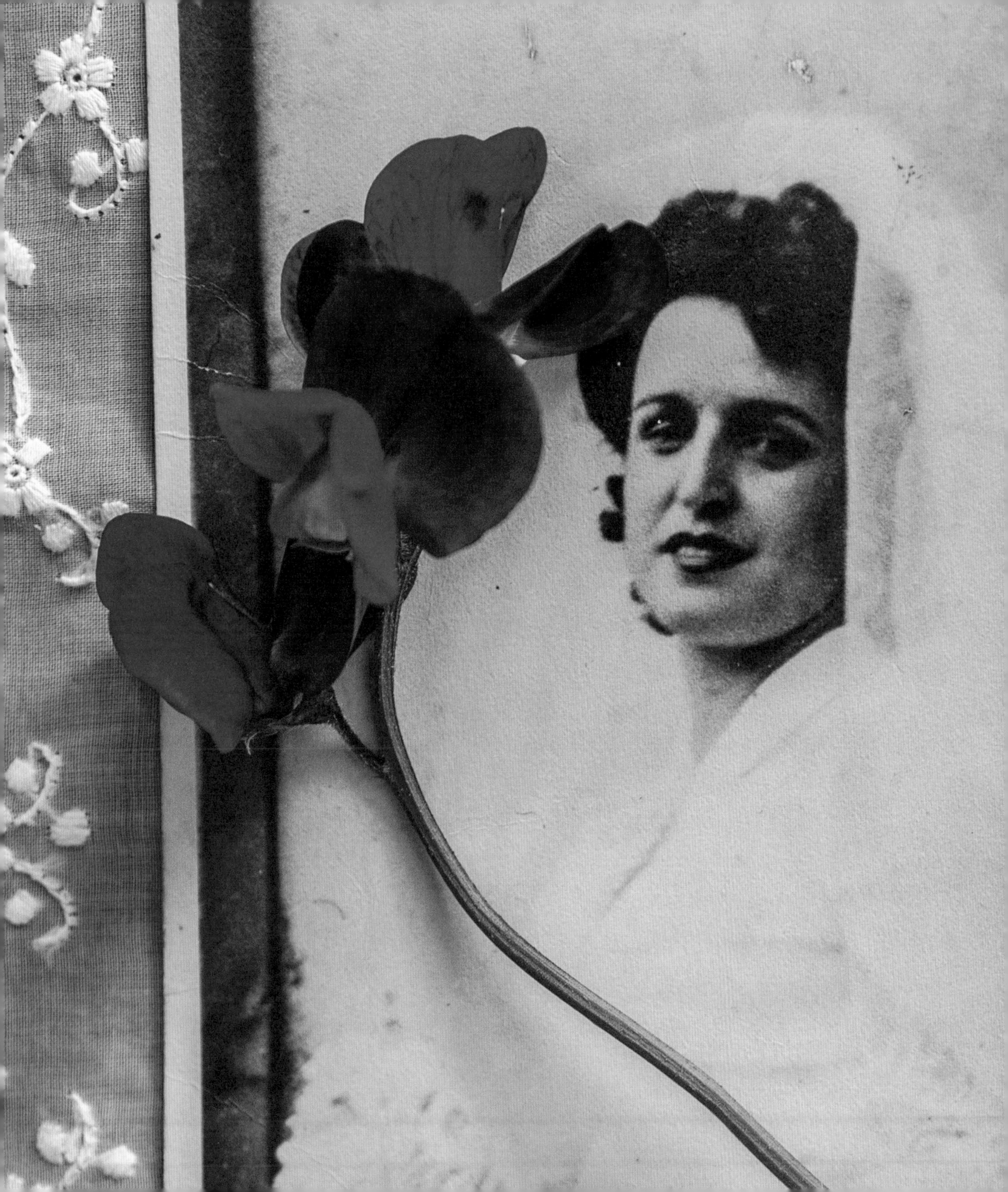

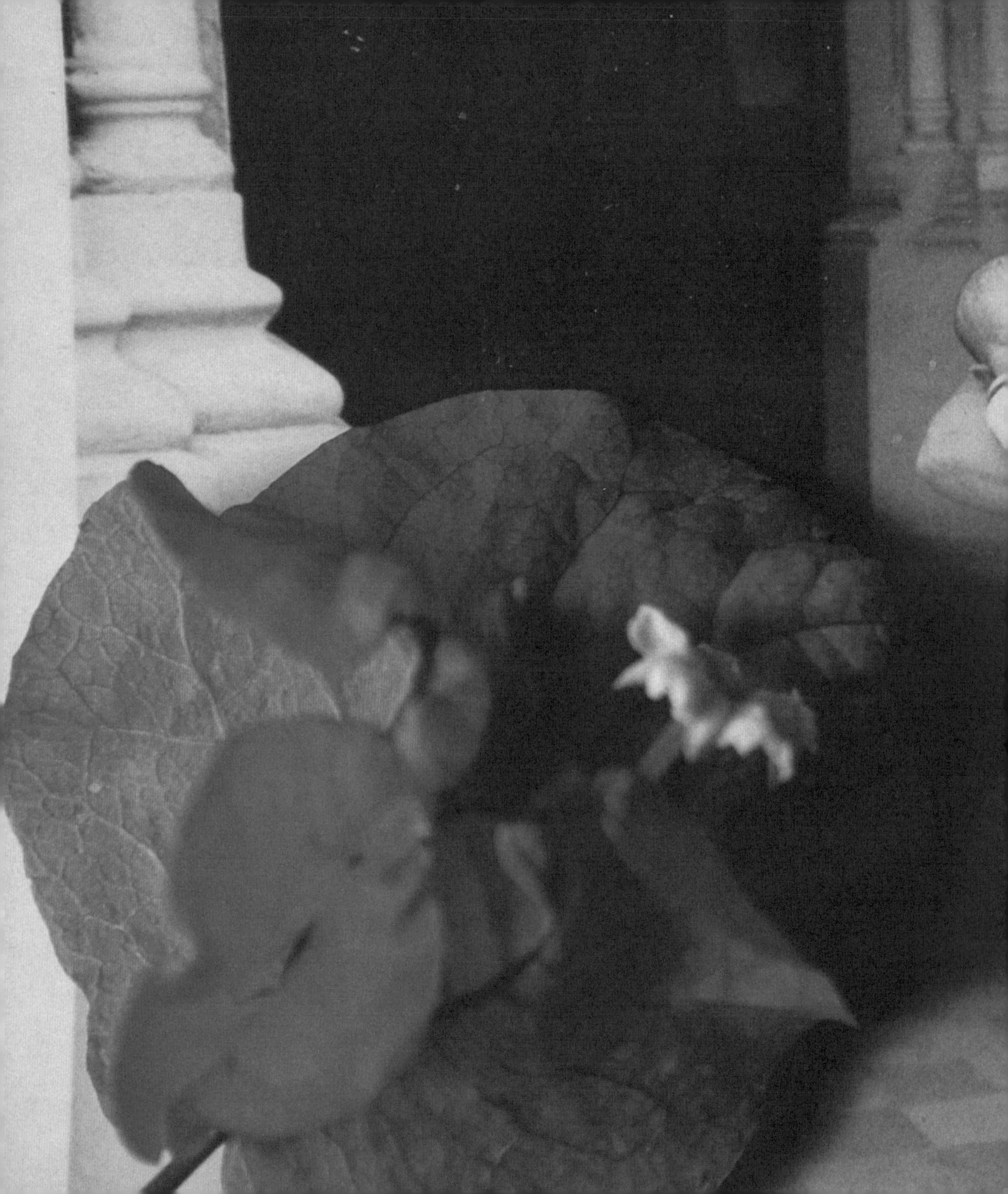

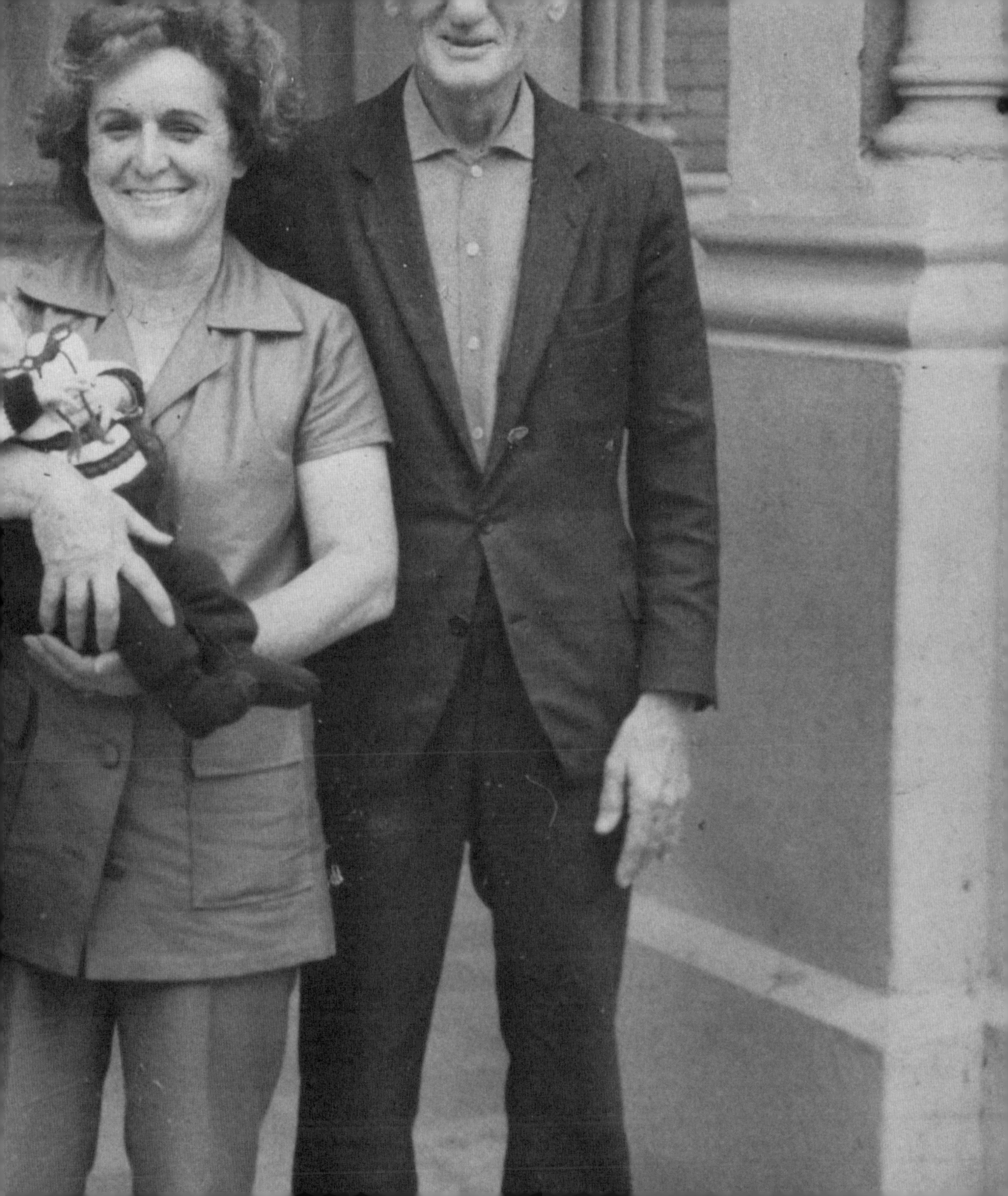

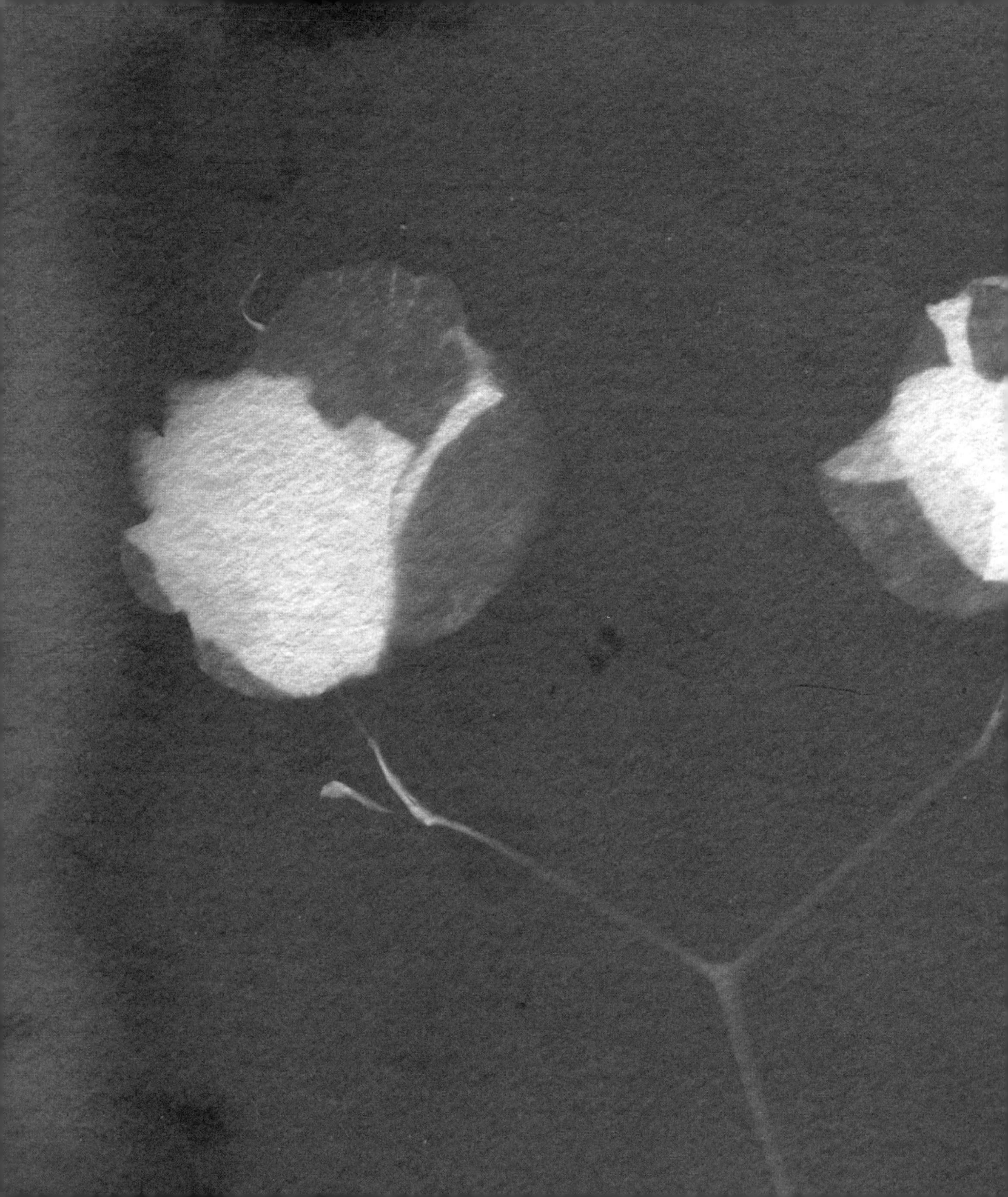

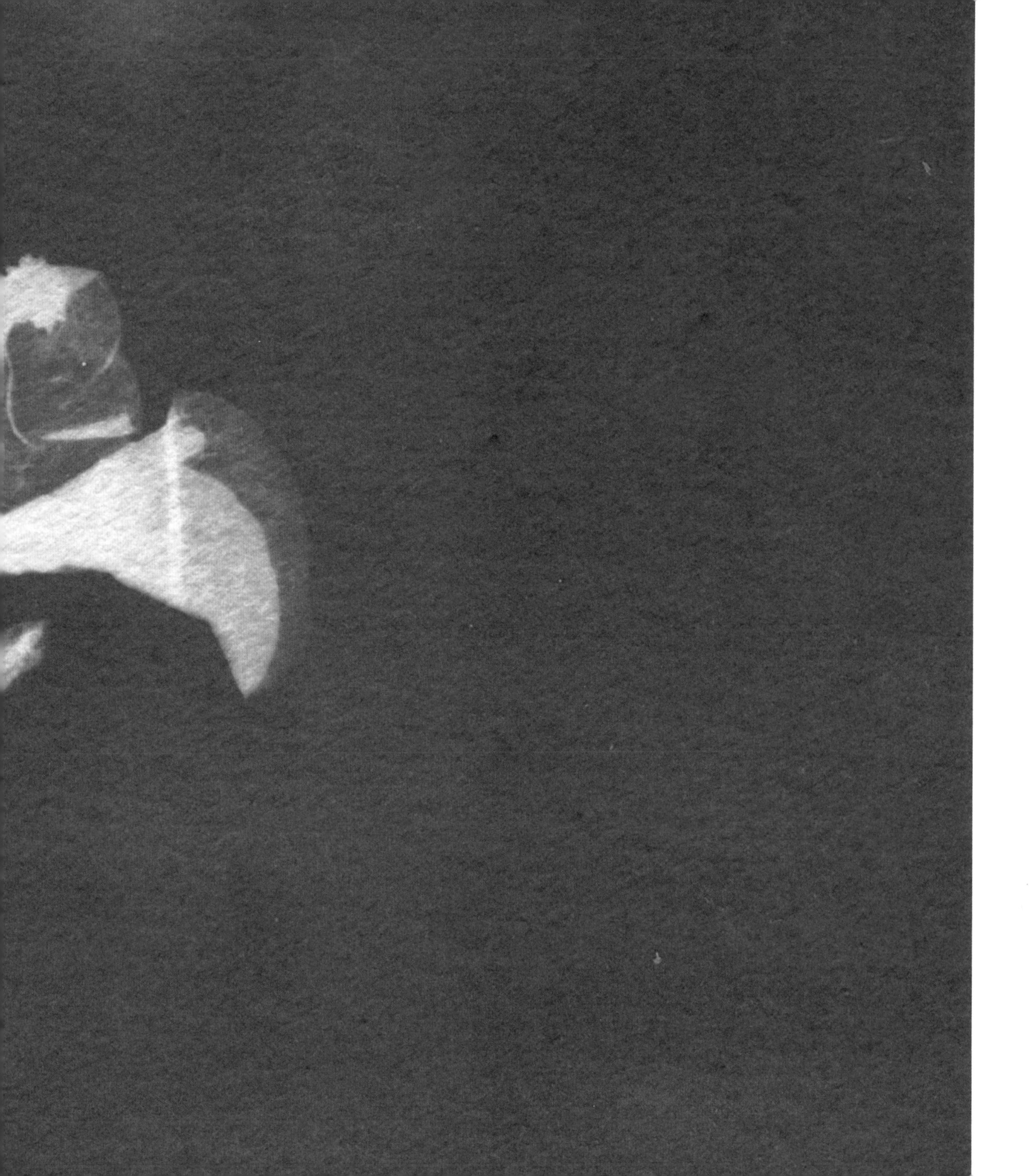

I ache to think
that you did not
have the chance
to choose your
partner in your
life's dance.

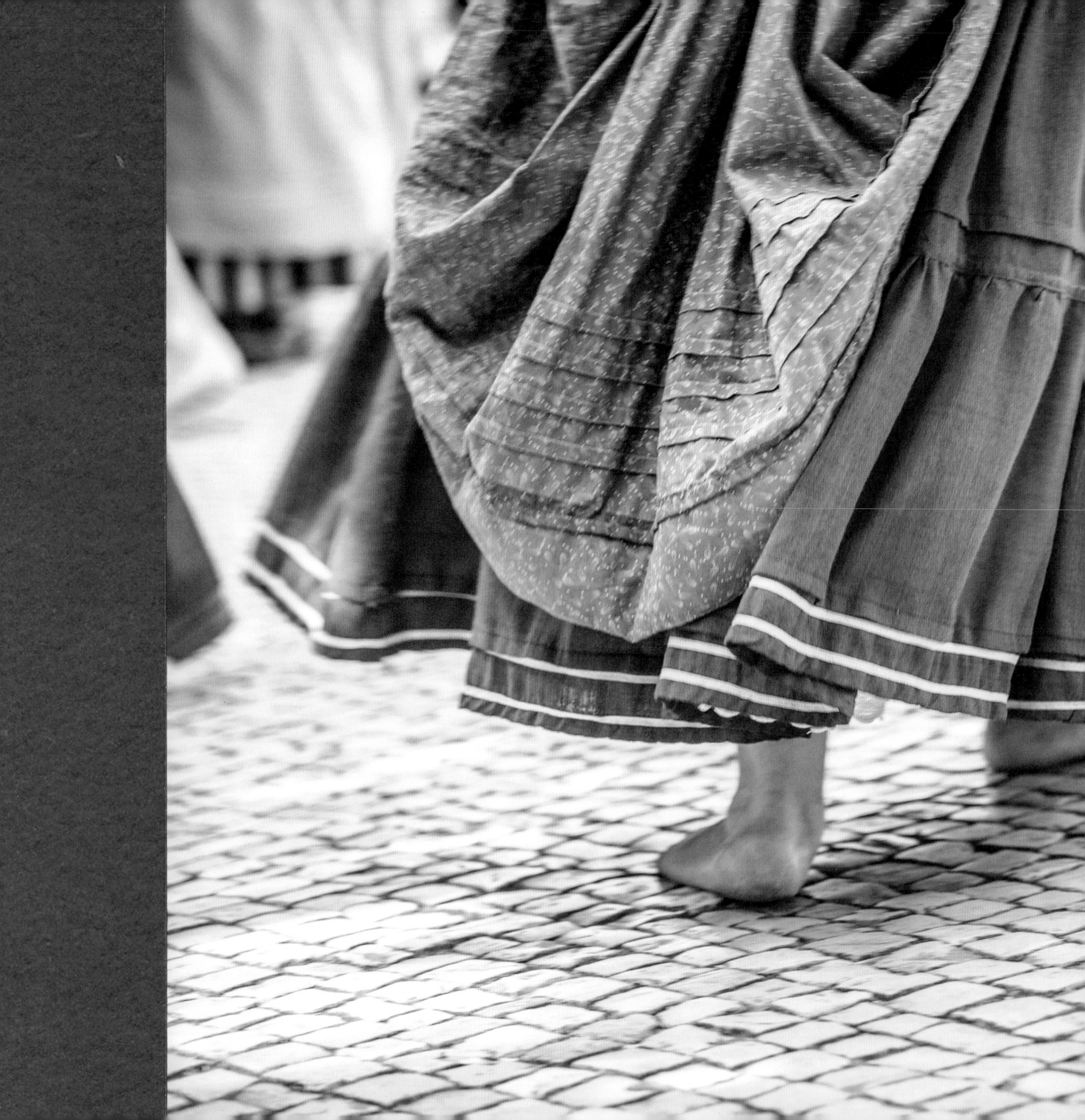

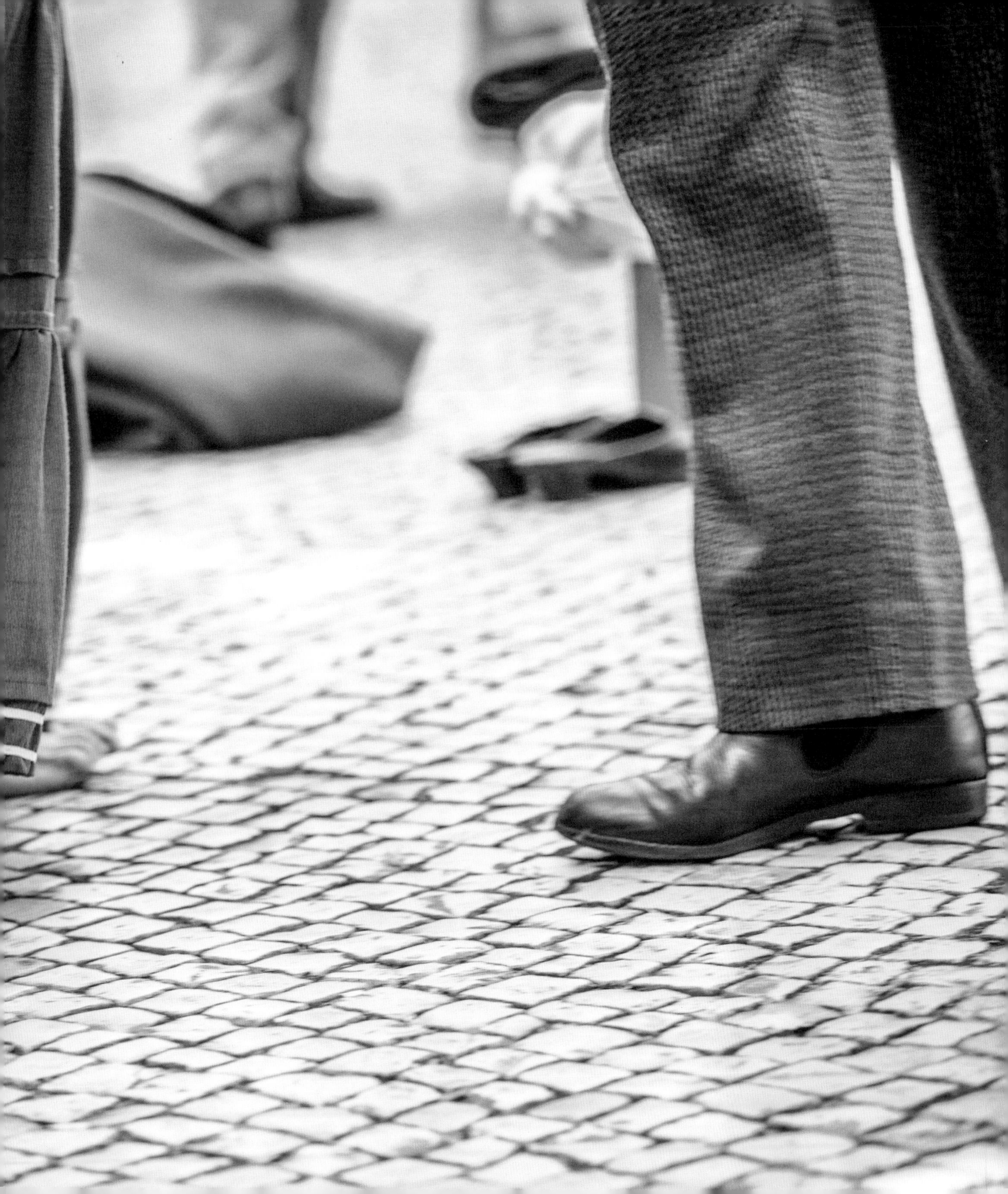

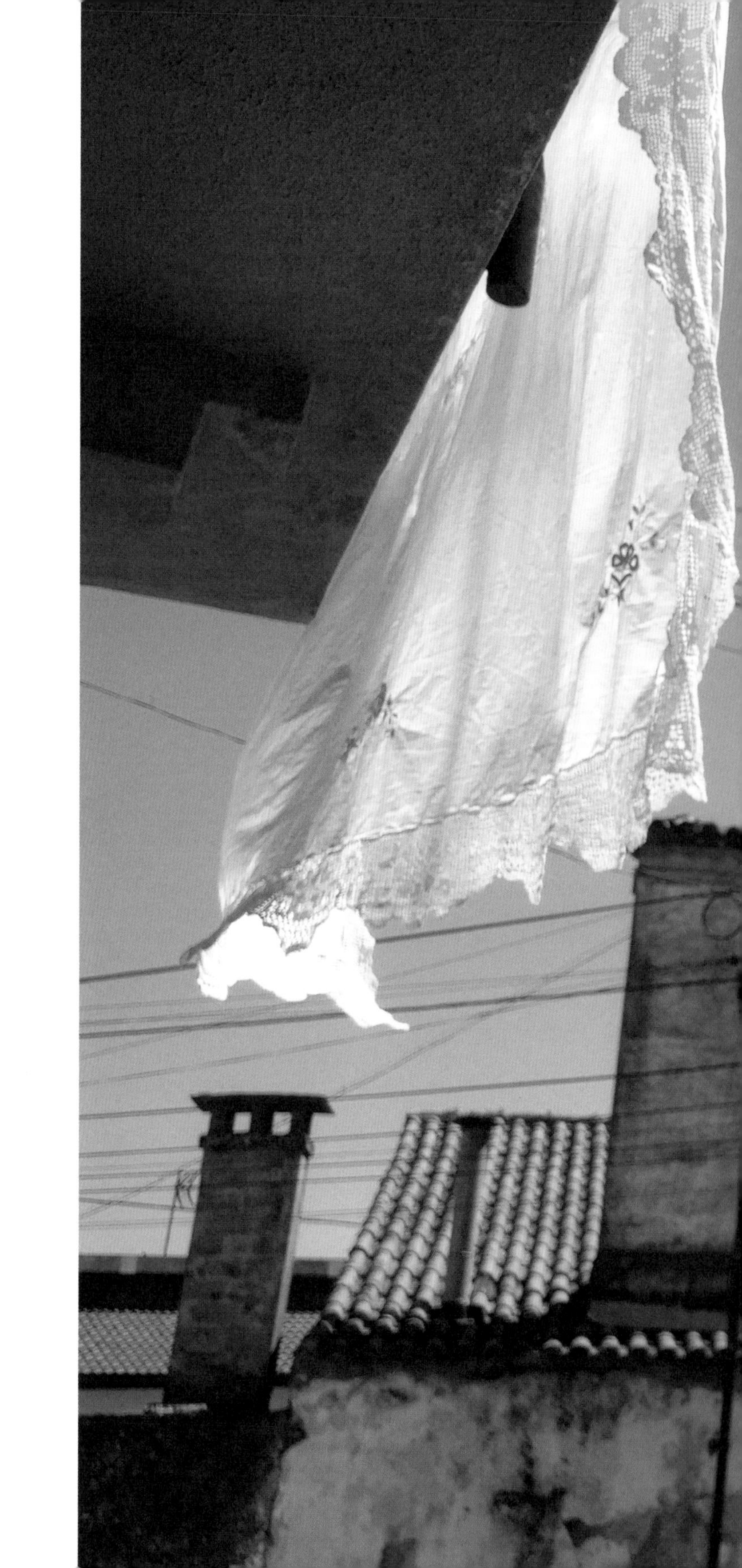

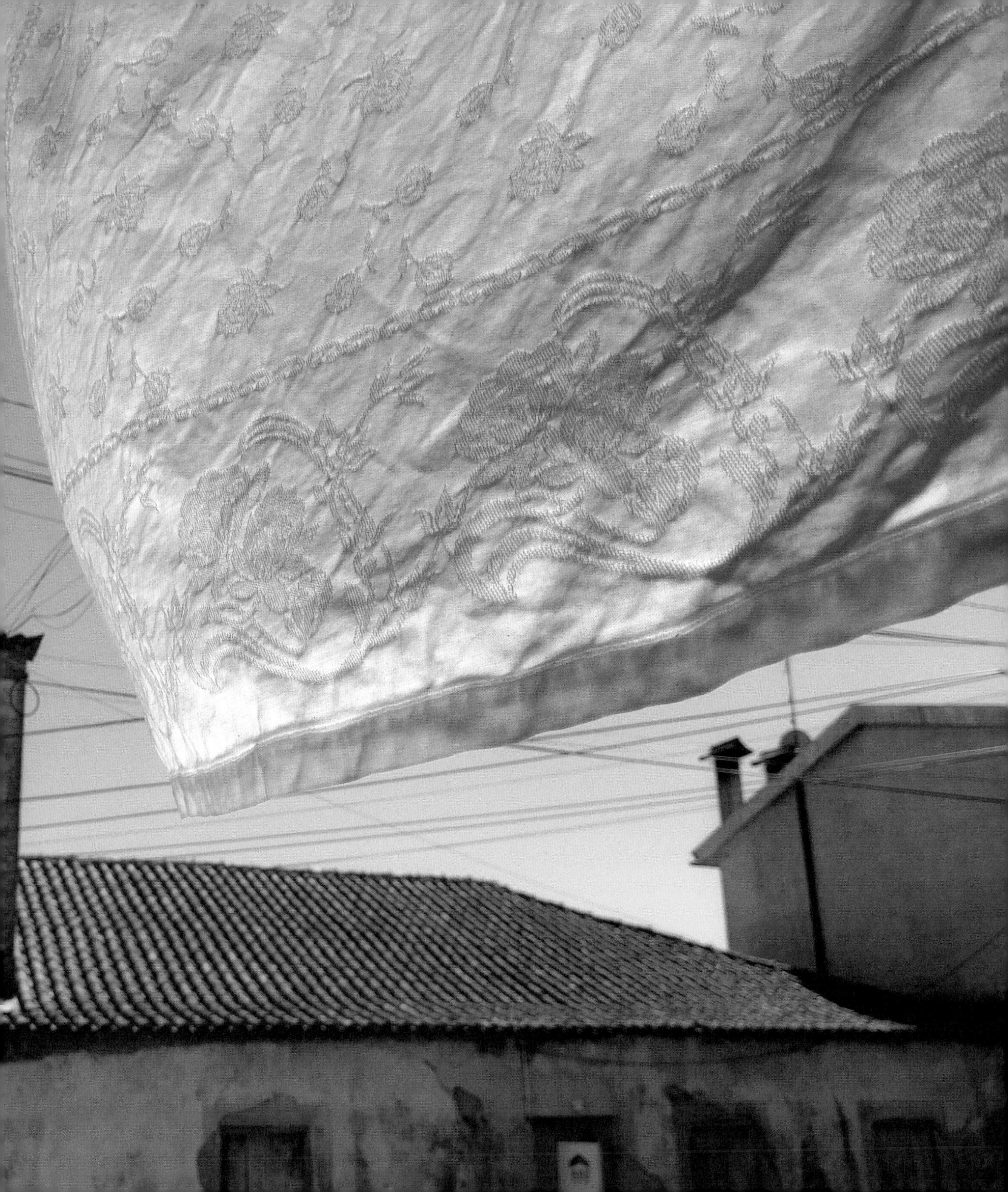

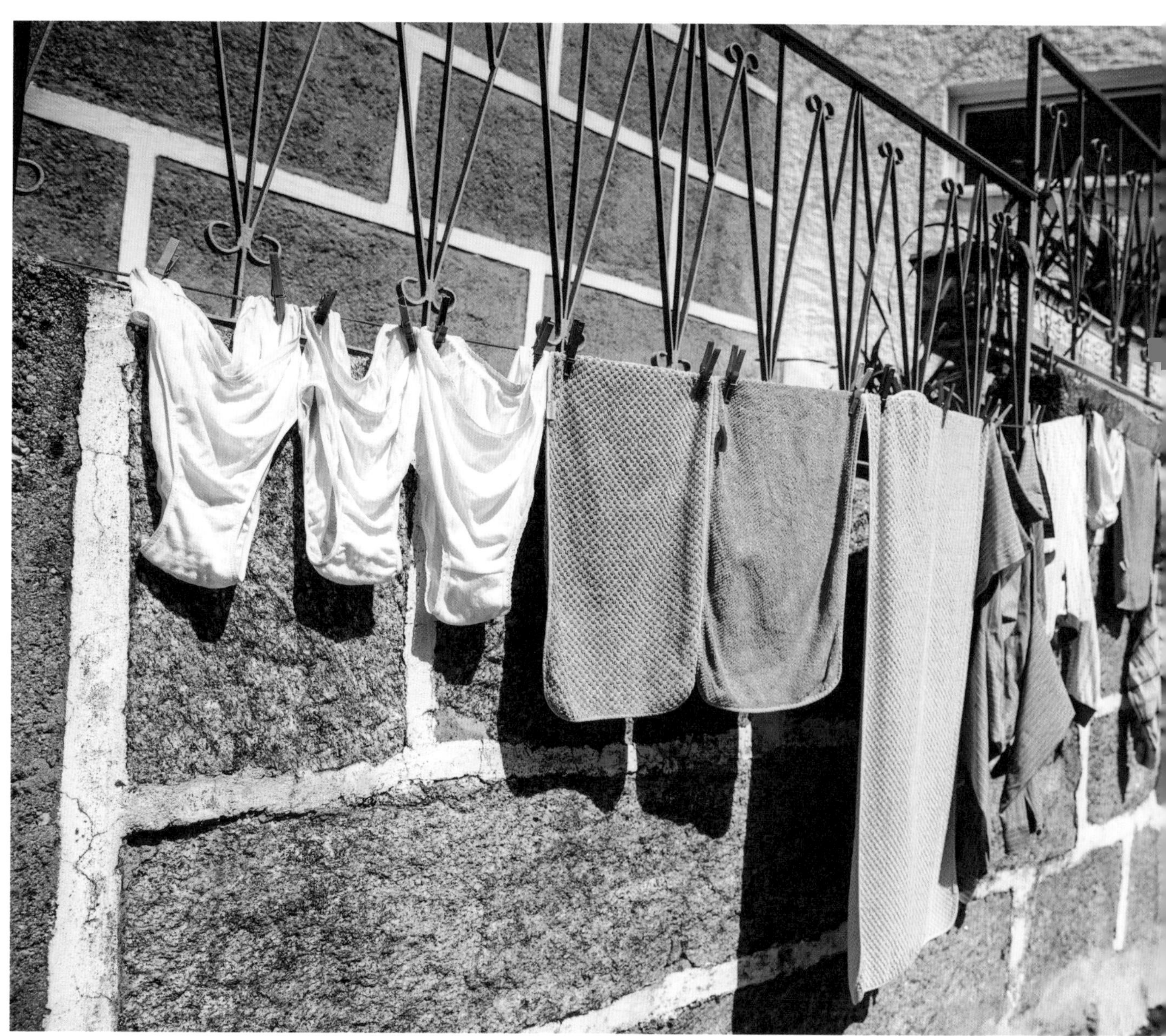

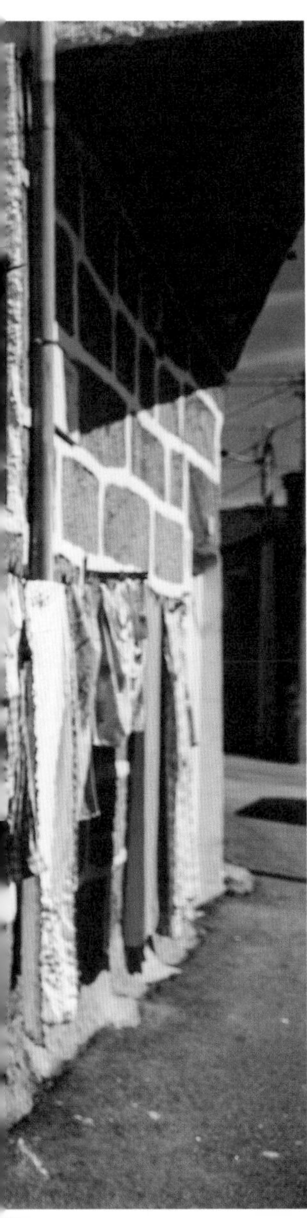

Everywhere I turn
there are friendly ghosts.

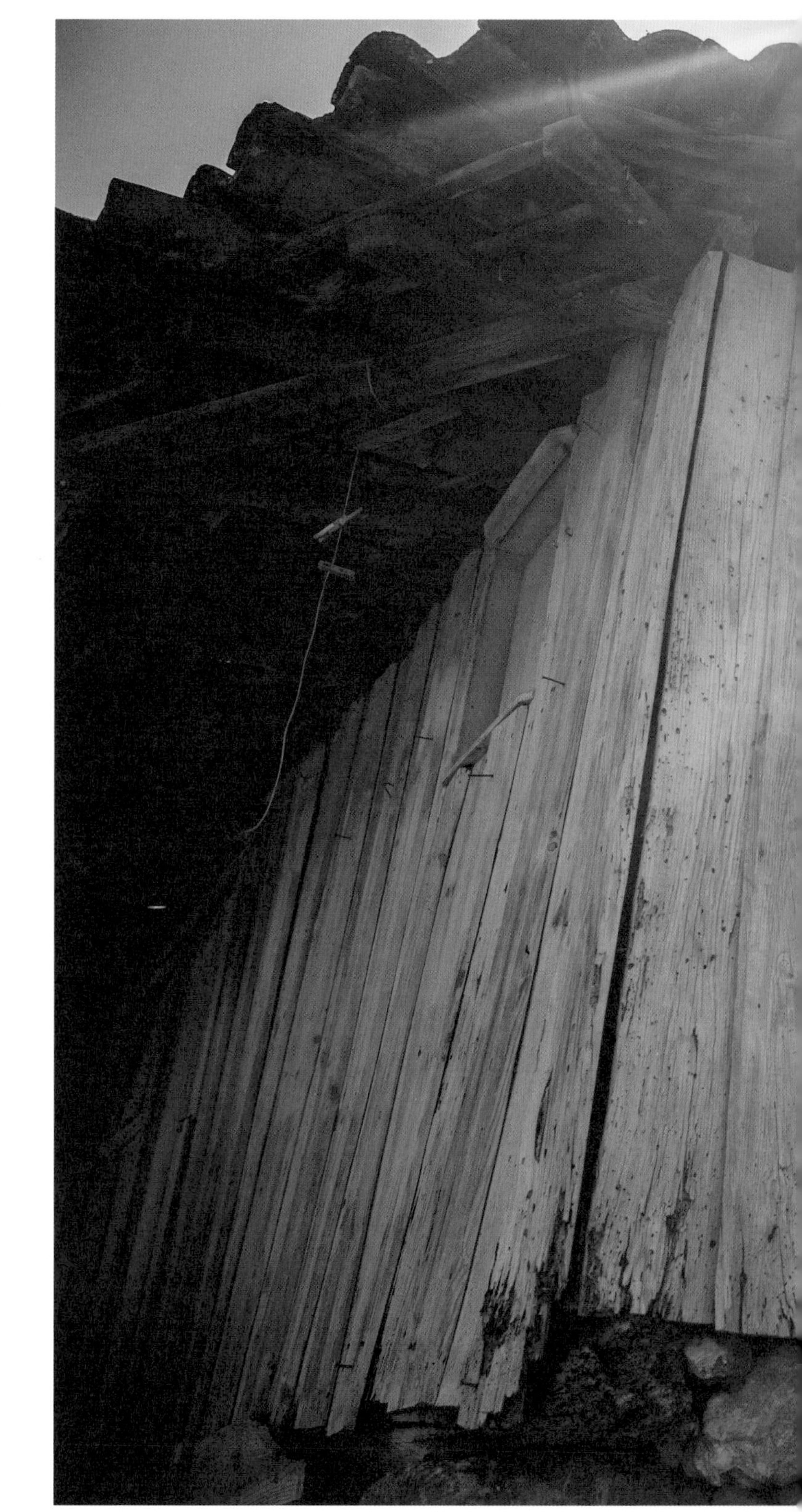

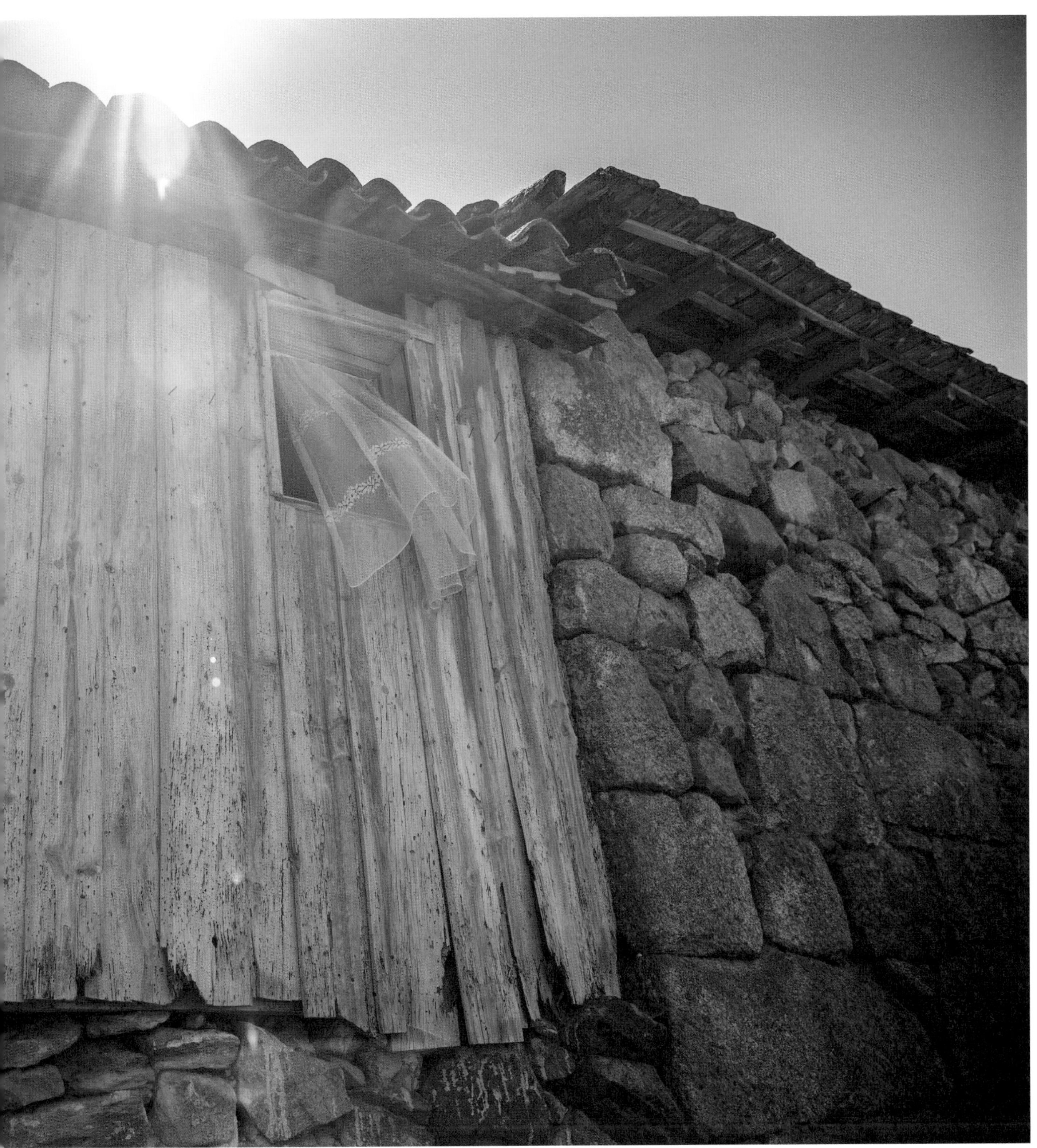

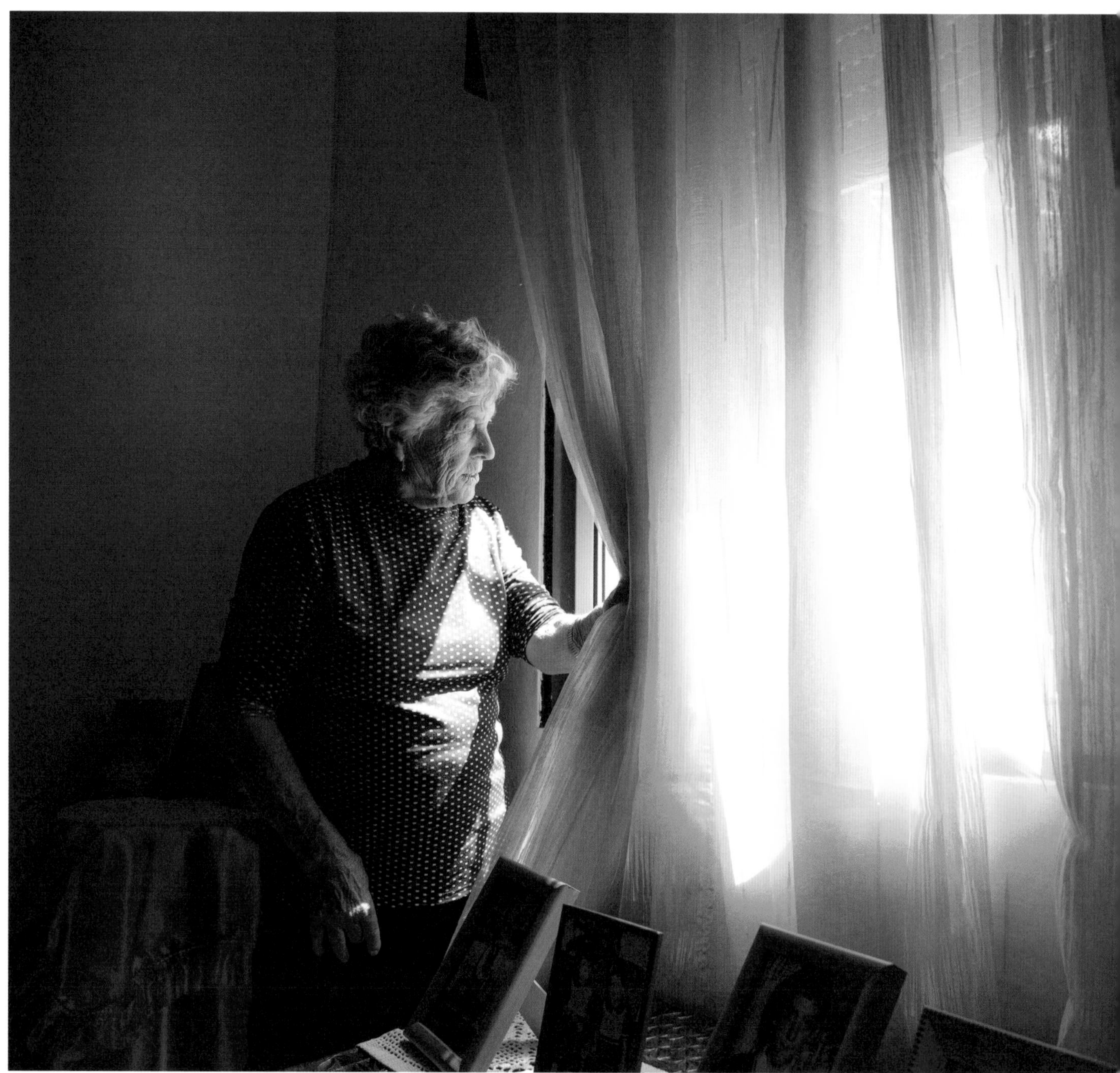

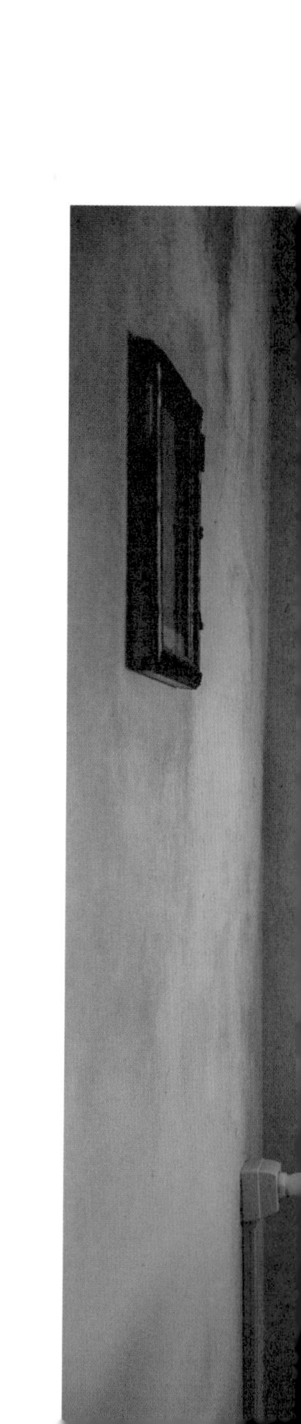

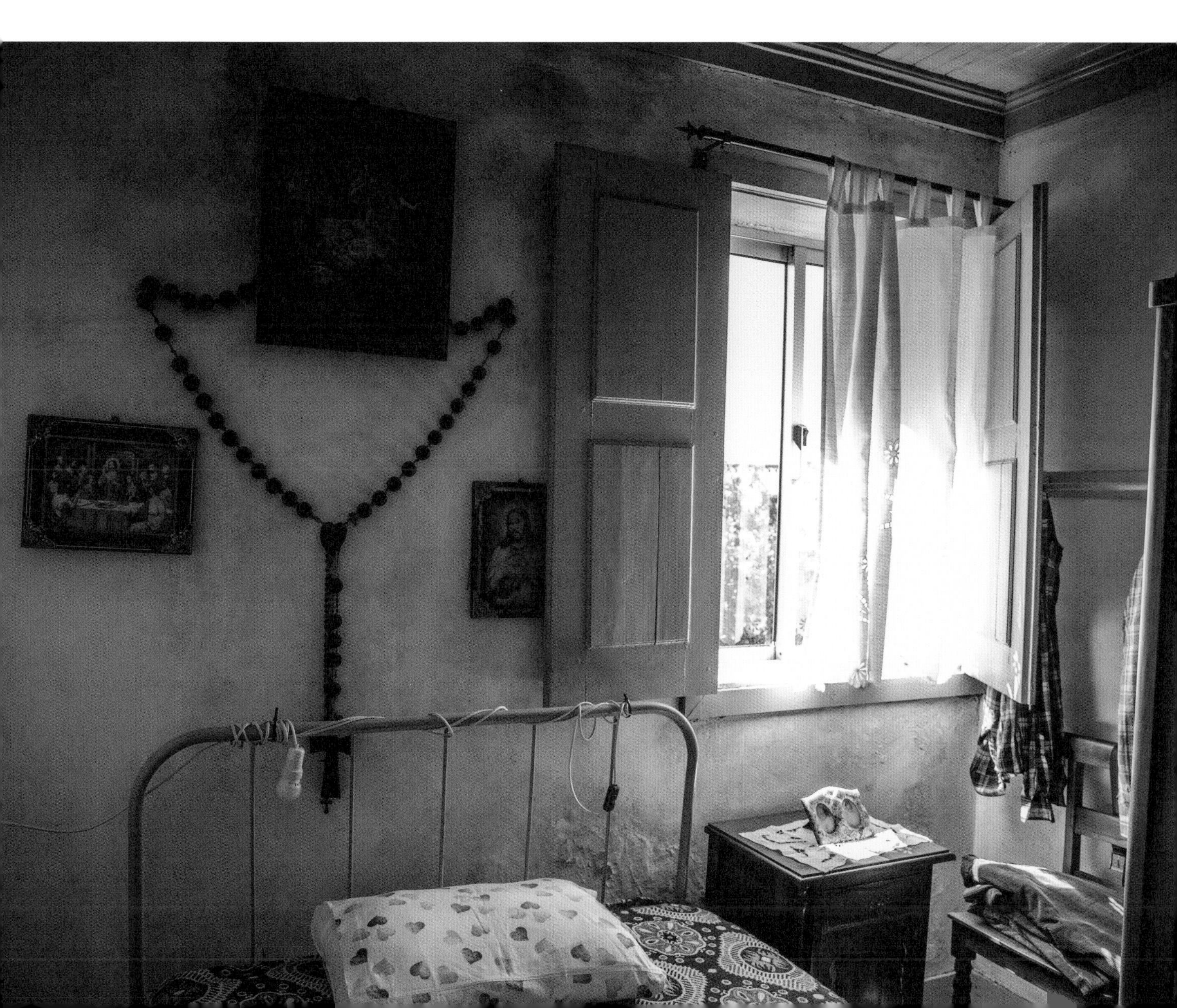

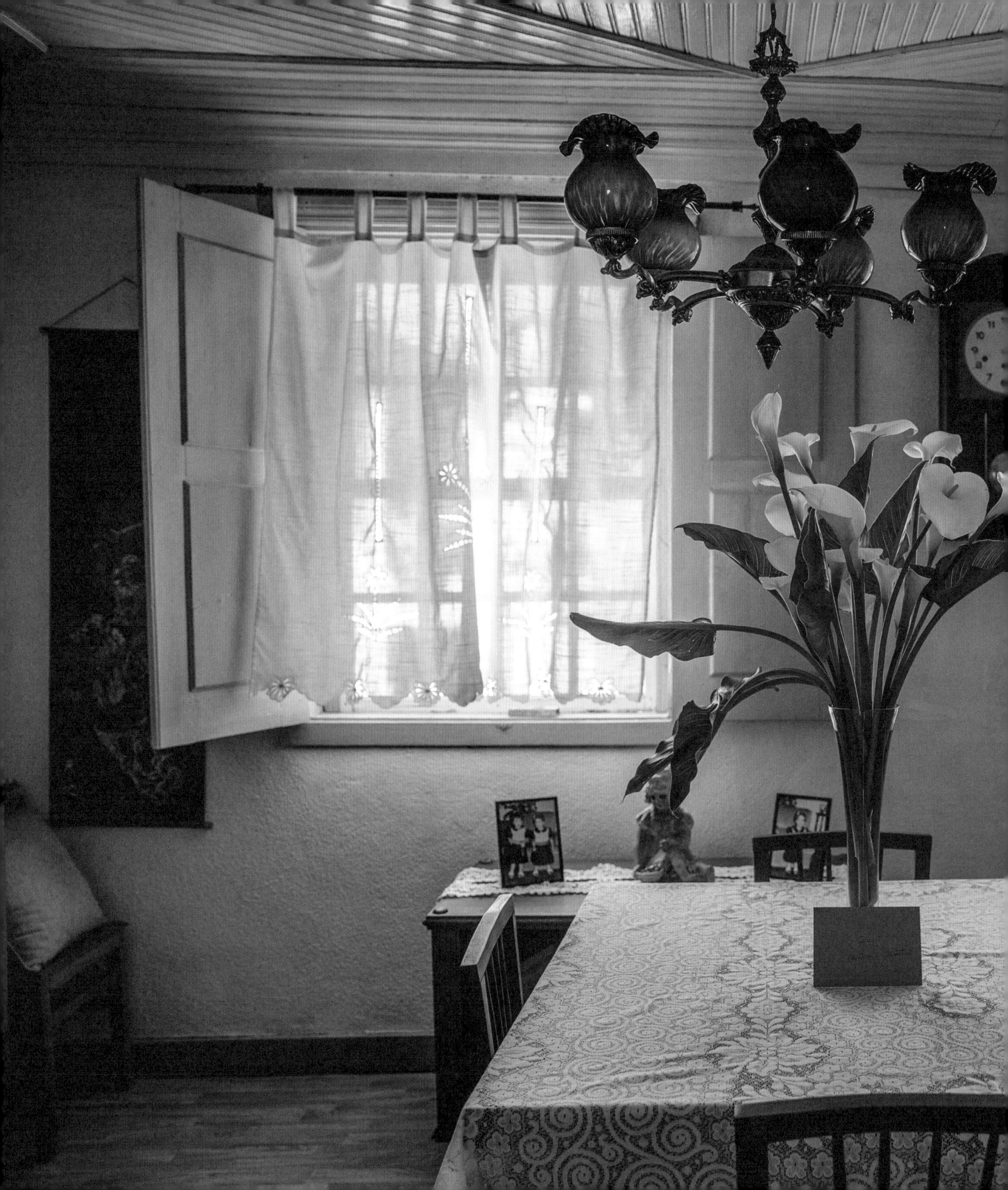

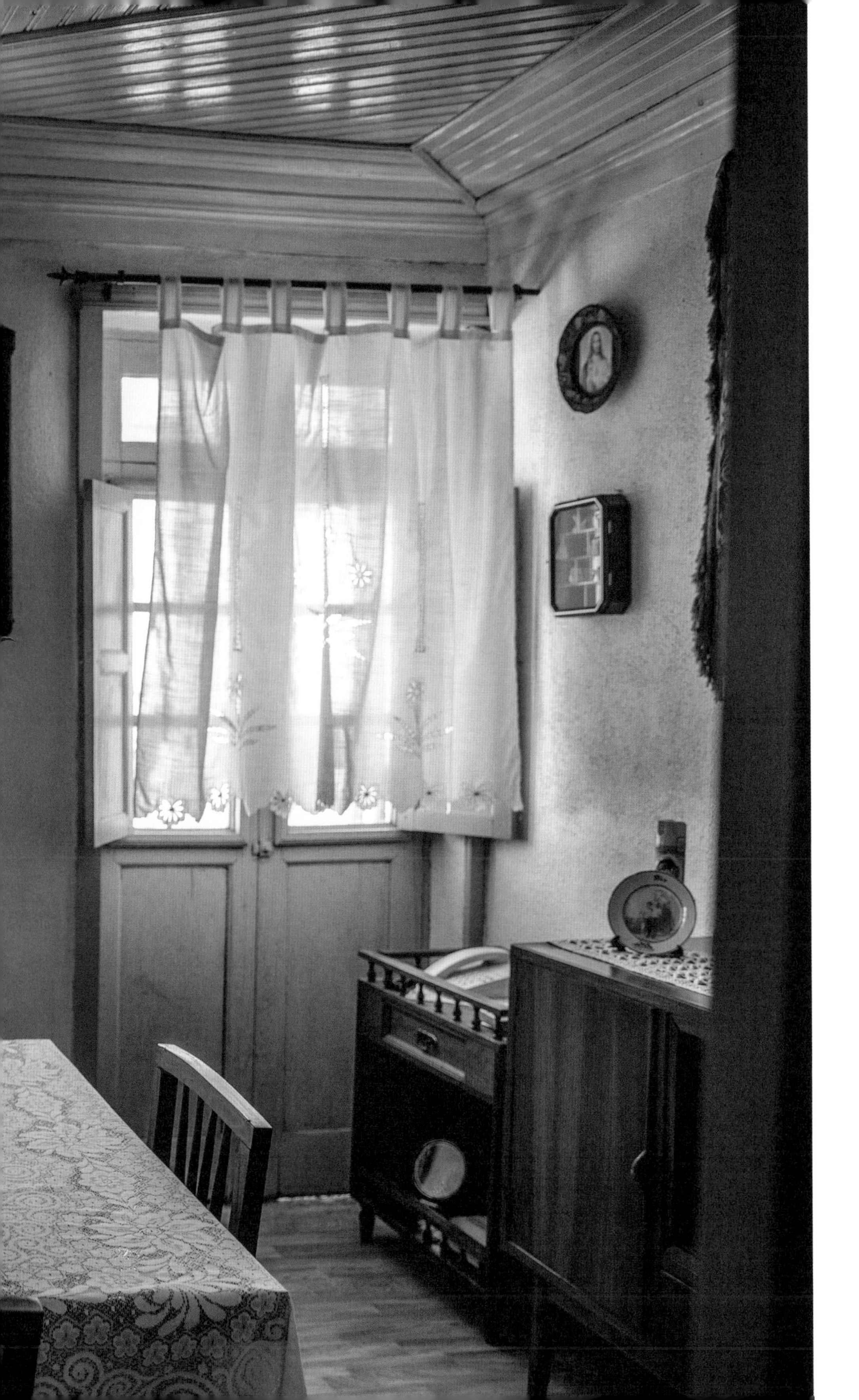

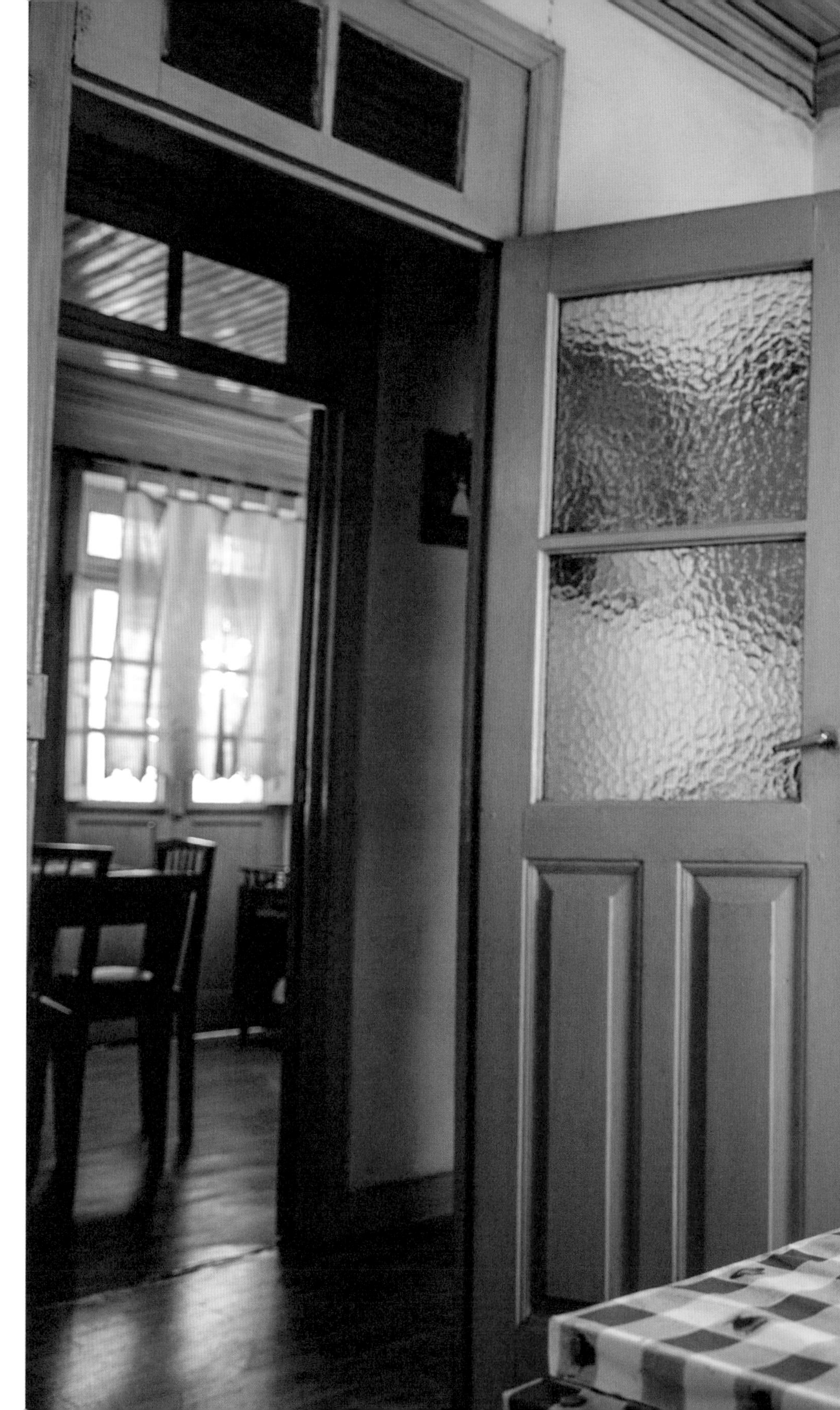

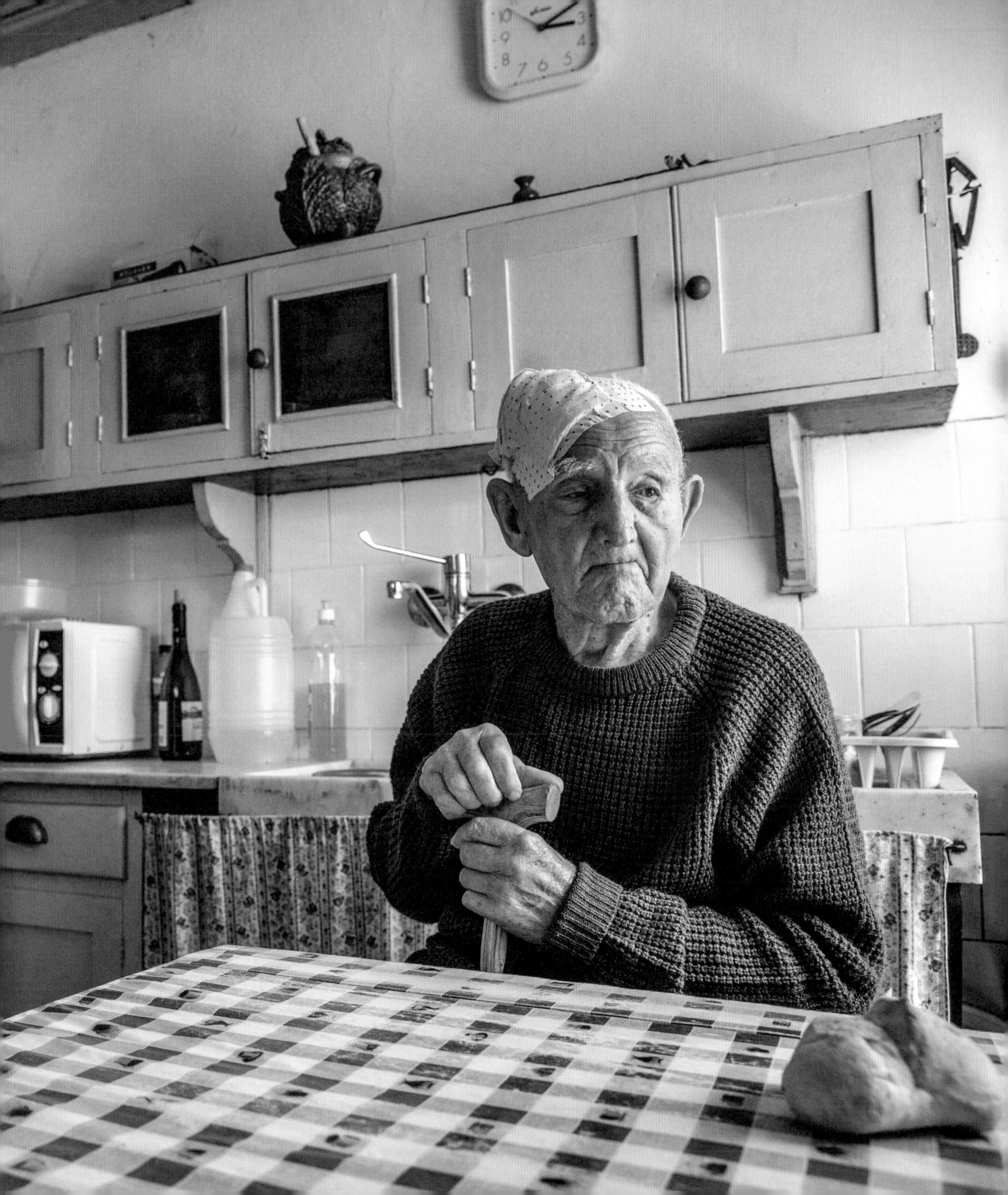

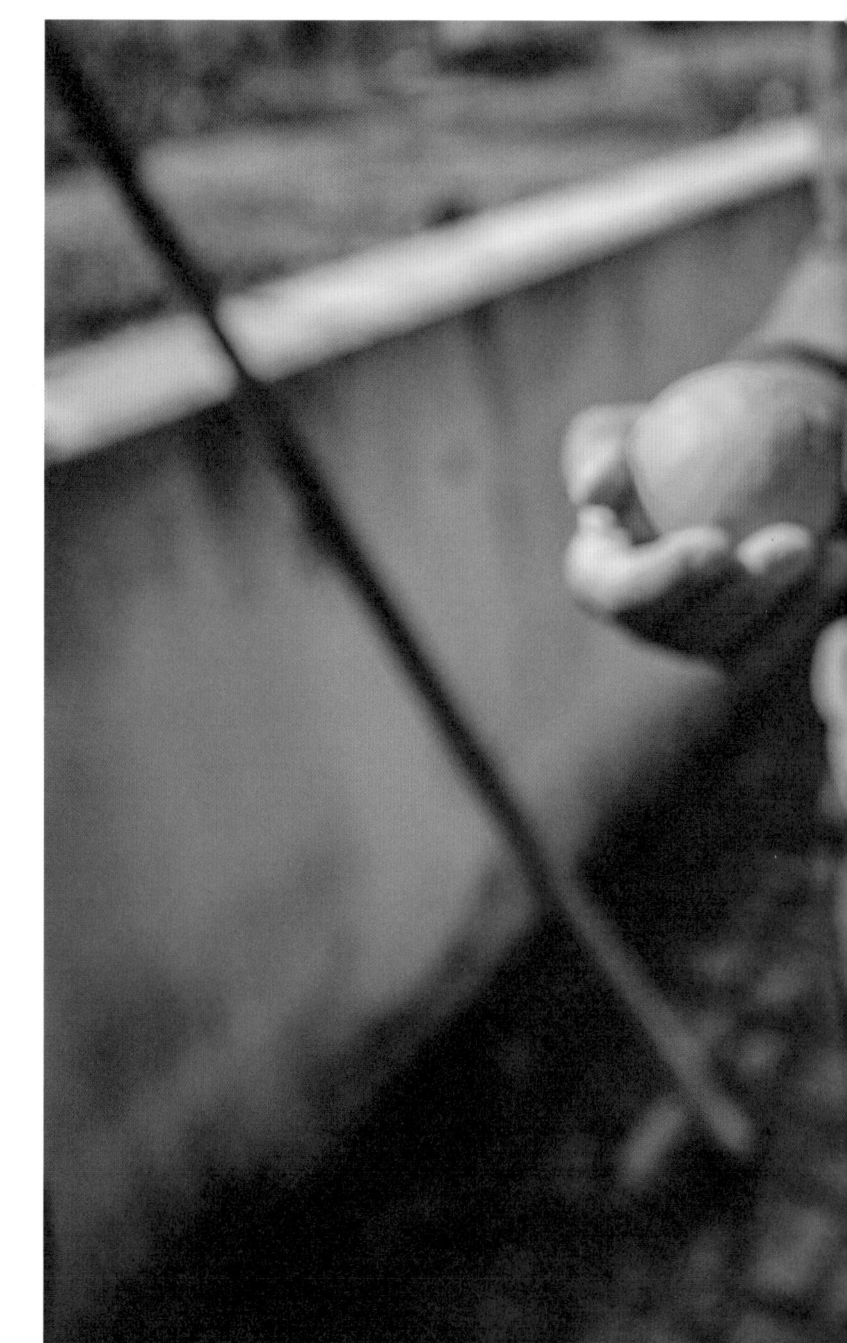

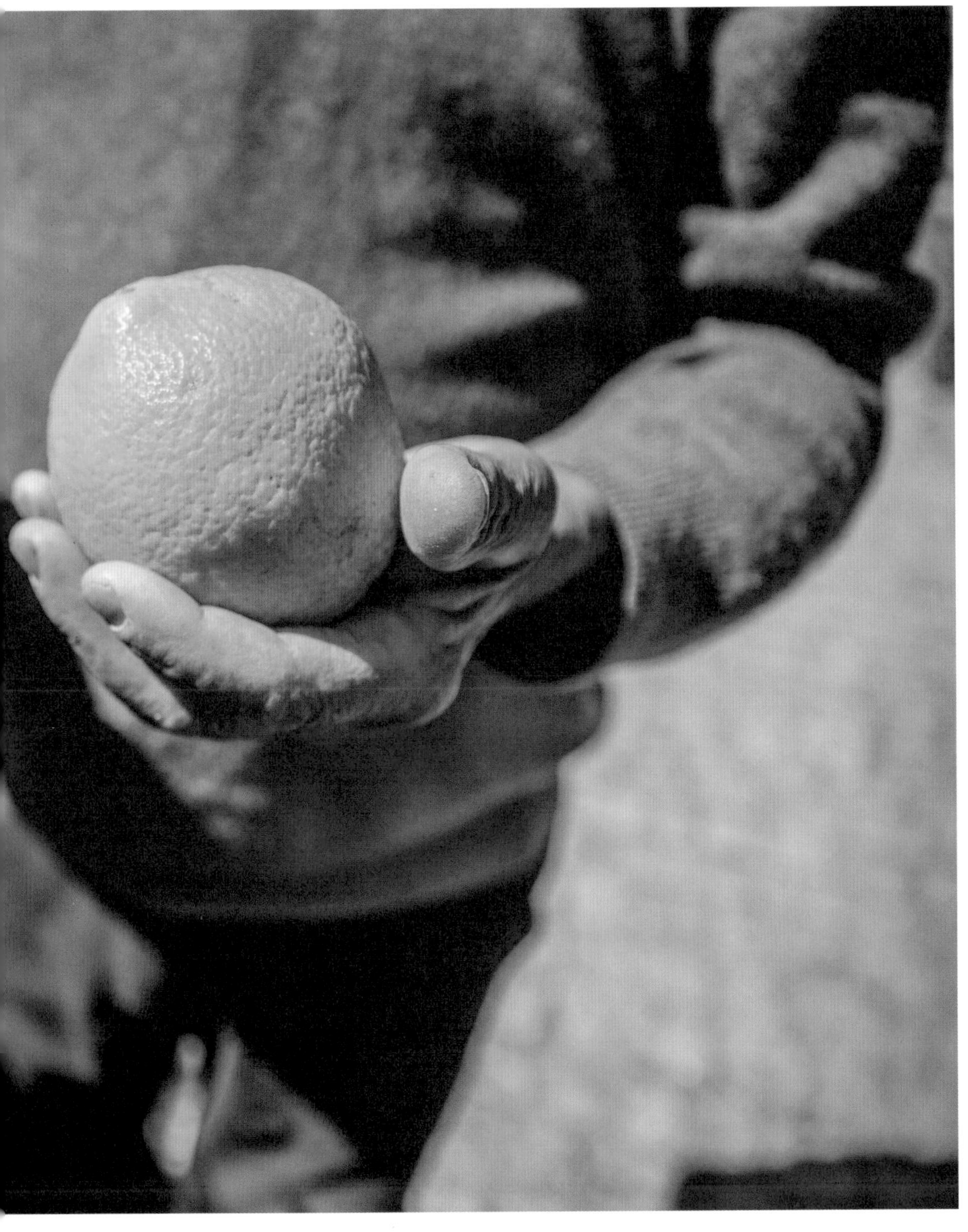

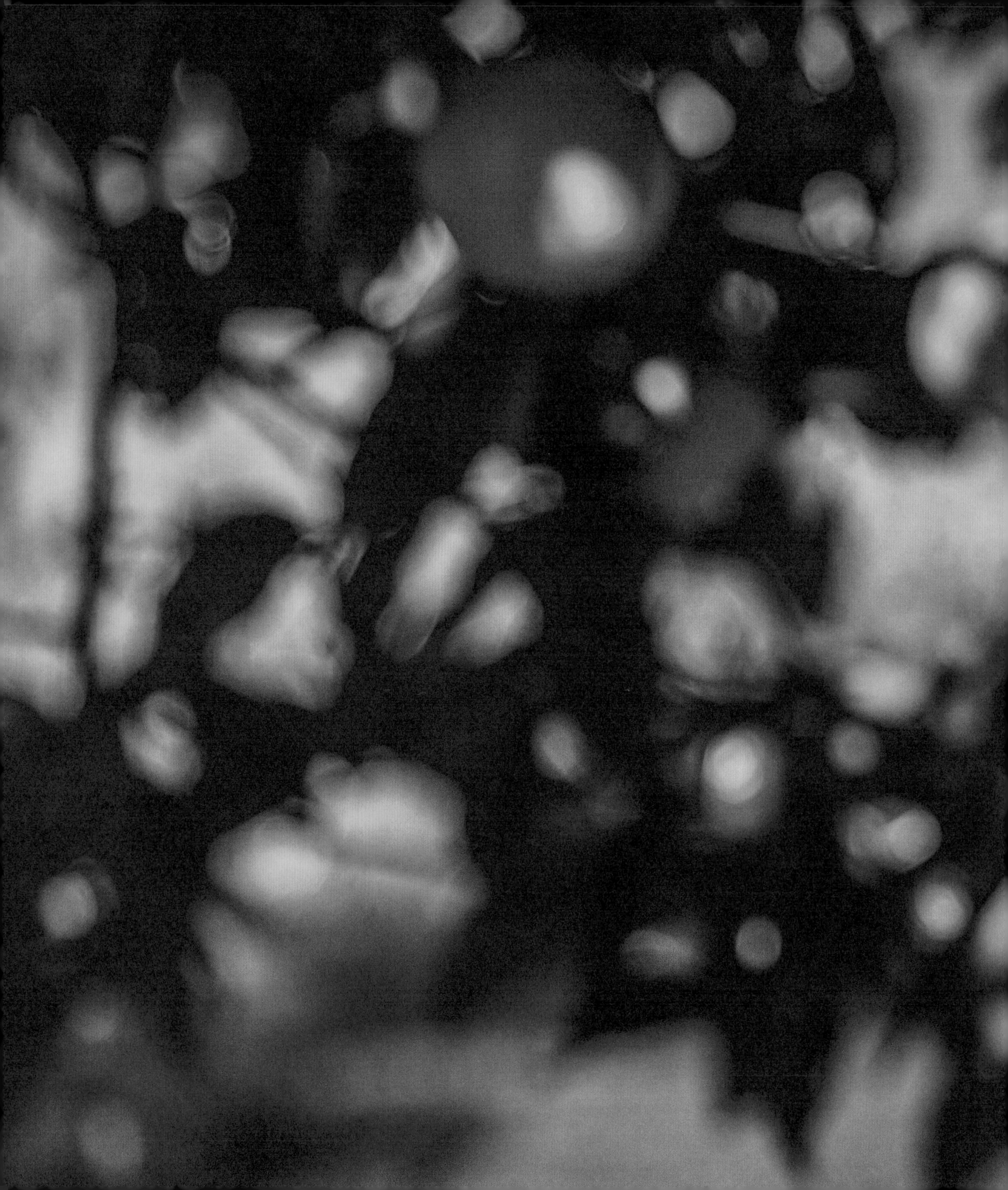

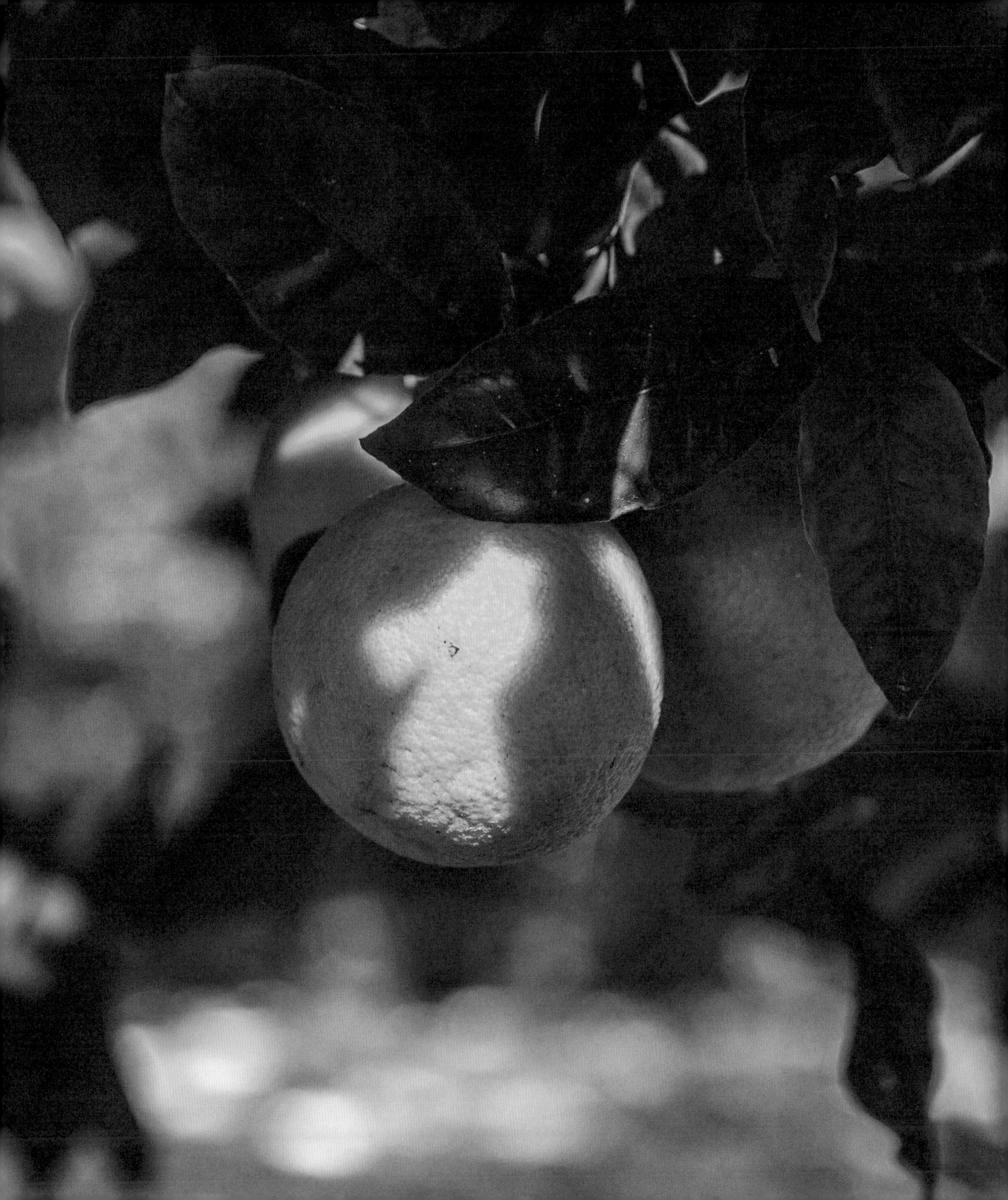

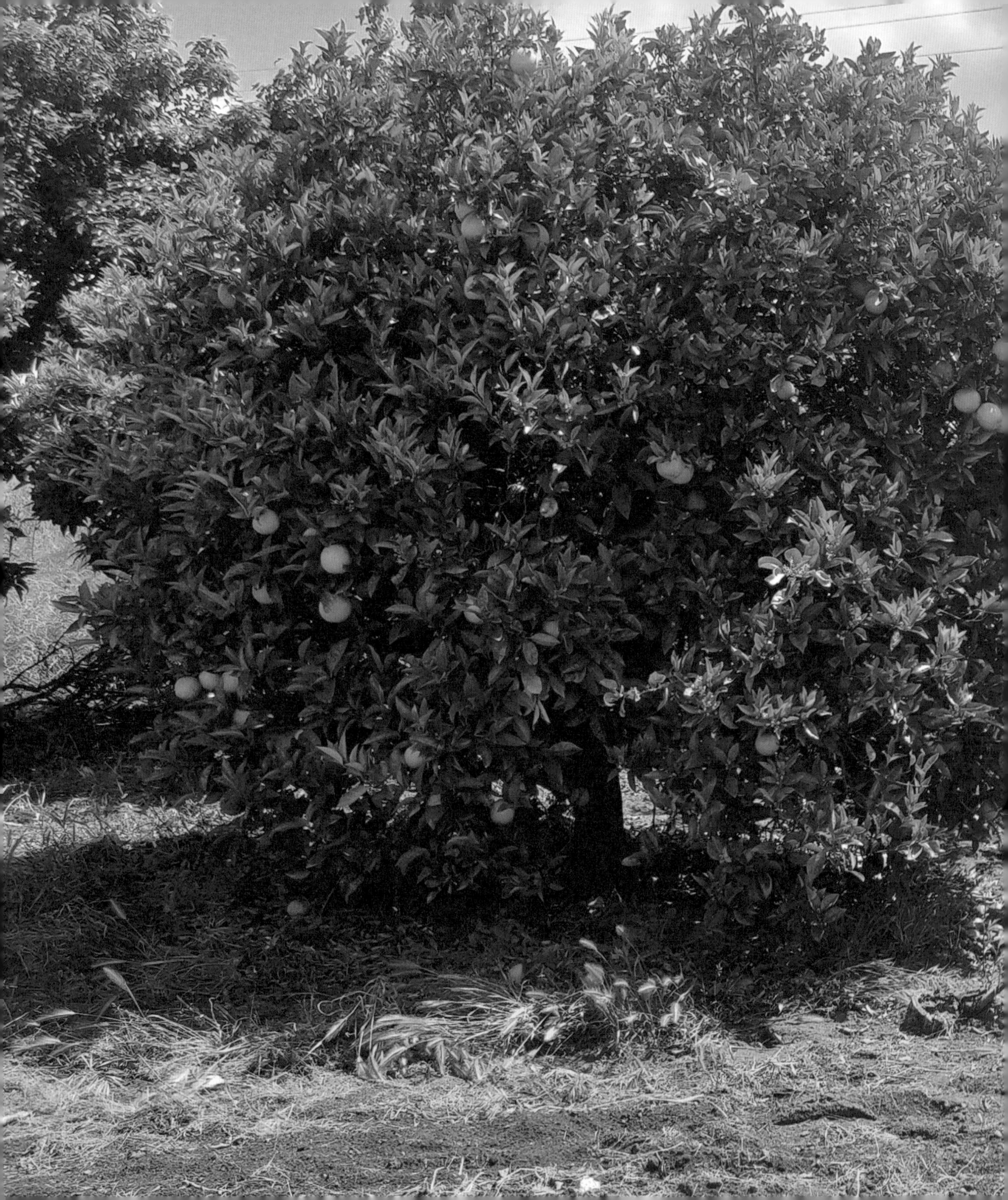

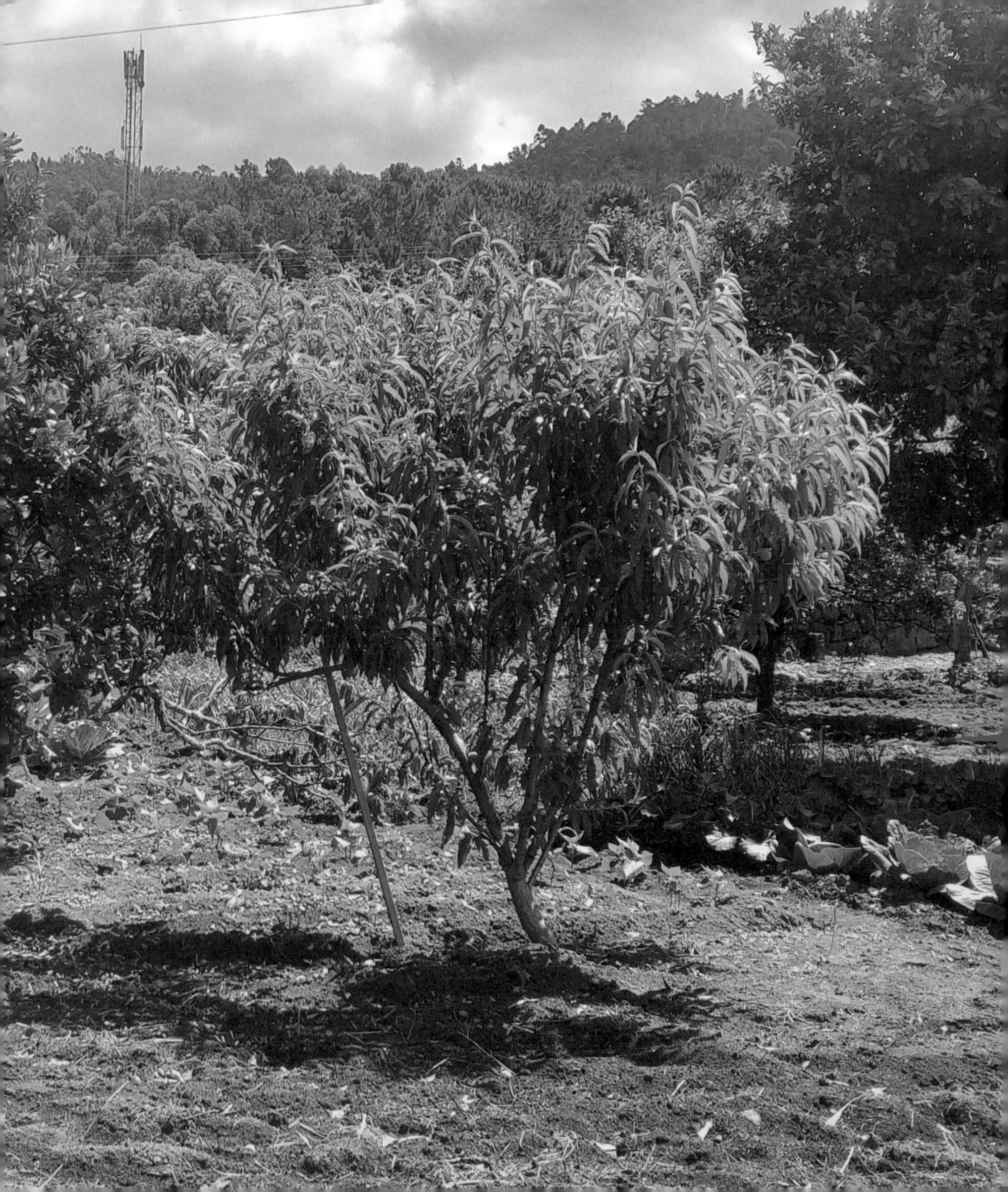

As your inner light was dimming, you talked about the familiar smells of your homeland, the lemon and orange tress. You were so young when your family left for Brazil, yet you carried this memory until the end, finally releasing it like a last offering.

Some of your roots are still here,
in this soil, I can sense them.

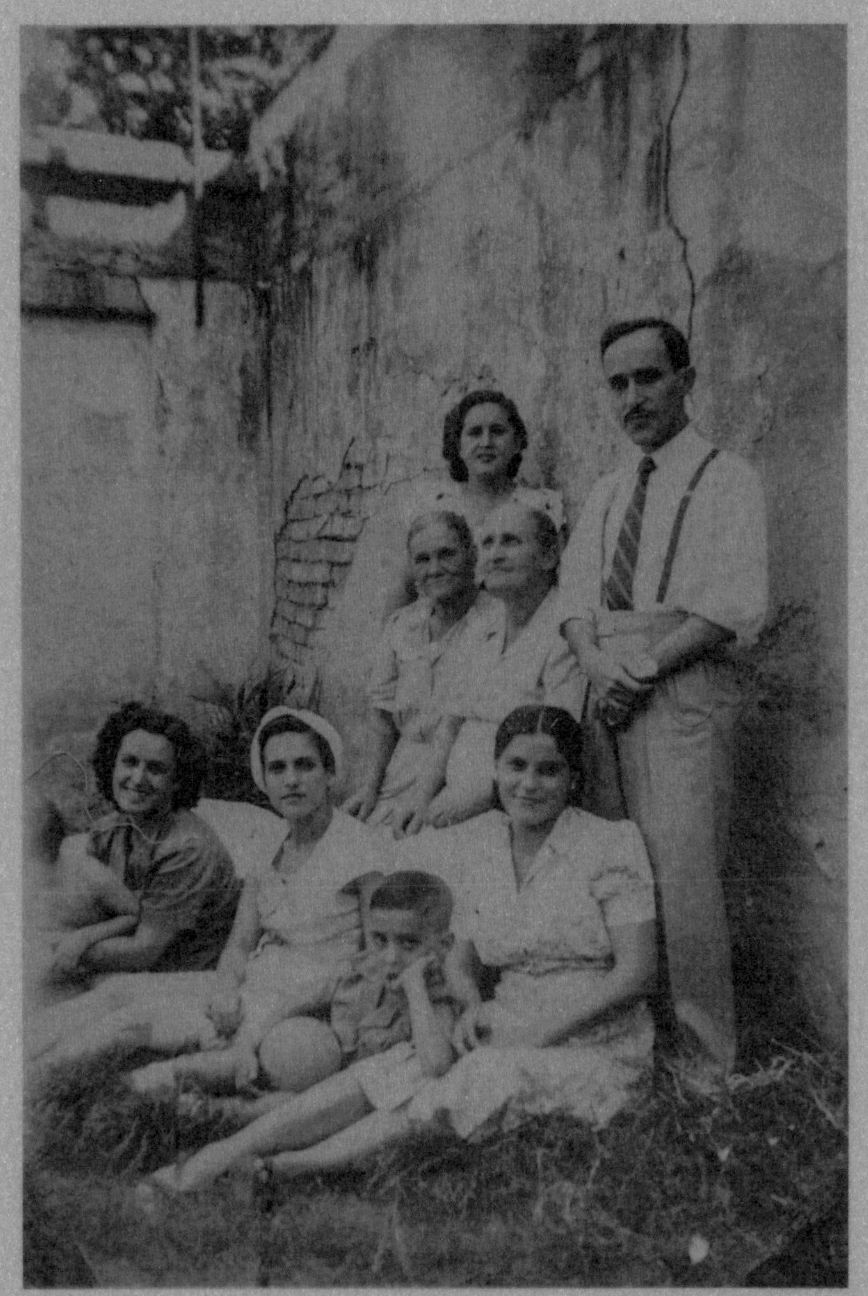

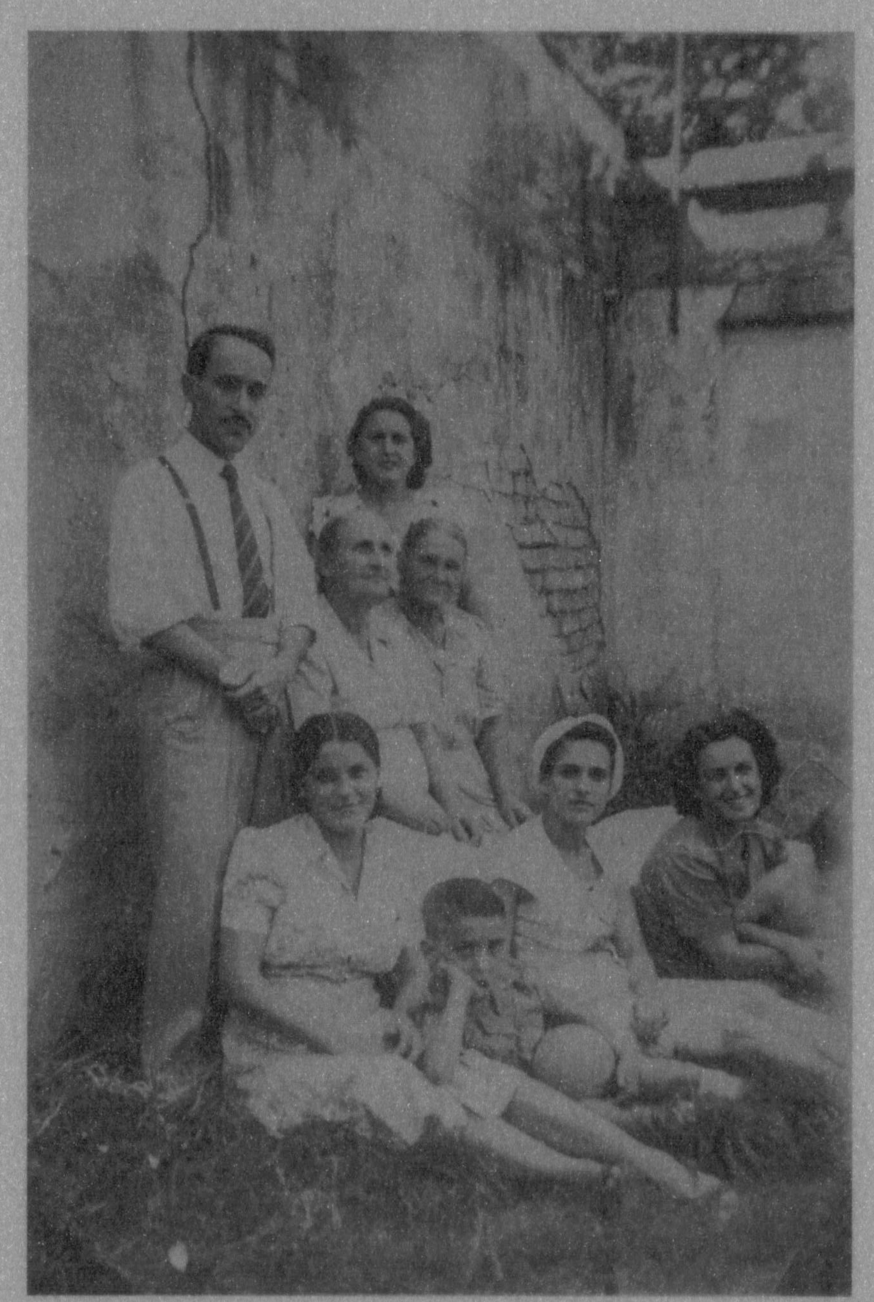

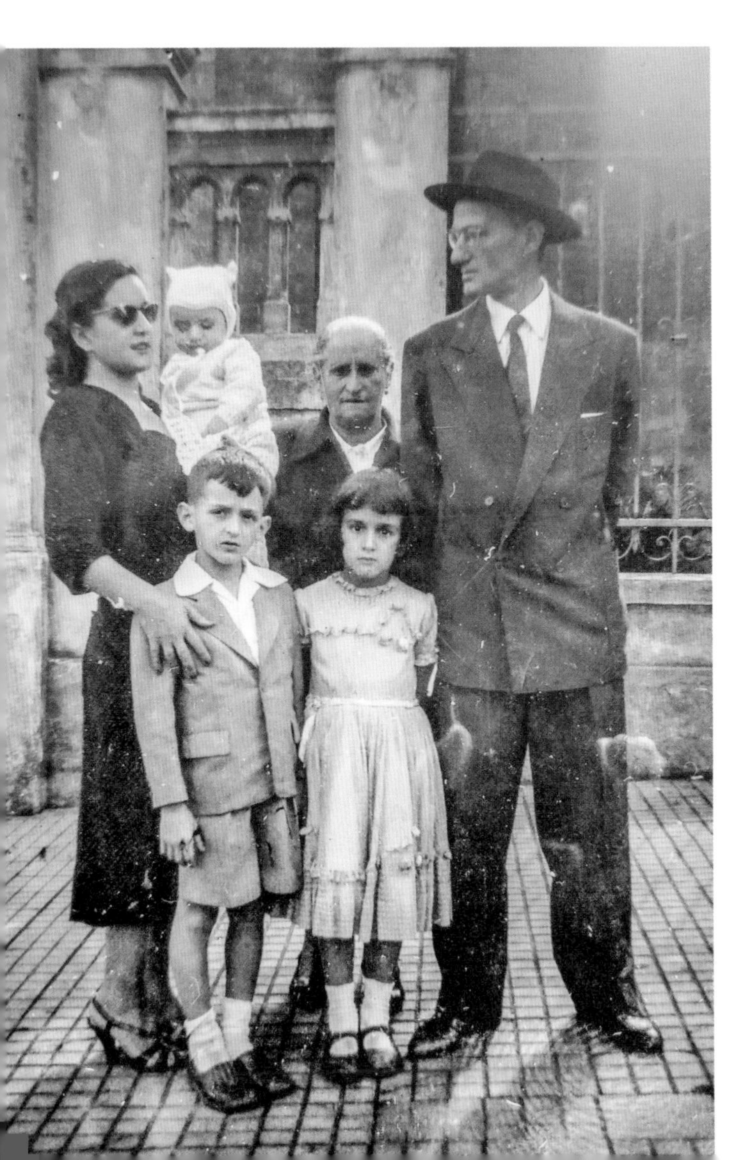

God is found in the community,
says padre Elias, the Brazilian
priest at Sunday mass. Spiritual
practice here is still a collective
endeavour. You would have loved
it here, you would have played
your part.

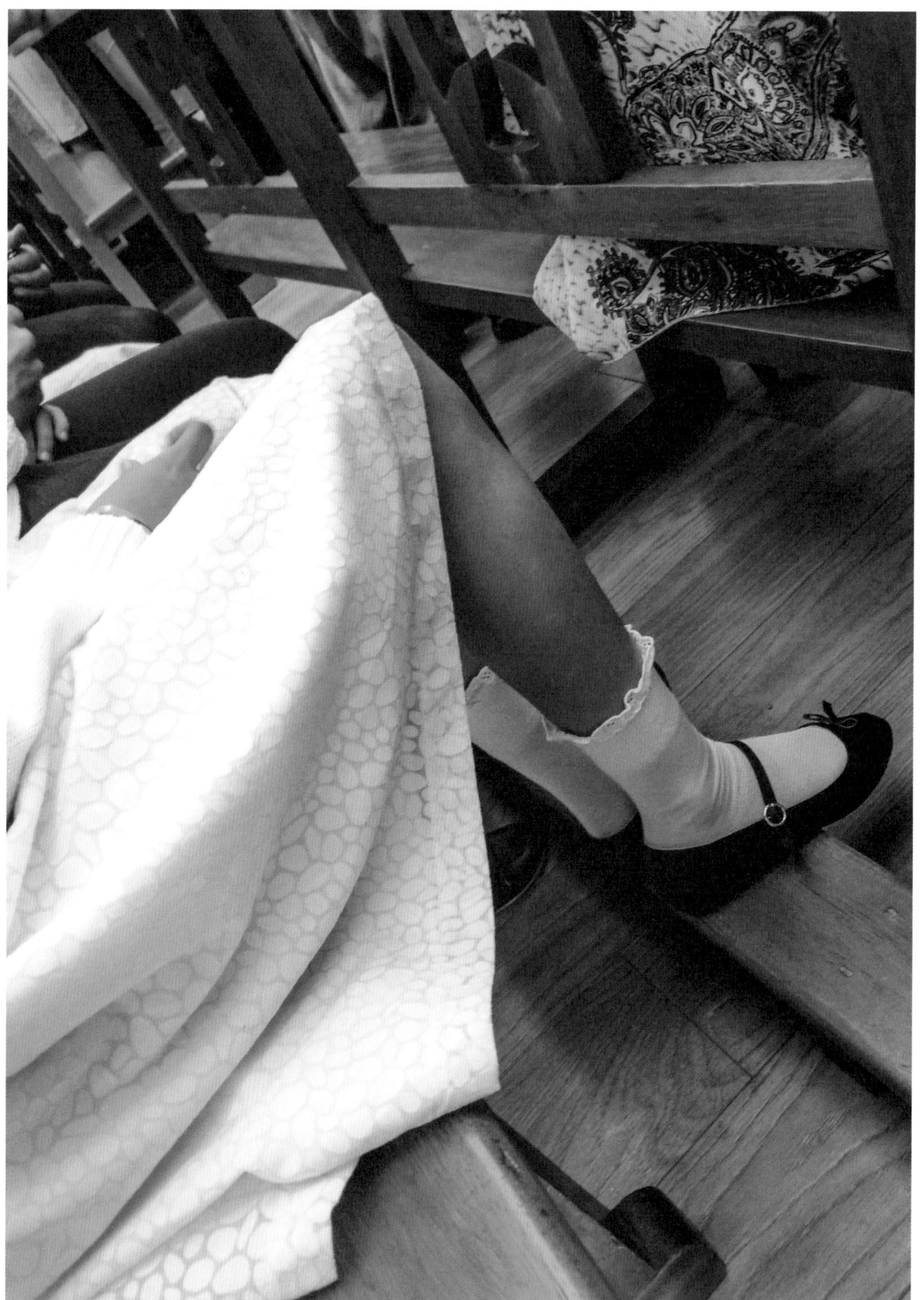

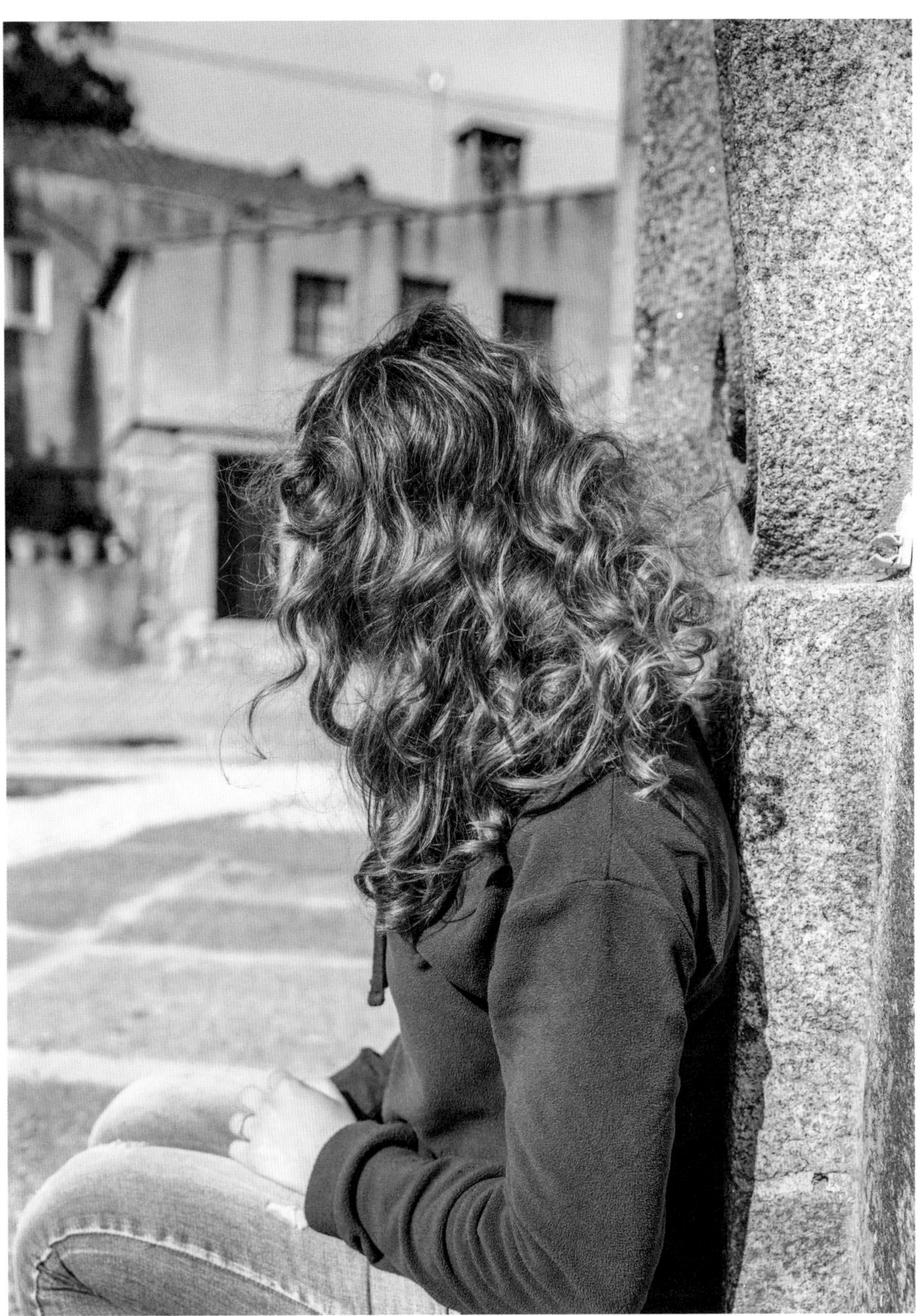

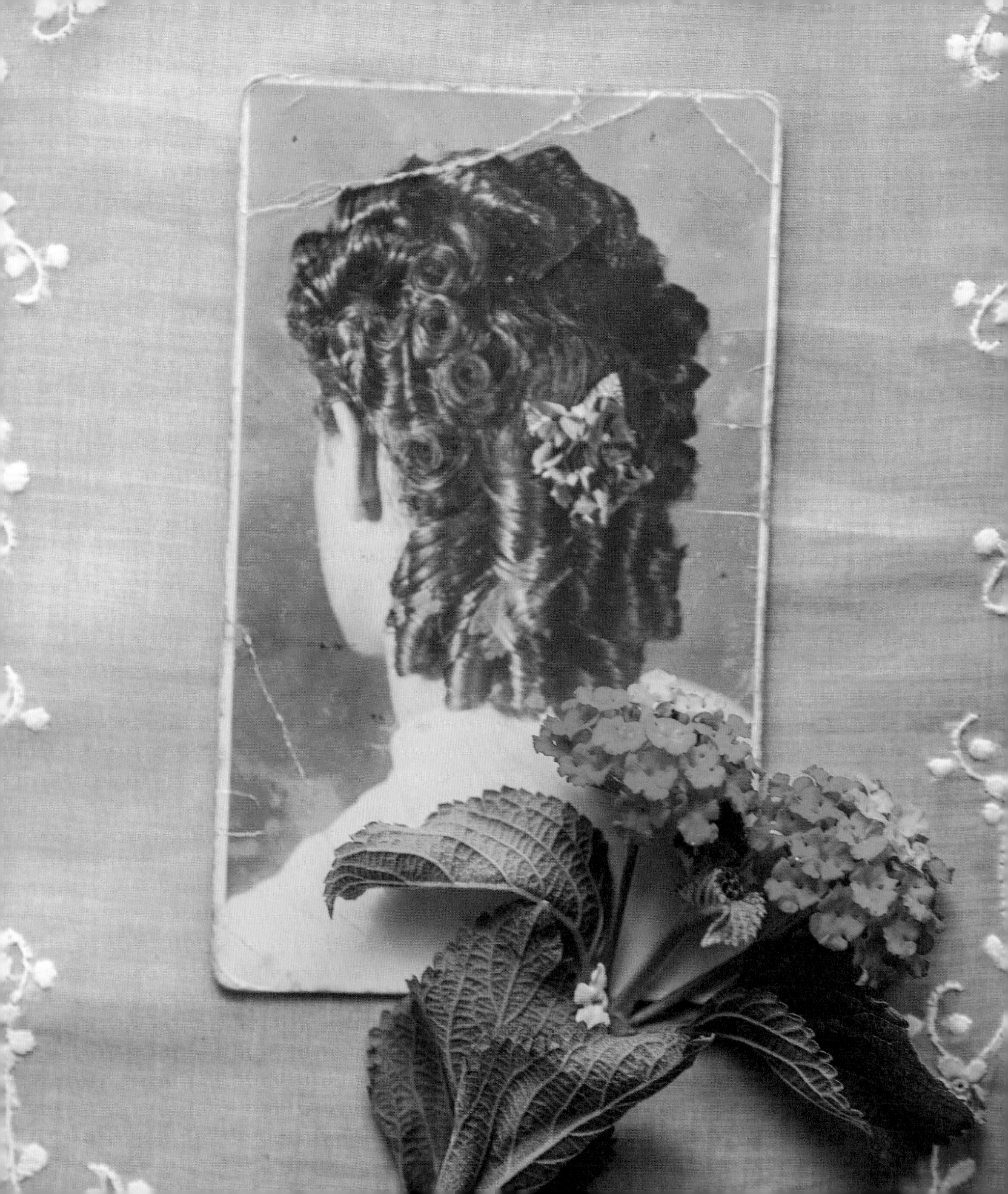

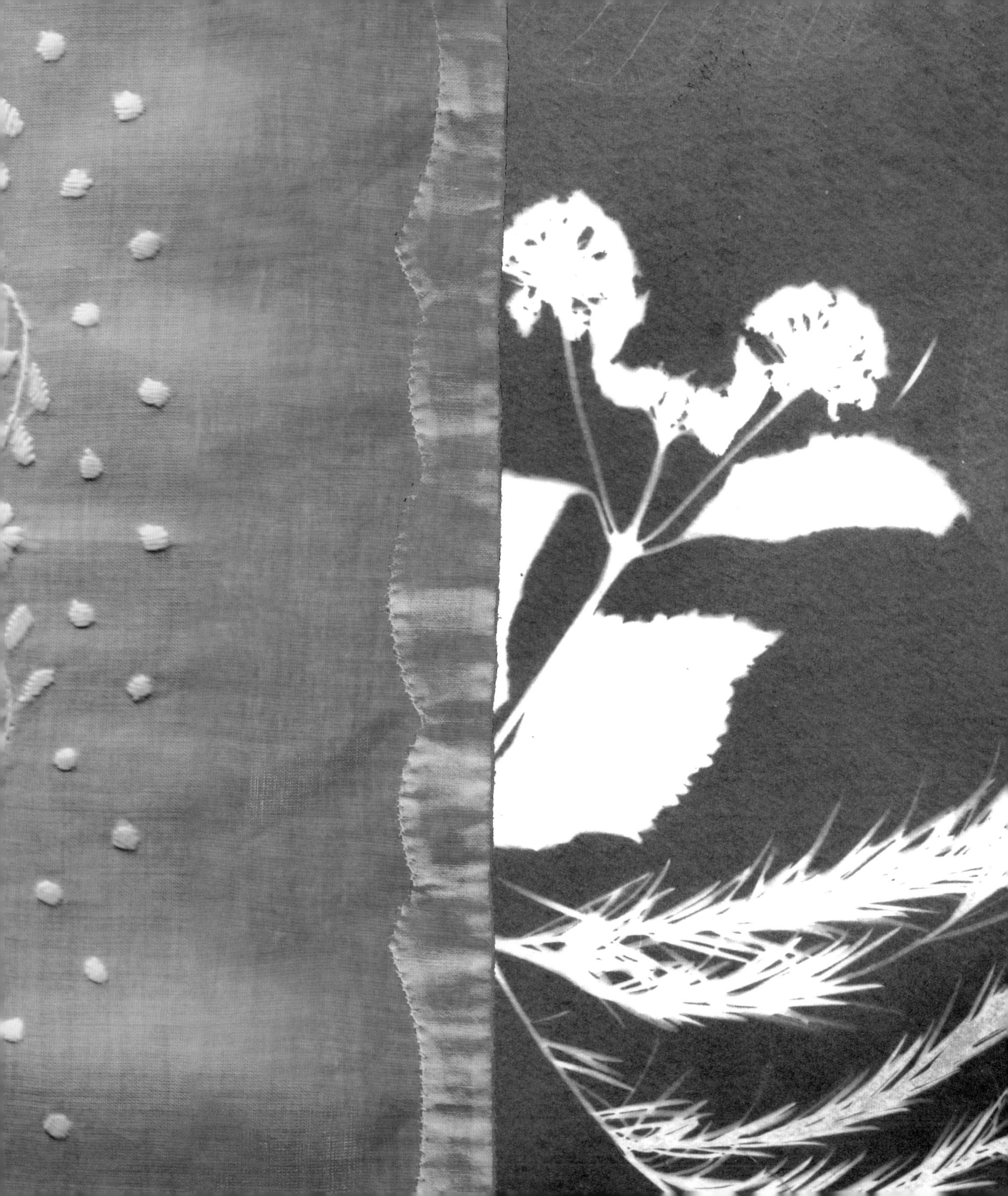

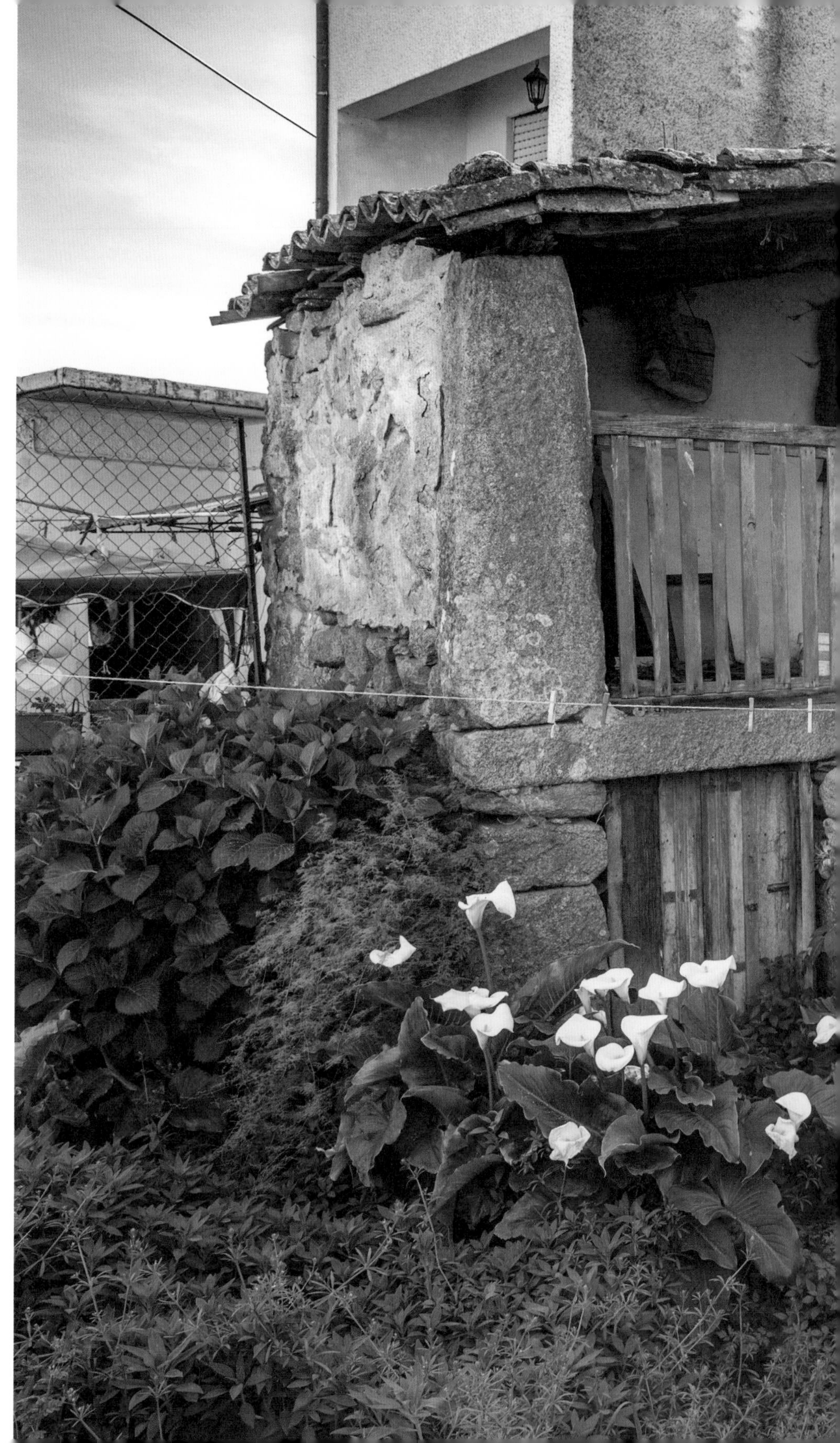

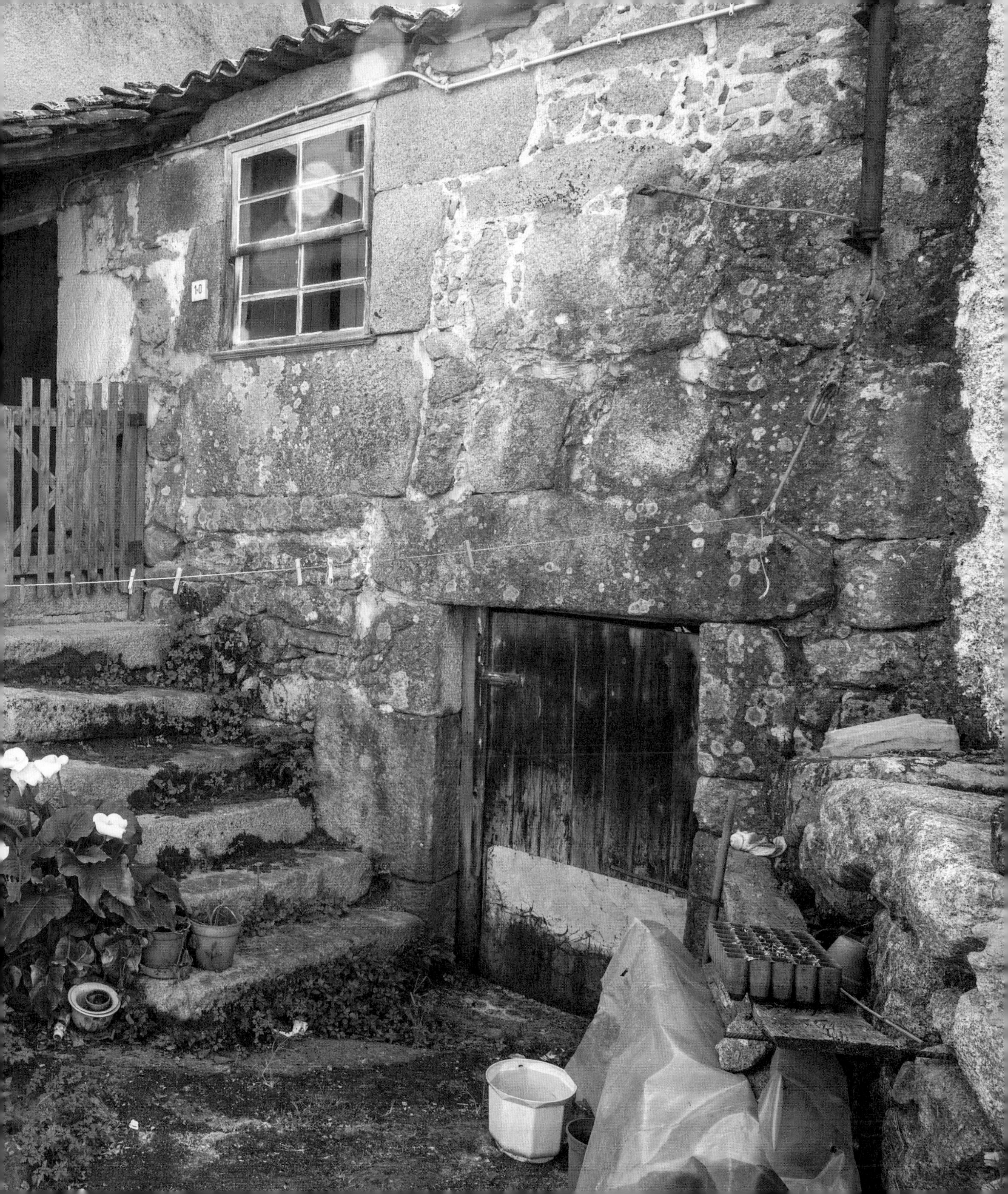
10

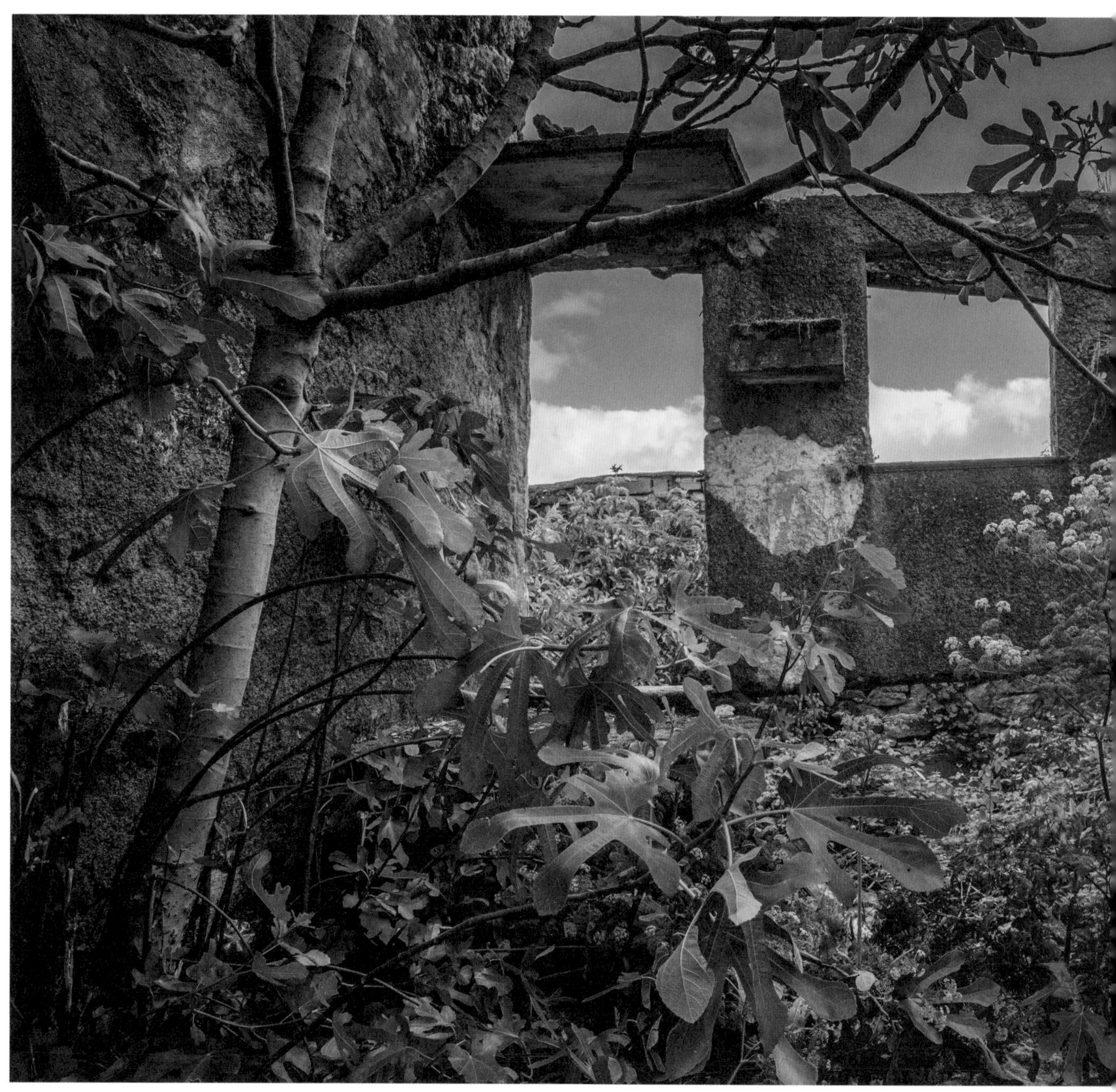

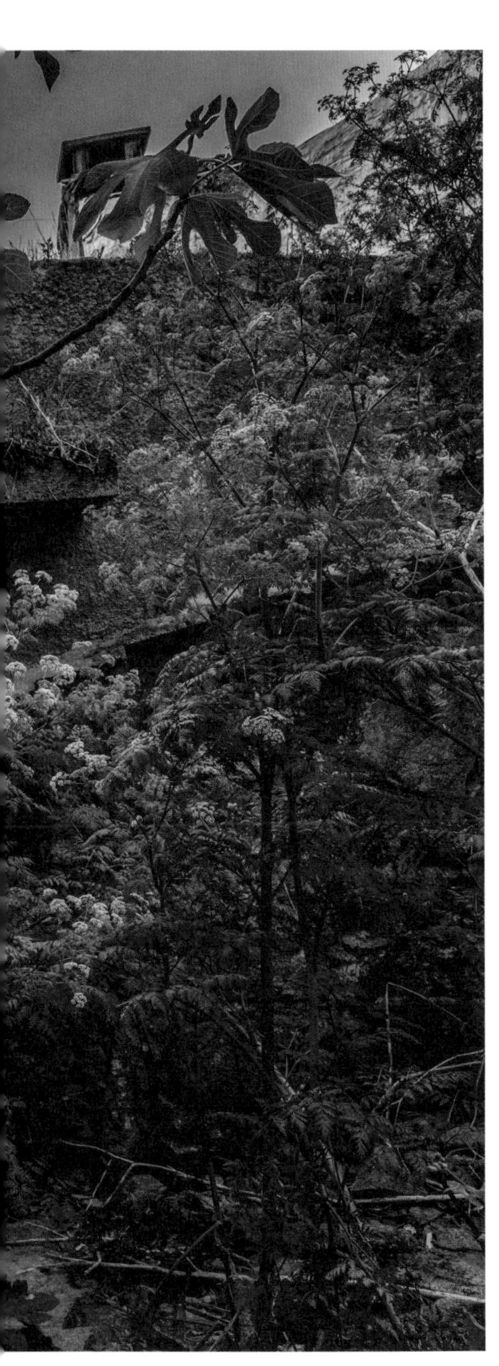

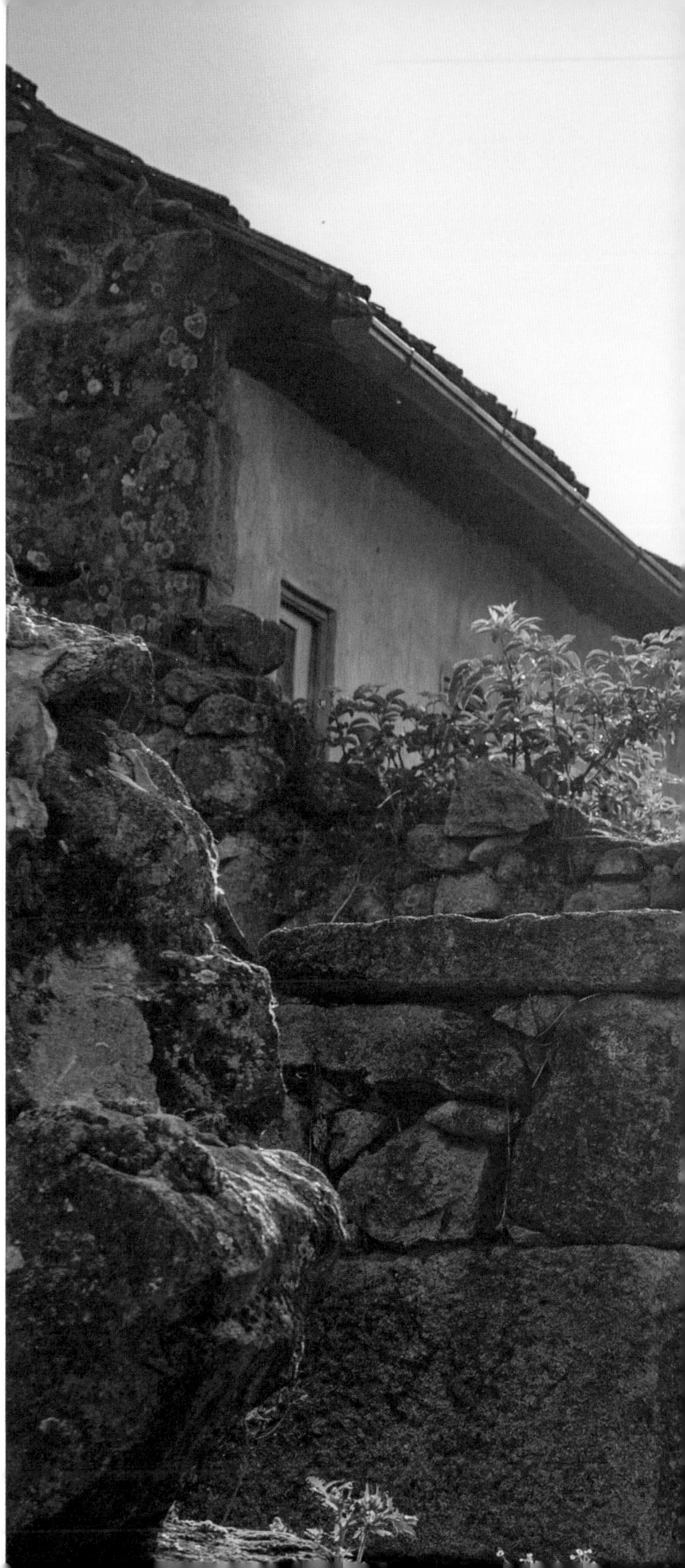

Standing in front of the old abandoned houses I find myself wondering if it could have been your home. A shelter for your family until your poverty drew you away to start a new life in the complete unknown.

My mother is the missing link in this history I am trying to make sense of, this circle of women. This feminine lineage. From Laurentina to Crescenciana to Laura to me, and my sisters, my daughter, and the others still to come.

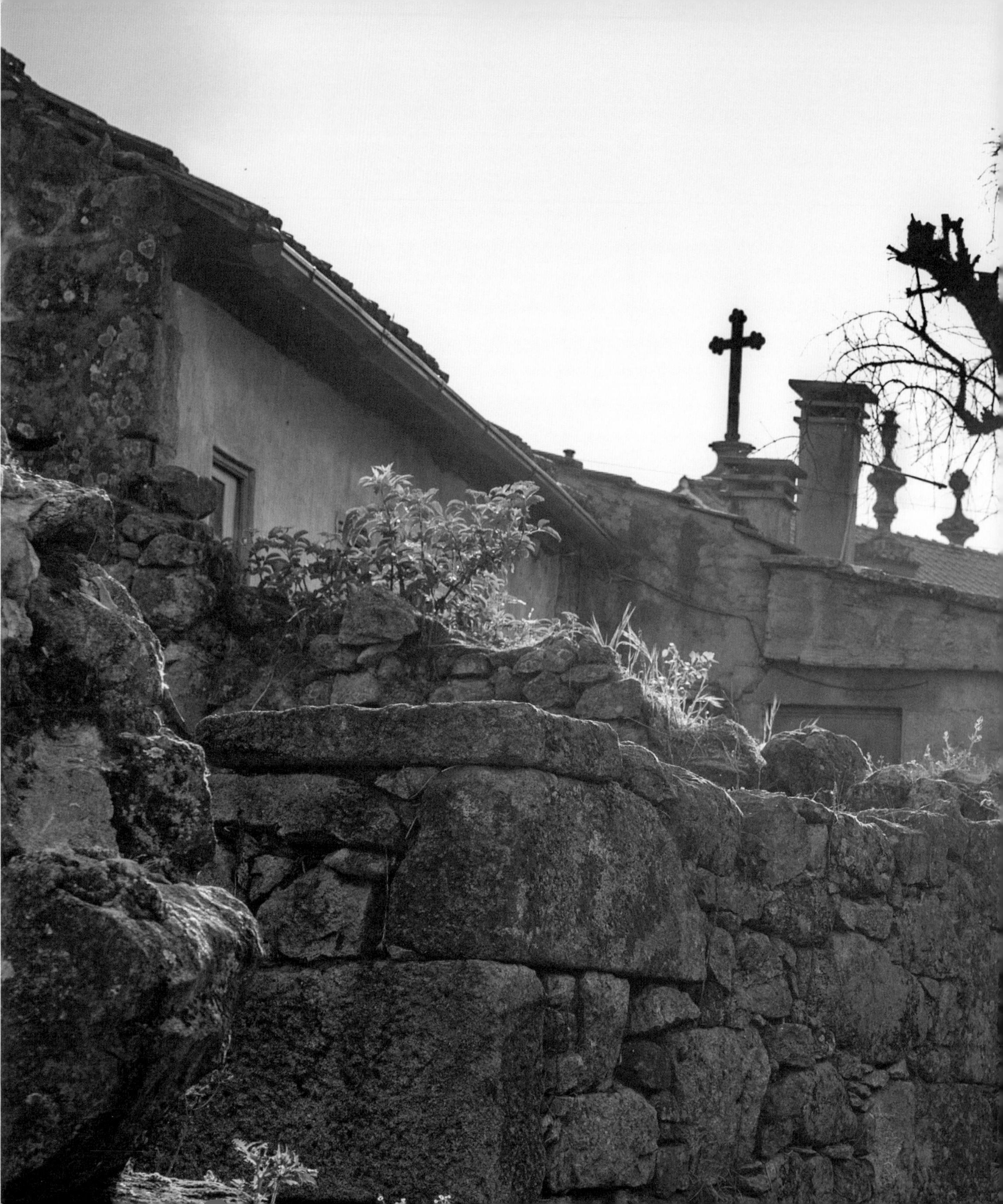

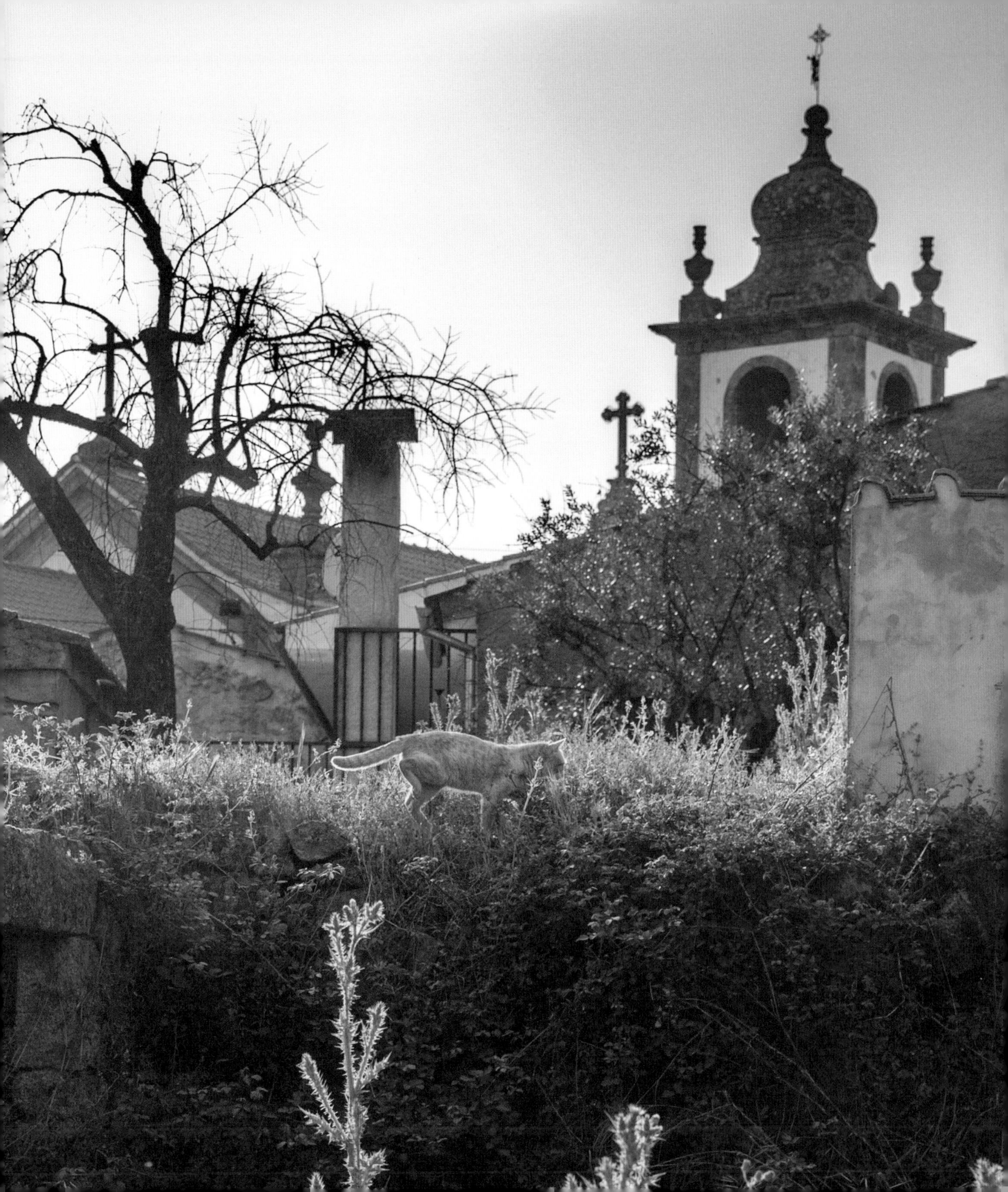

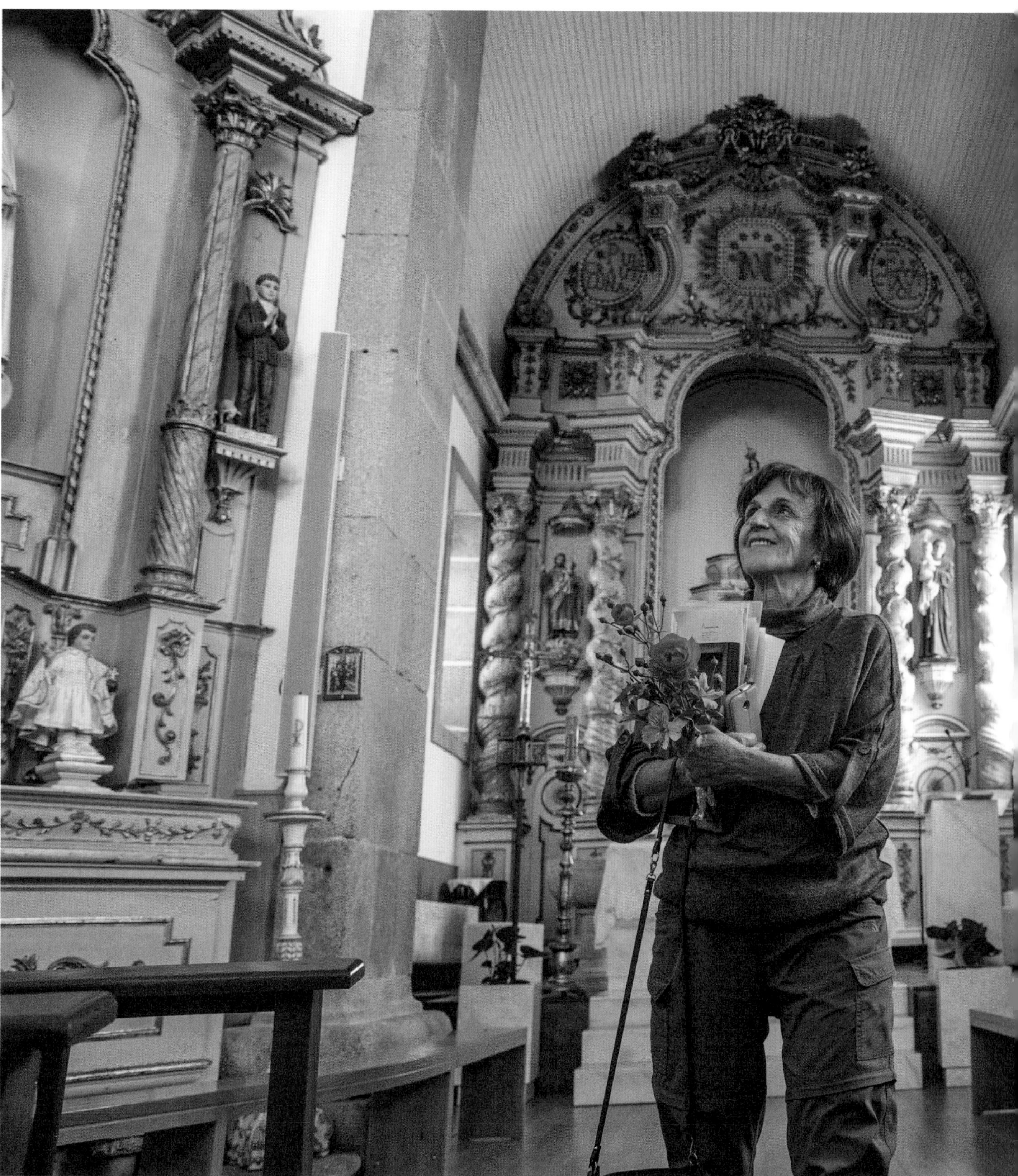

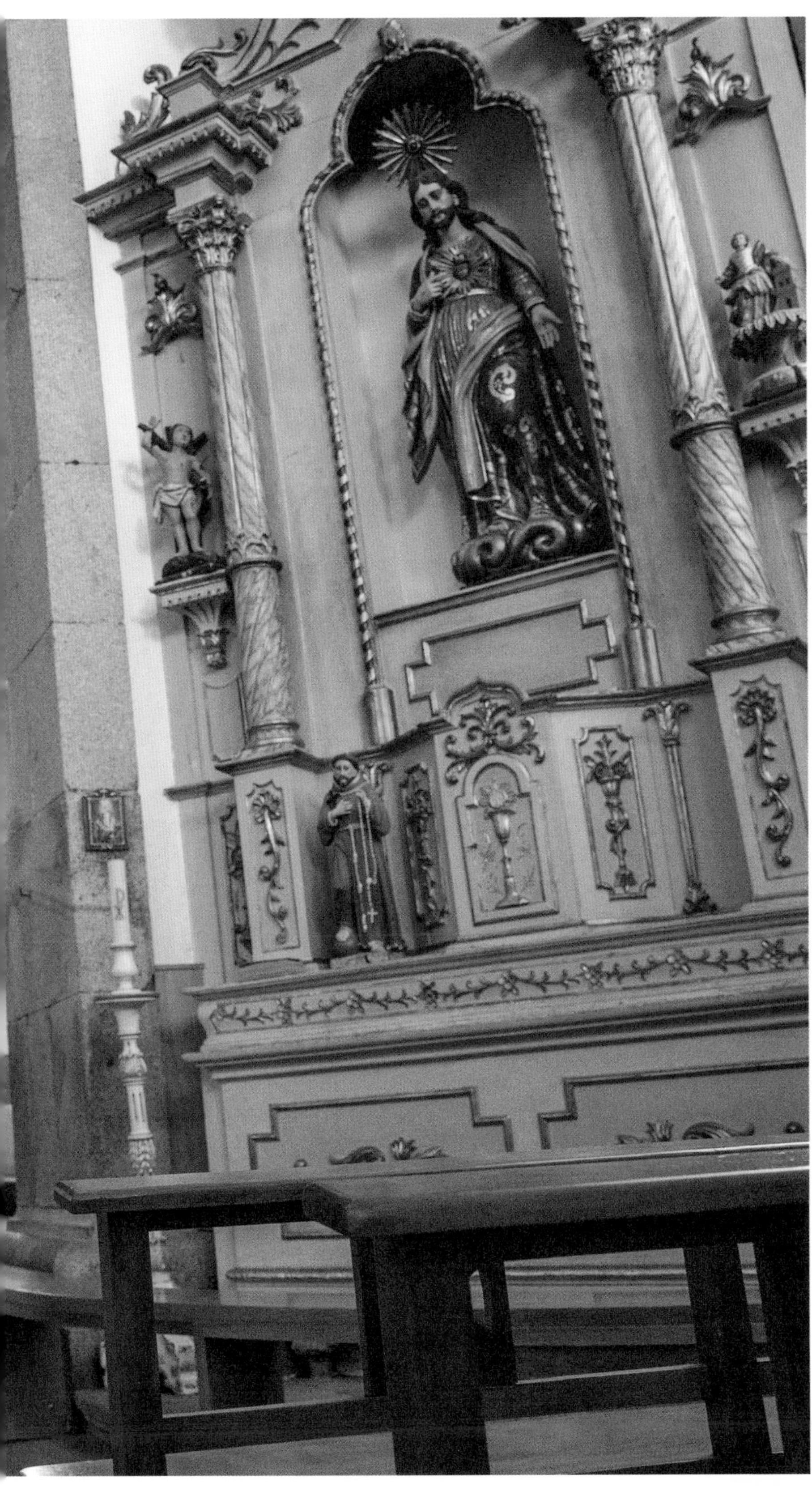

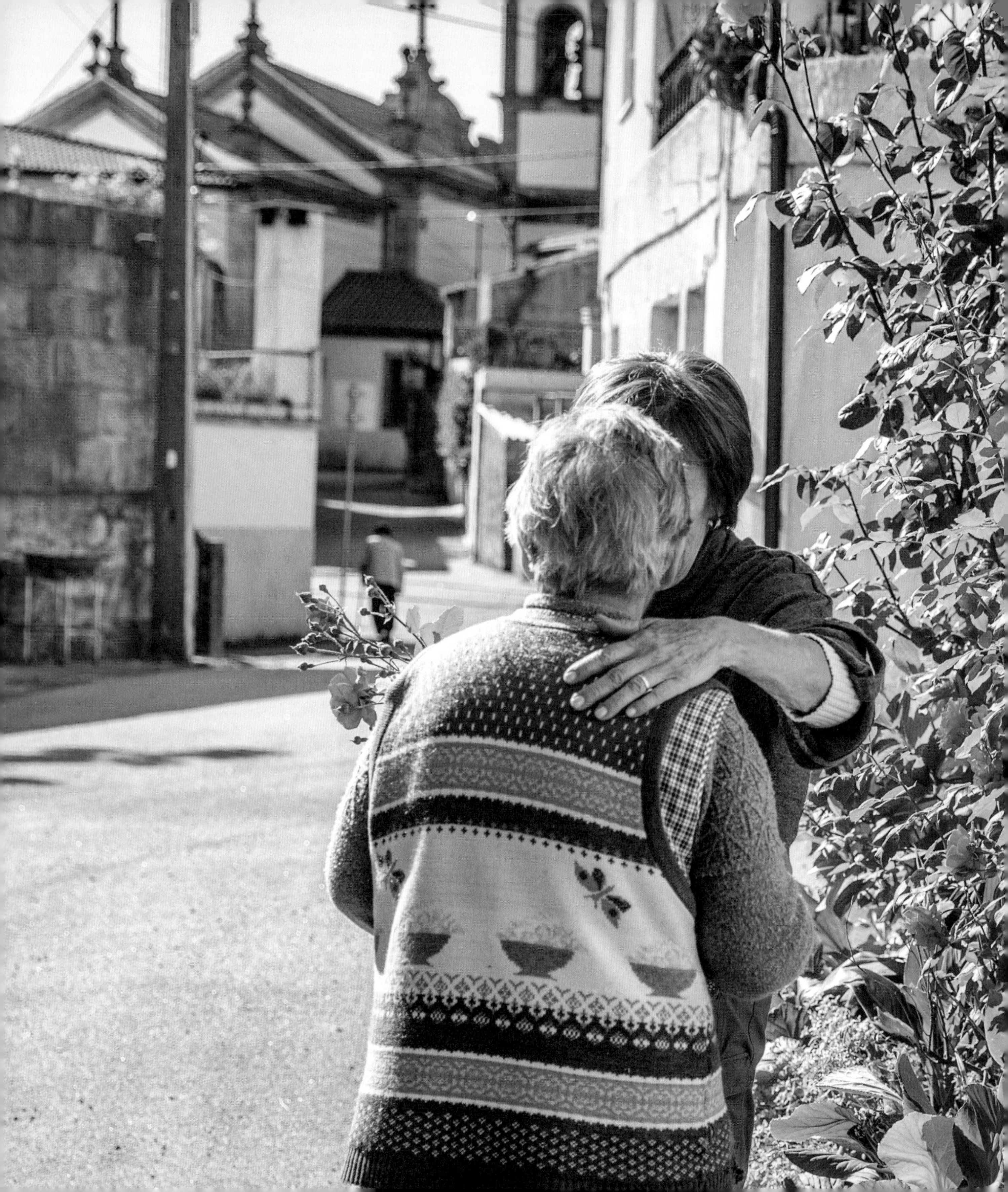

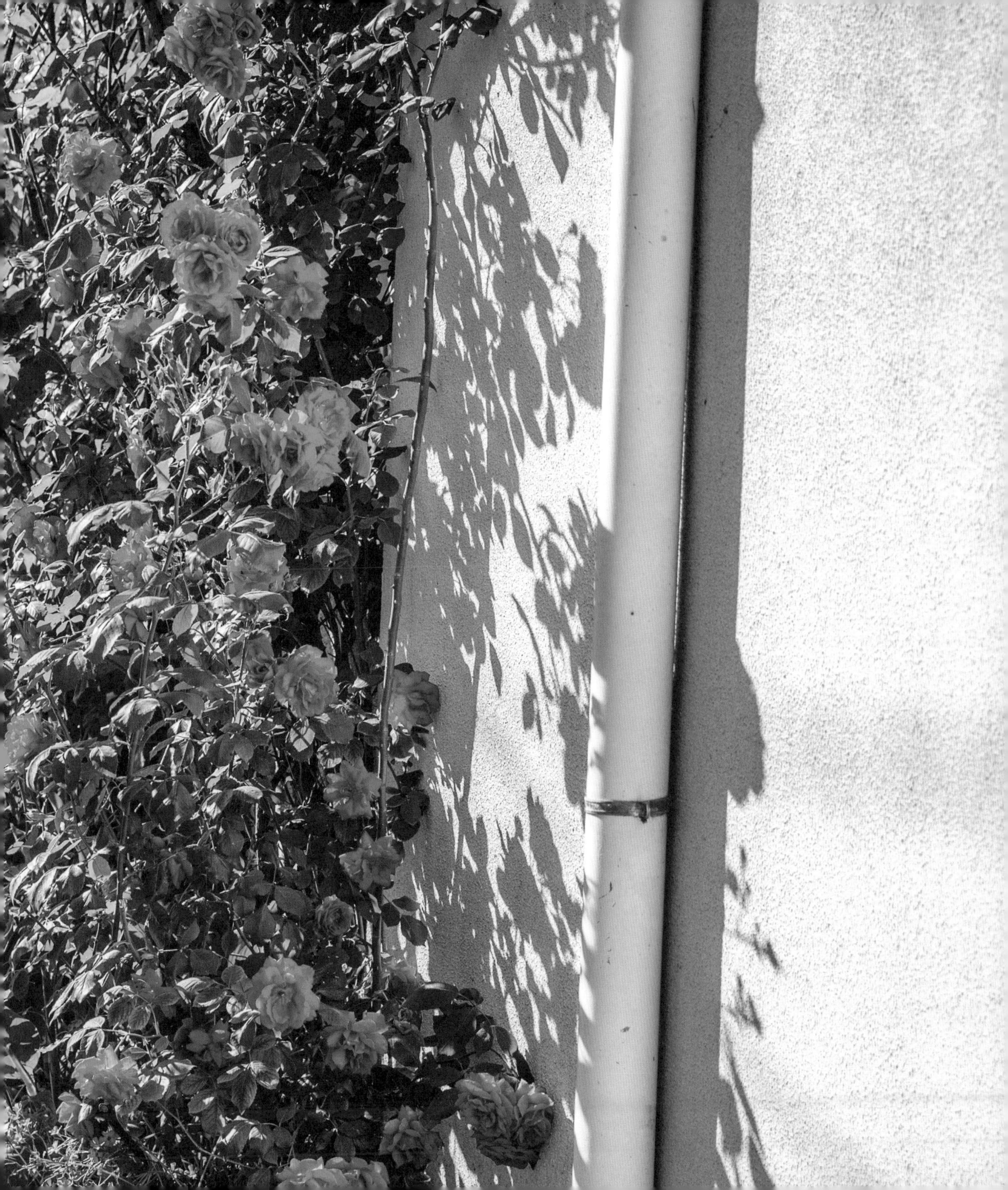

Slowly the ice melts, their
brains retreat to the bottom
of the memory chest and
sometimes a clue will turn up.

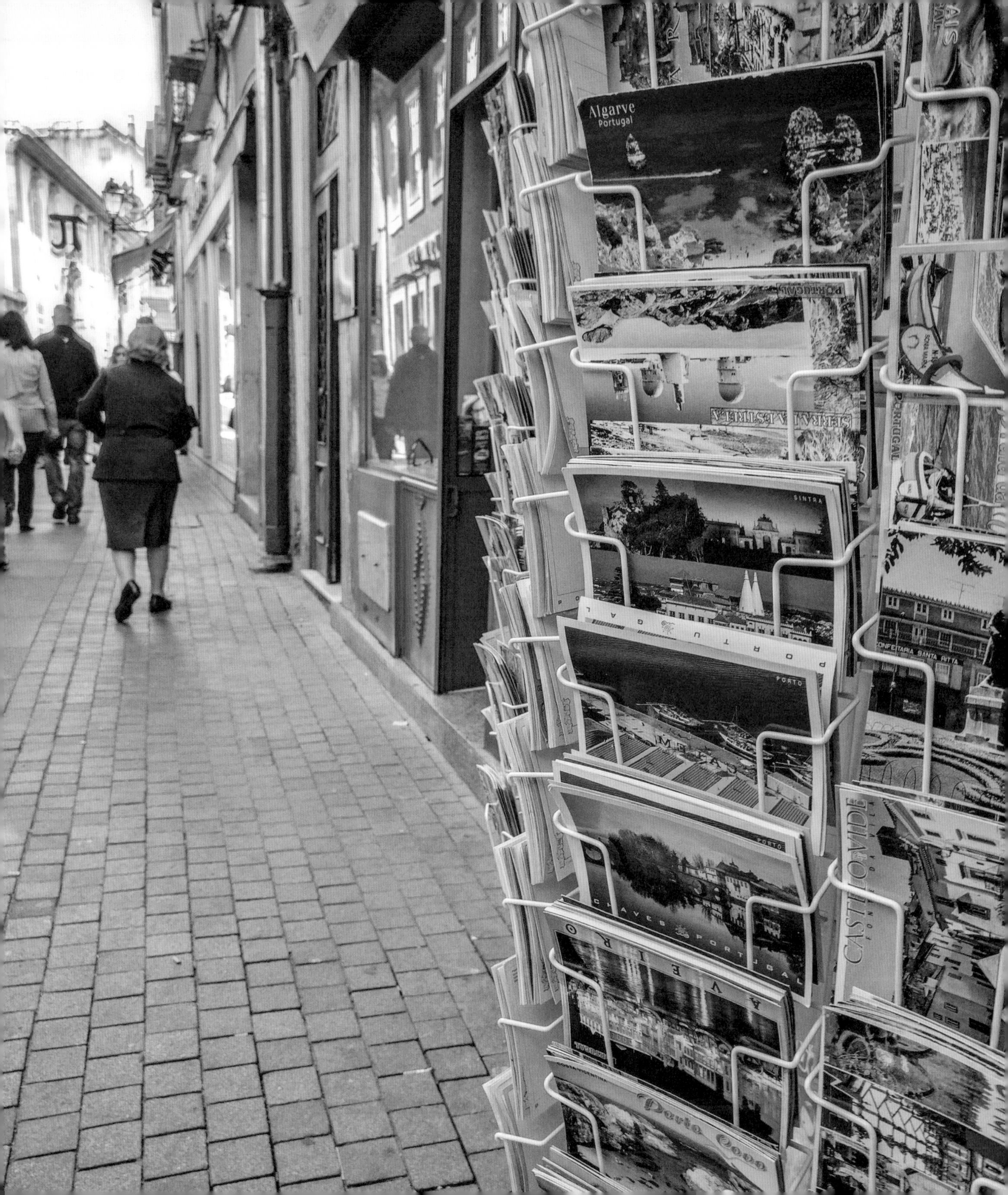
Algarve
Portugal
SINTRA
PORTO
CHAVES PORTUGAL

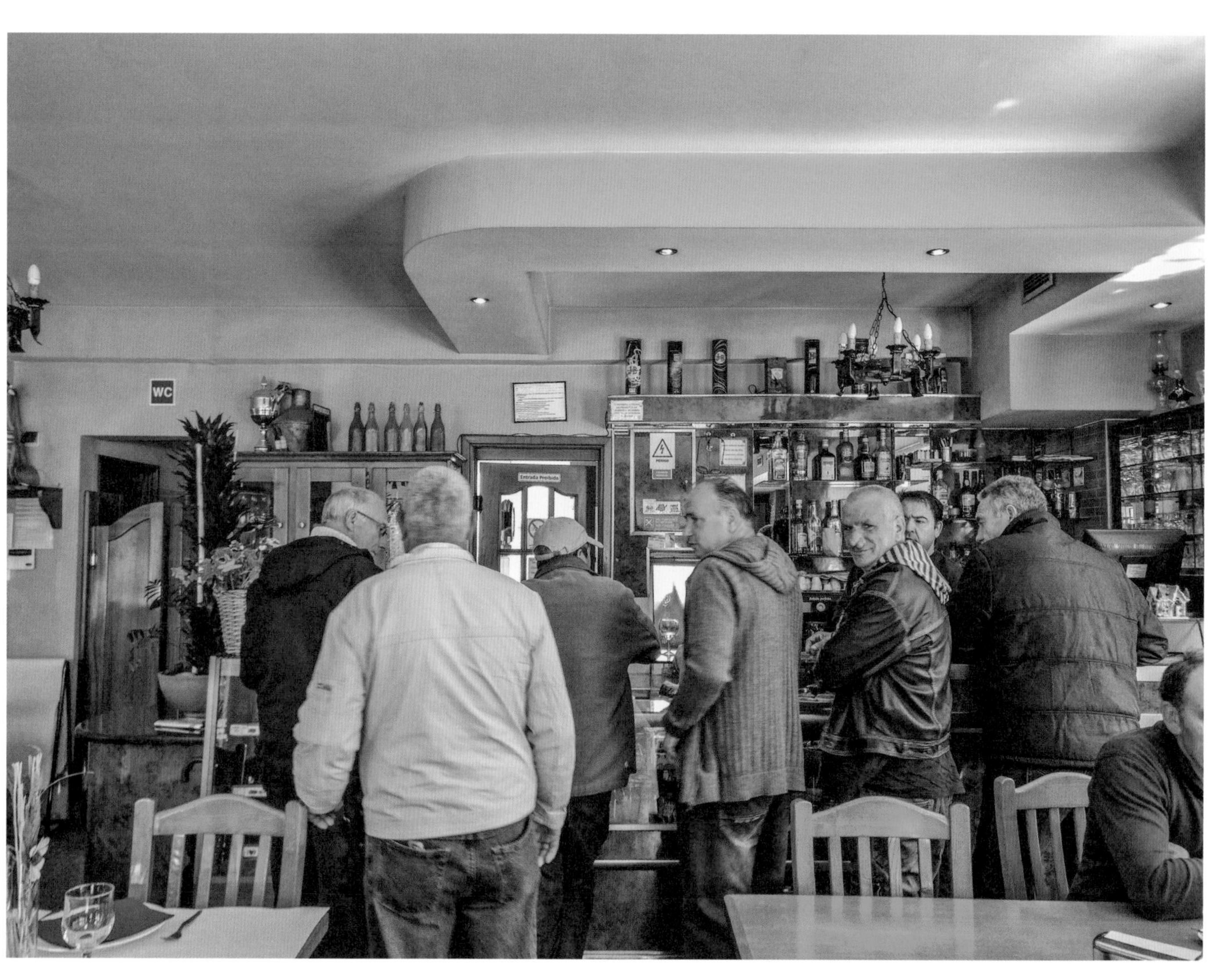
WC
Entrada Proibida

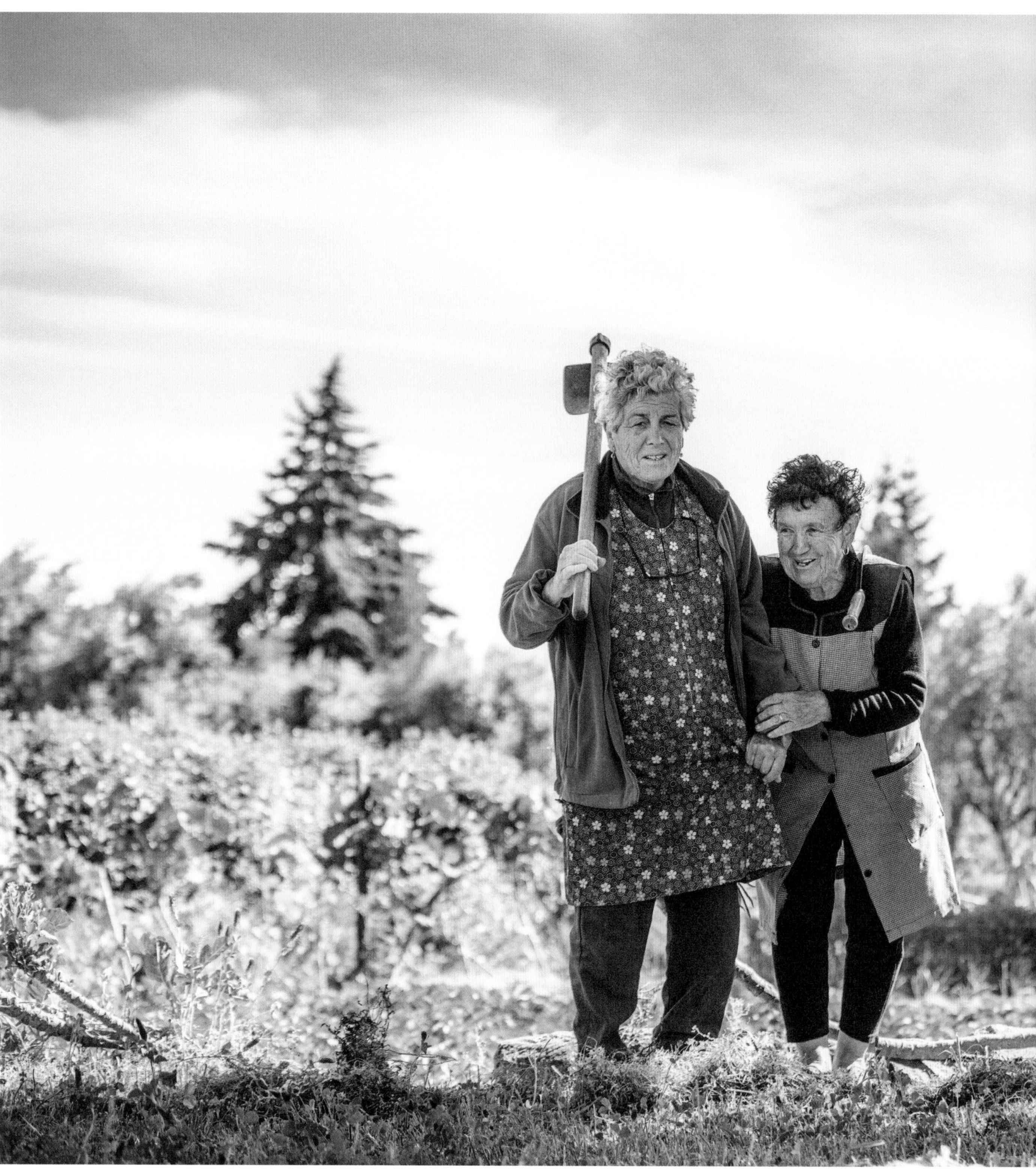

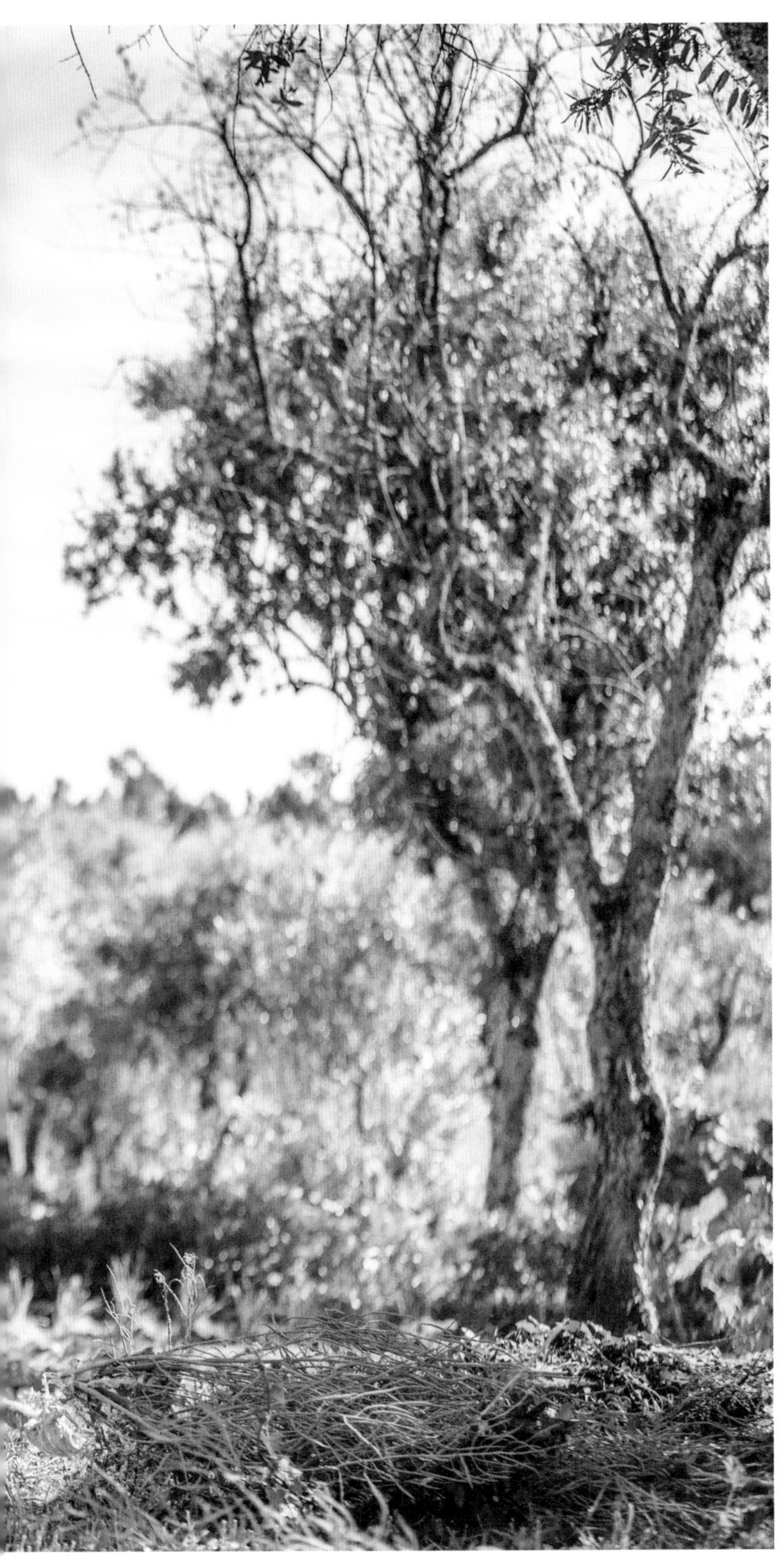

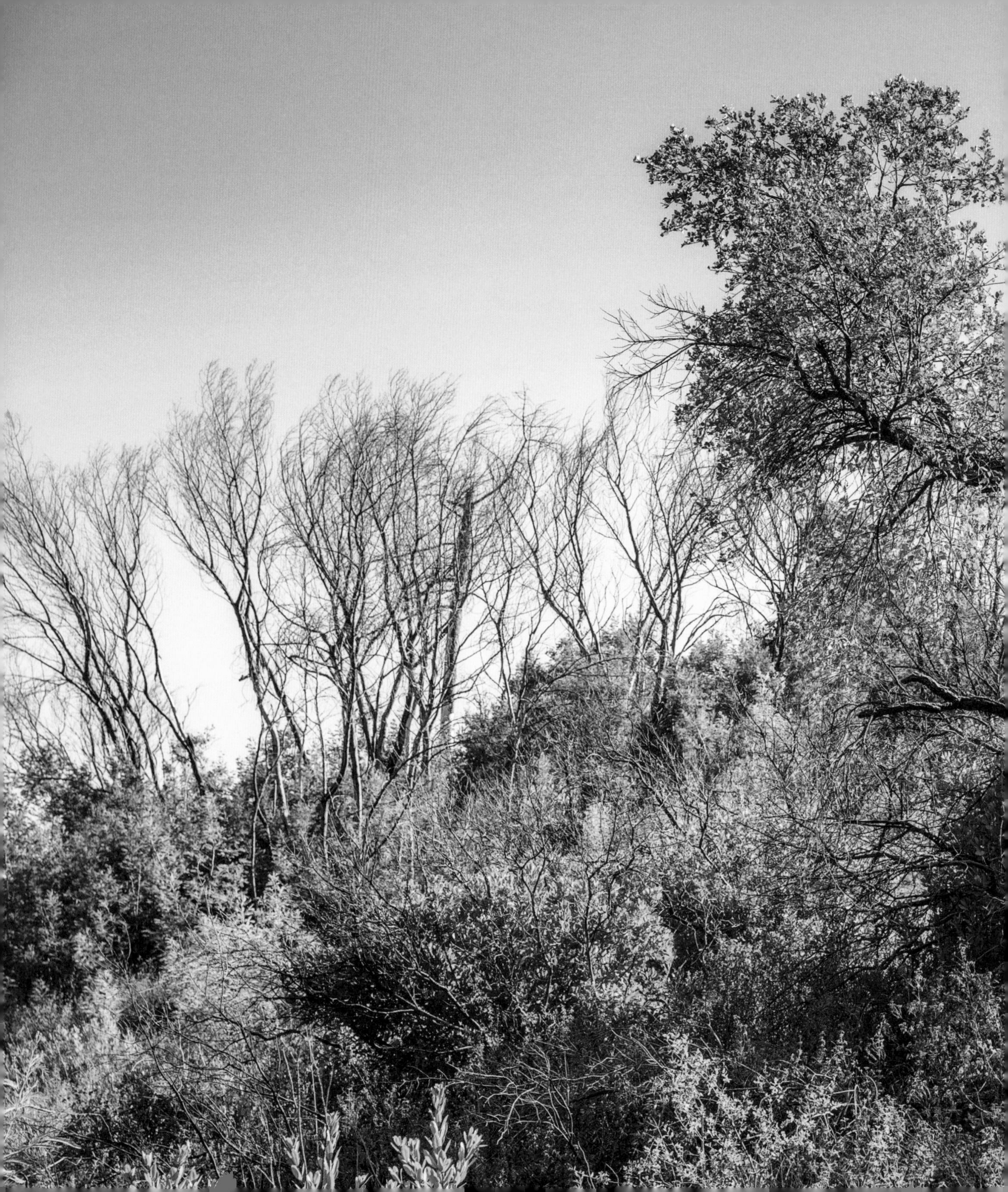

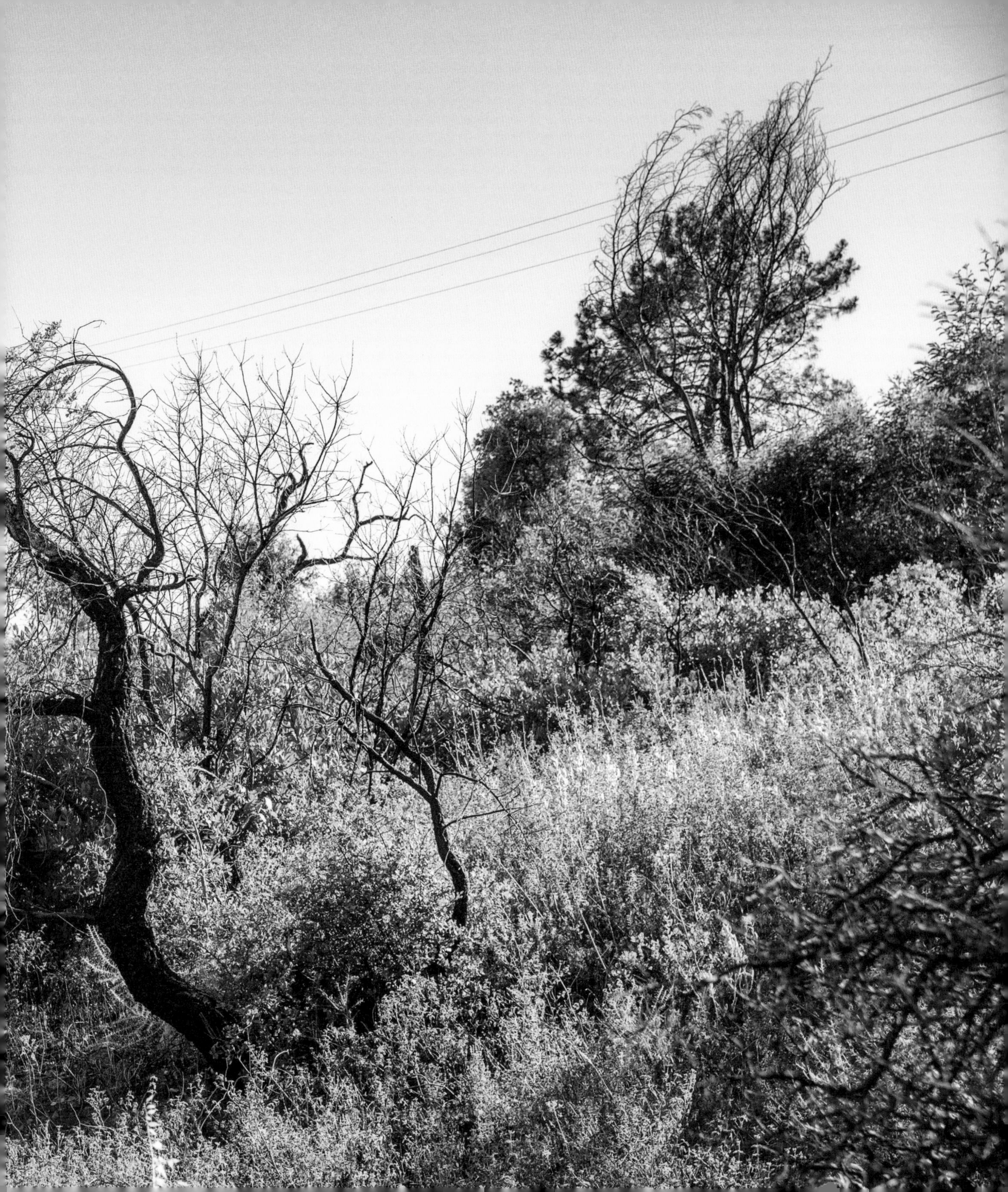

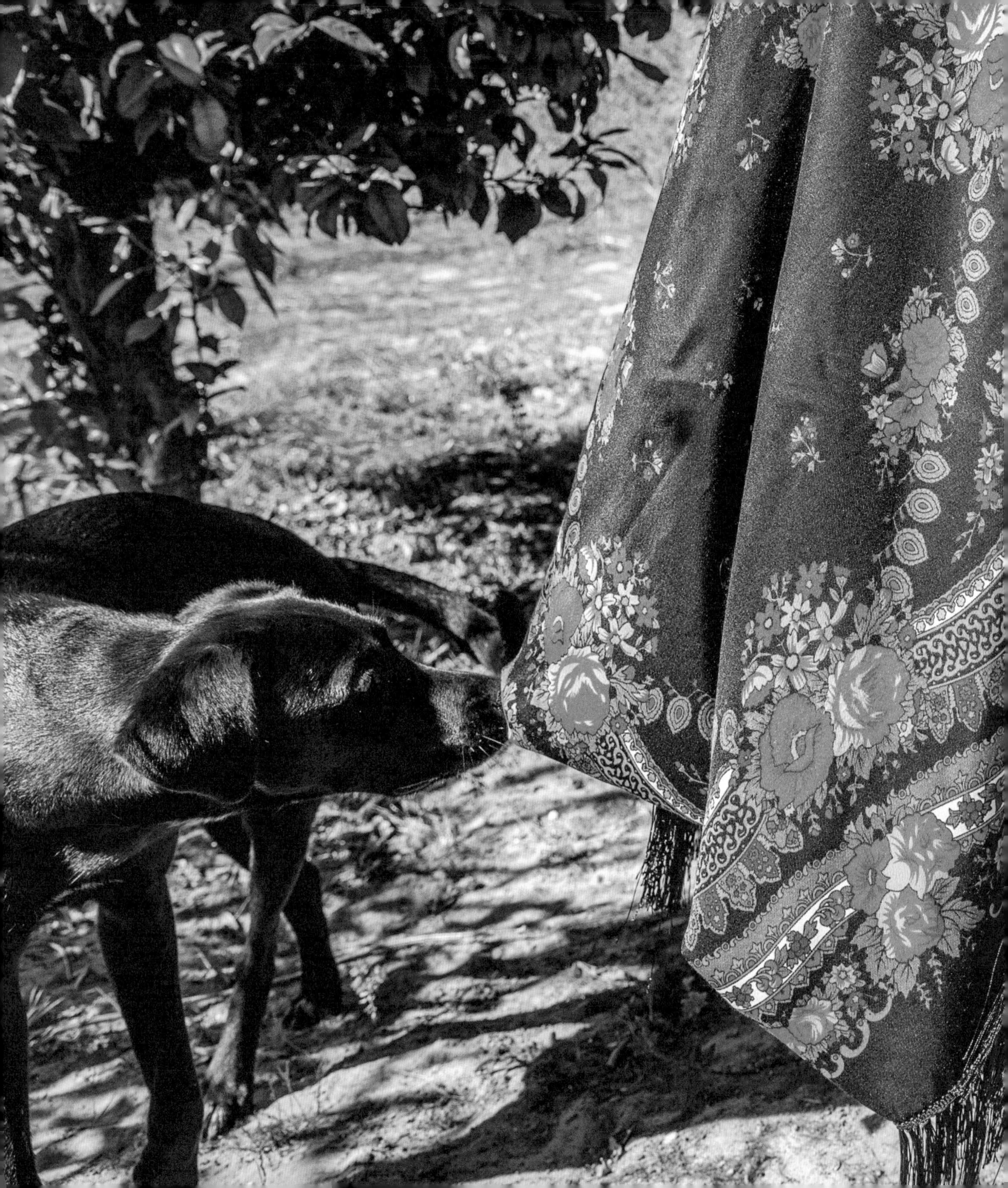

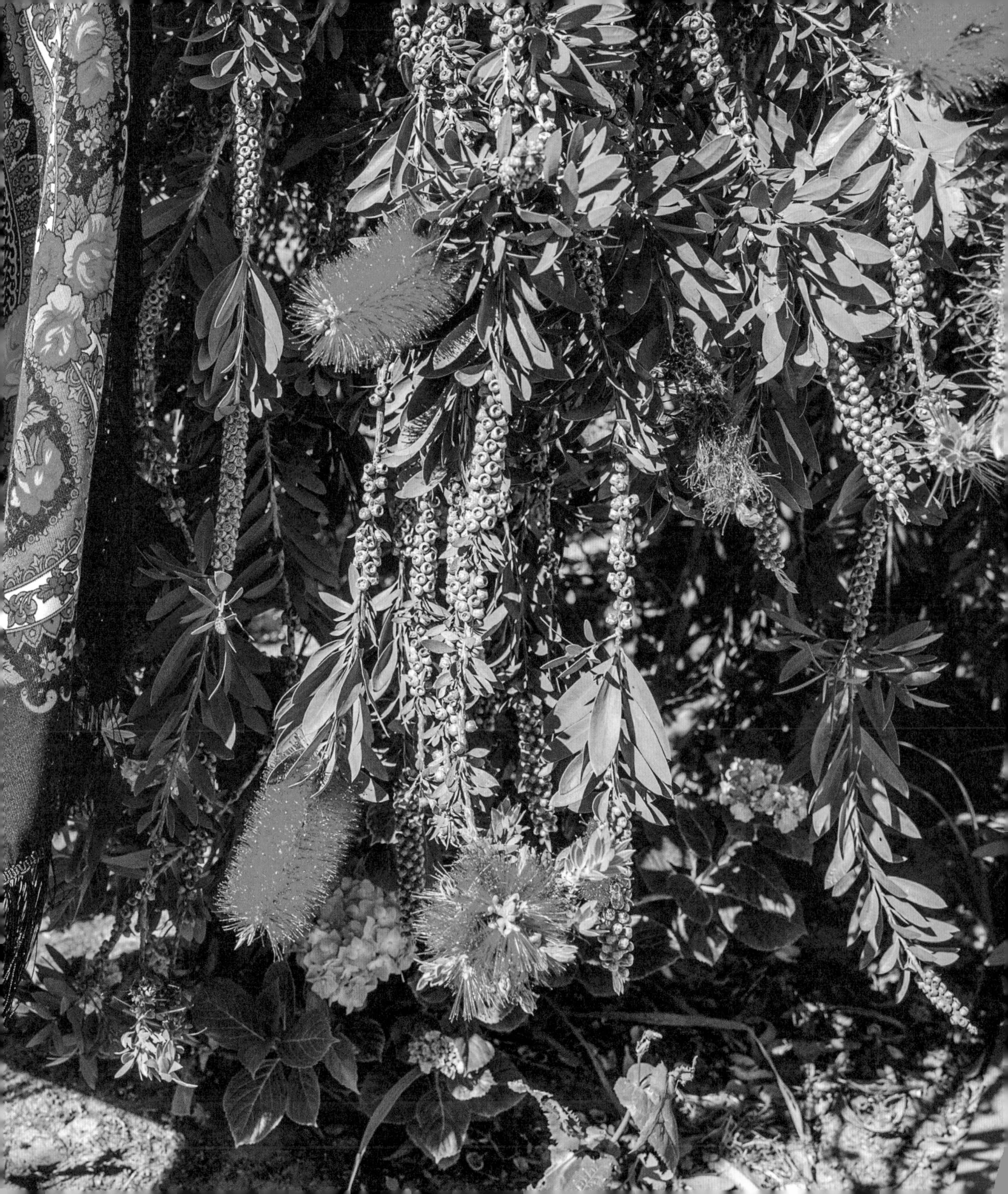

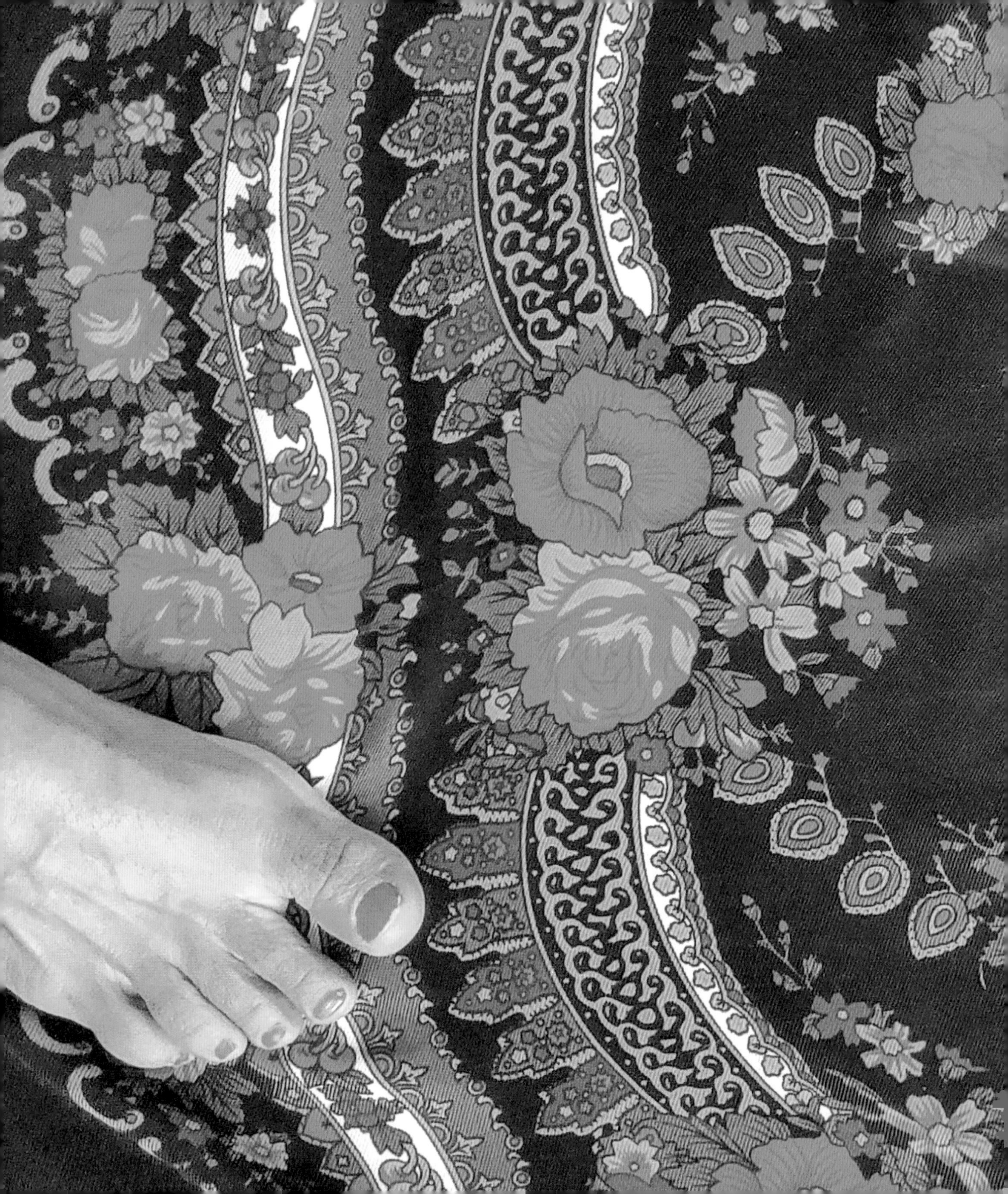

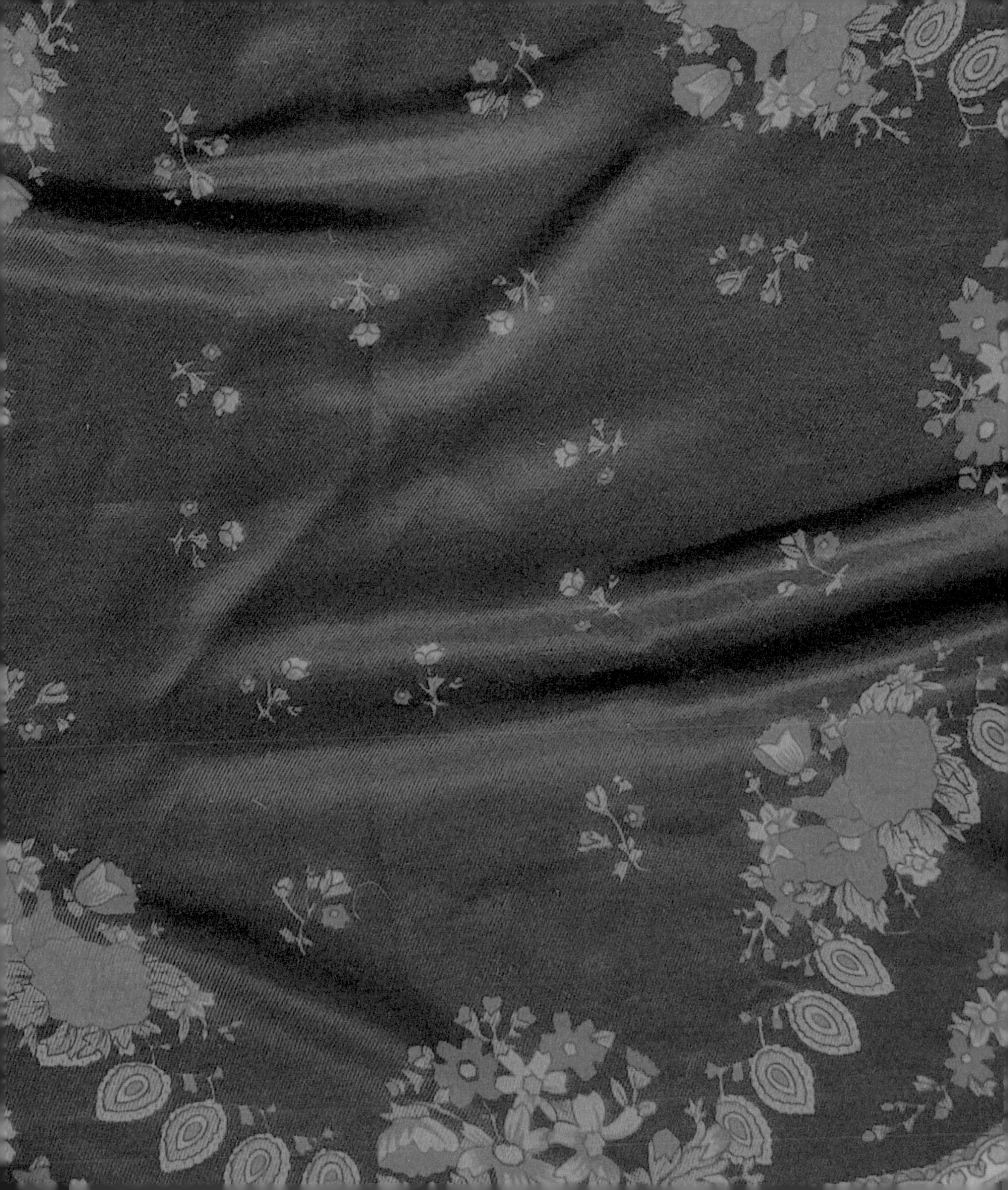

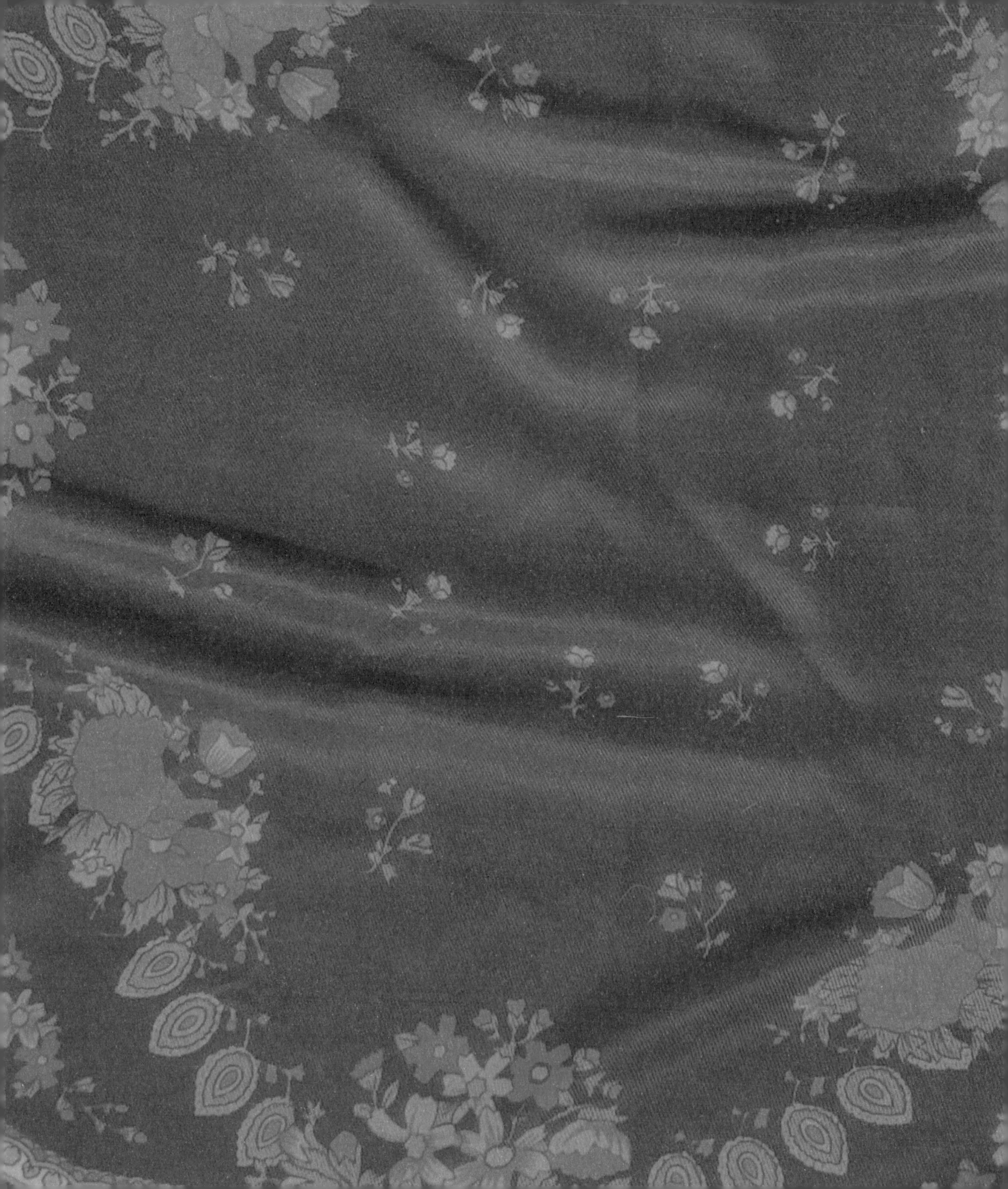

All my life I have carried grief for you, *Avó*, and for my great-grandmother before you. For the lives you could not lead, the dreams you had to leave behind.

Now I've made this journey, this trip that you could never take, my grief has disappeared. Mundão has soothed it with a gentle, warm embrace, with the touch of hand spun Portuguese lace.

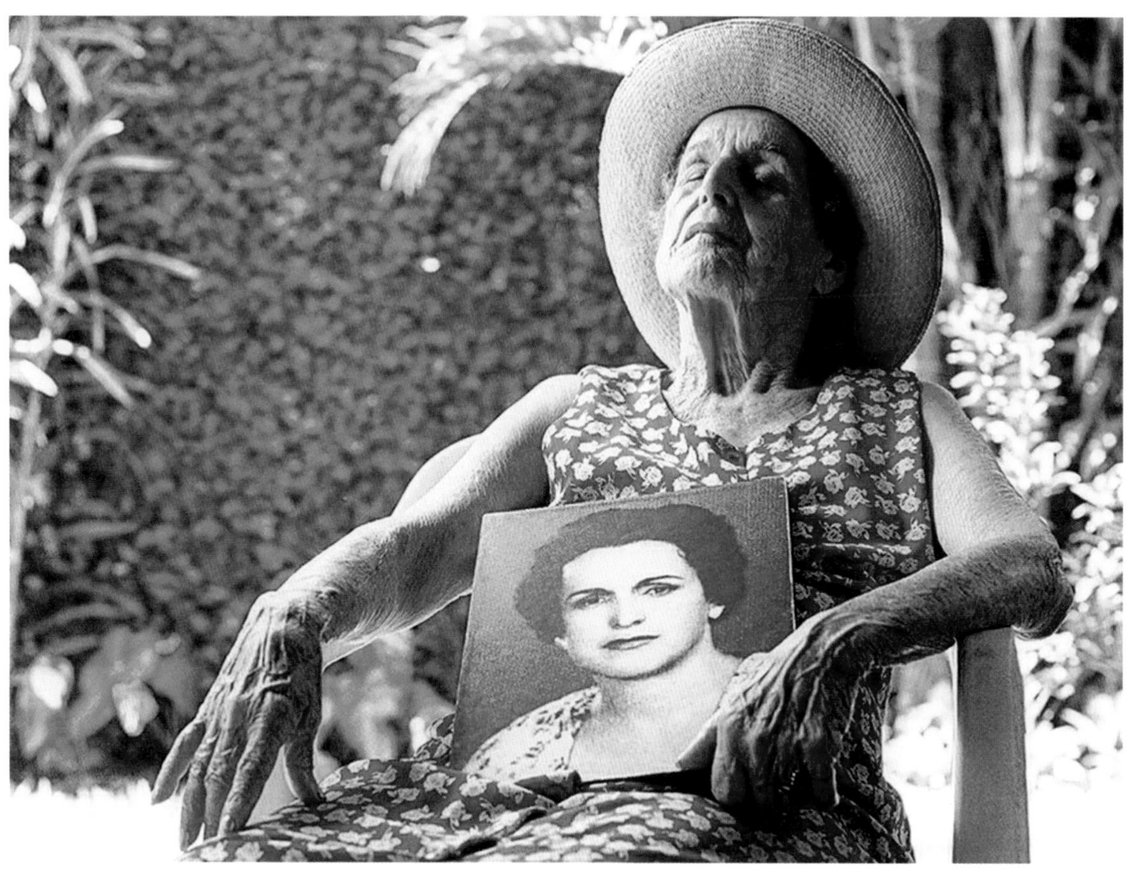

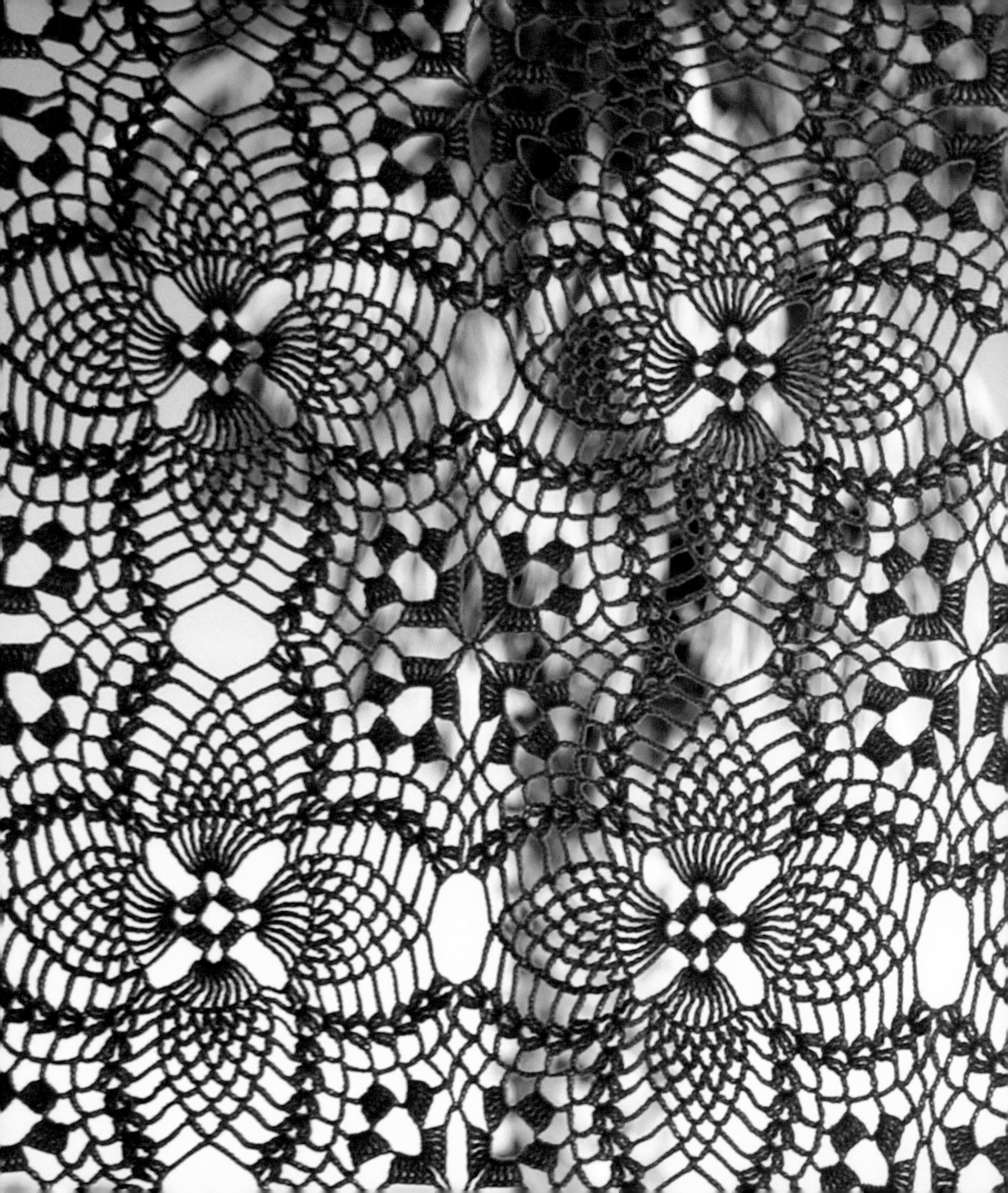

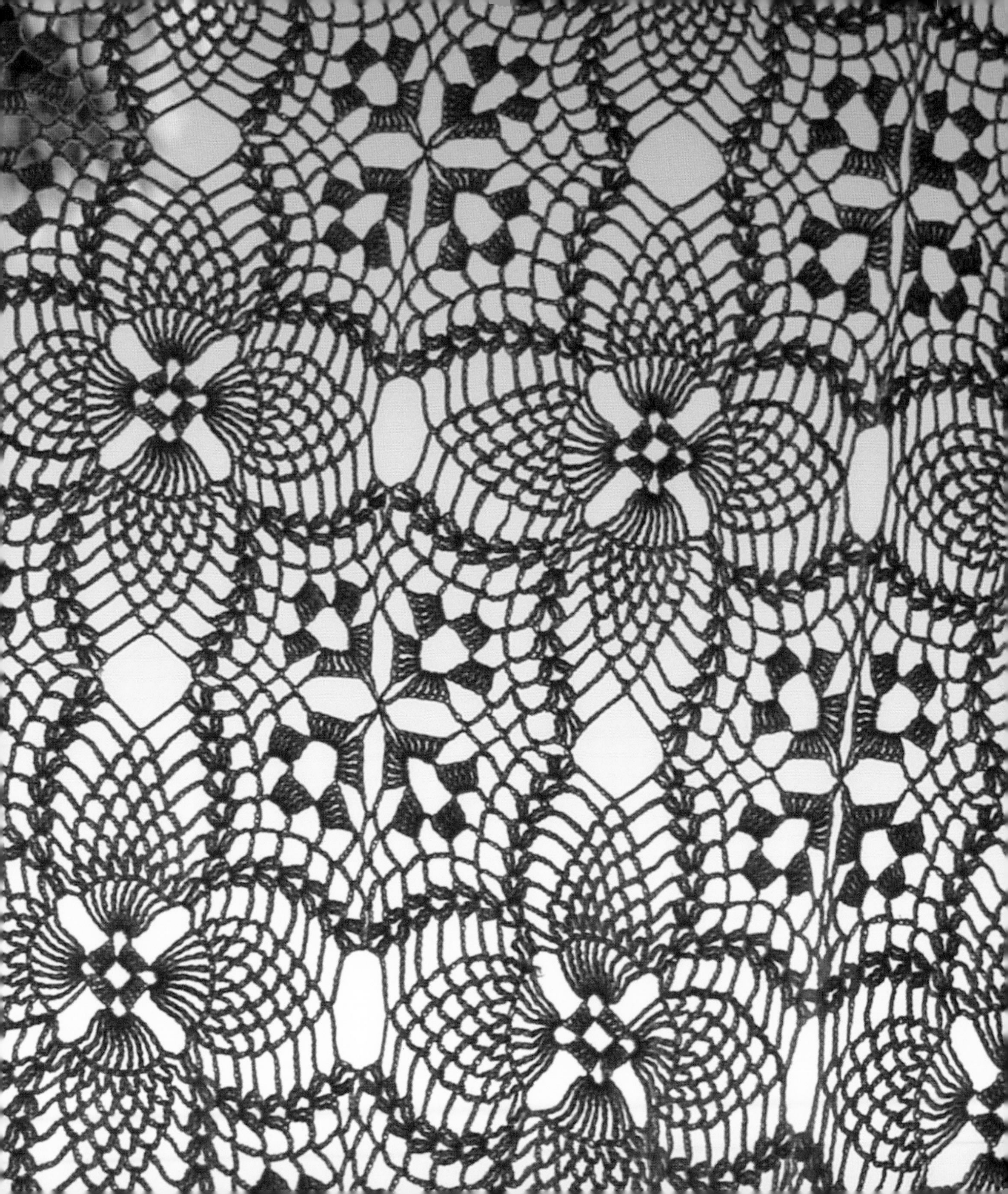

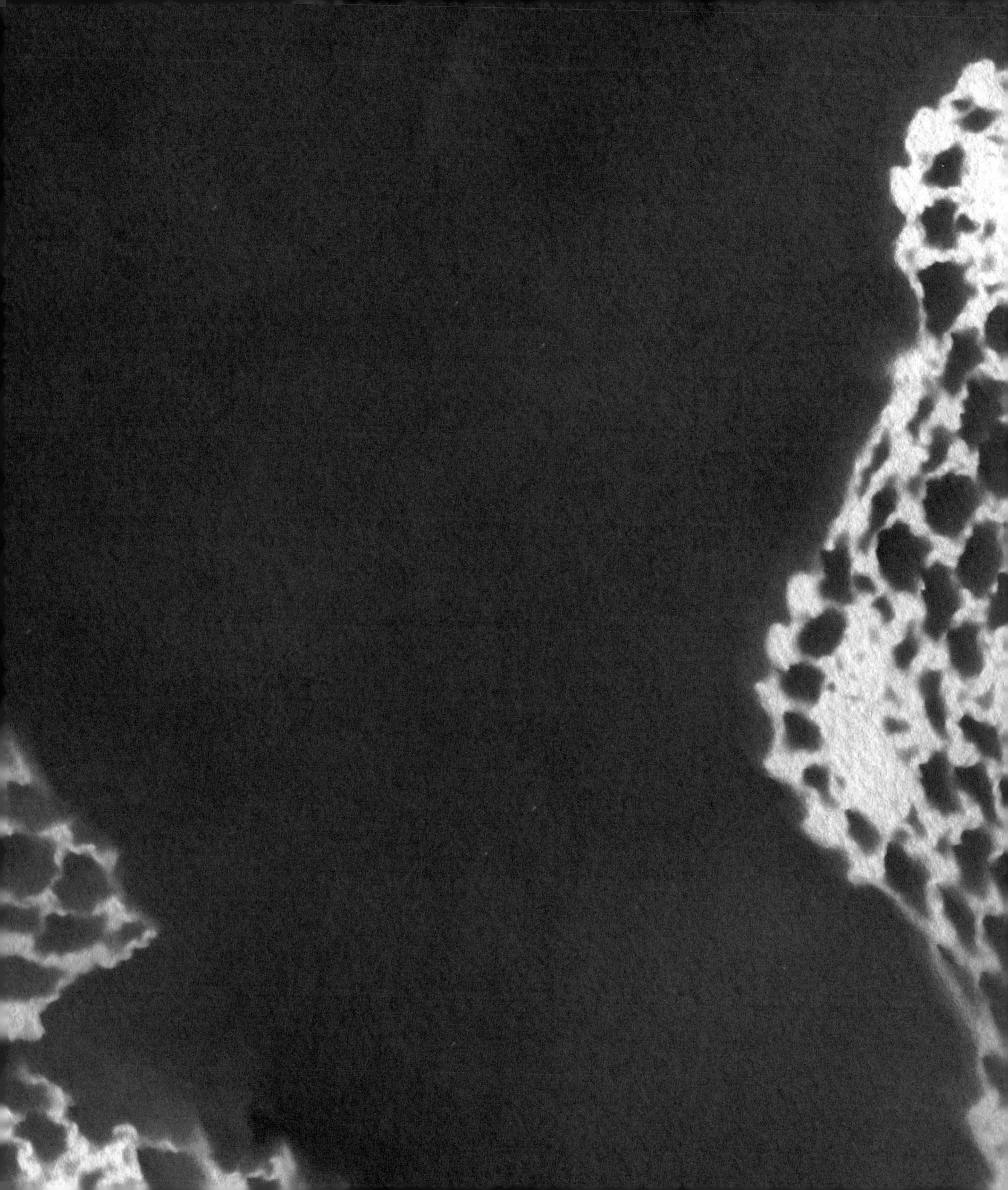

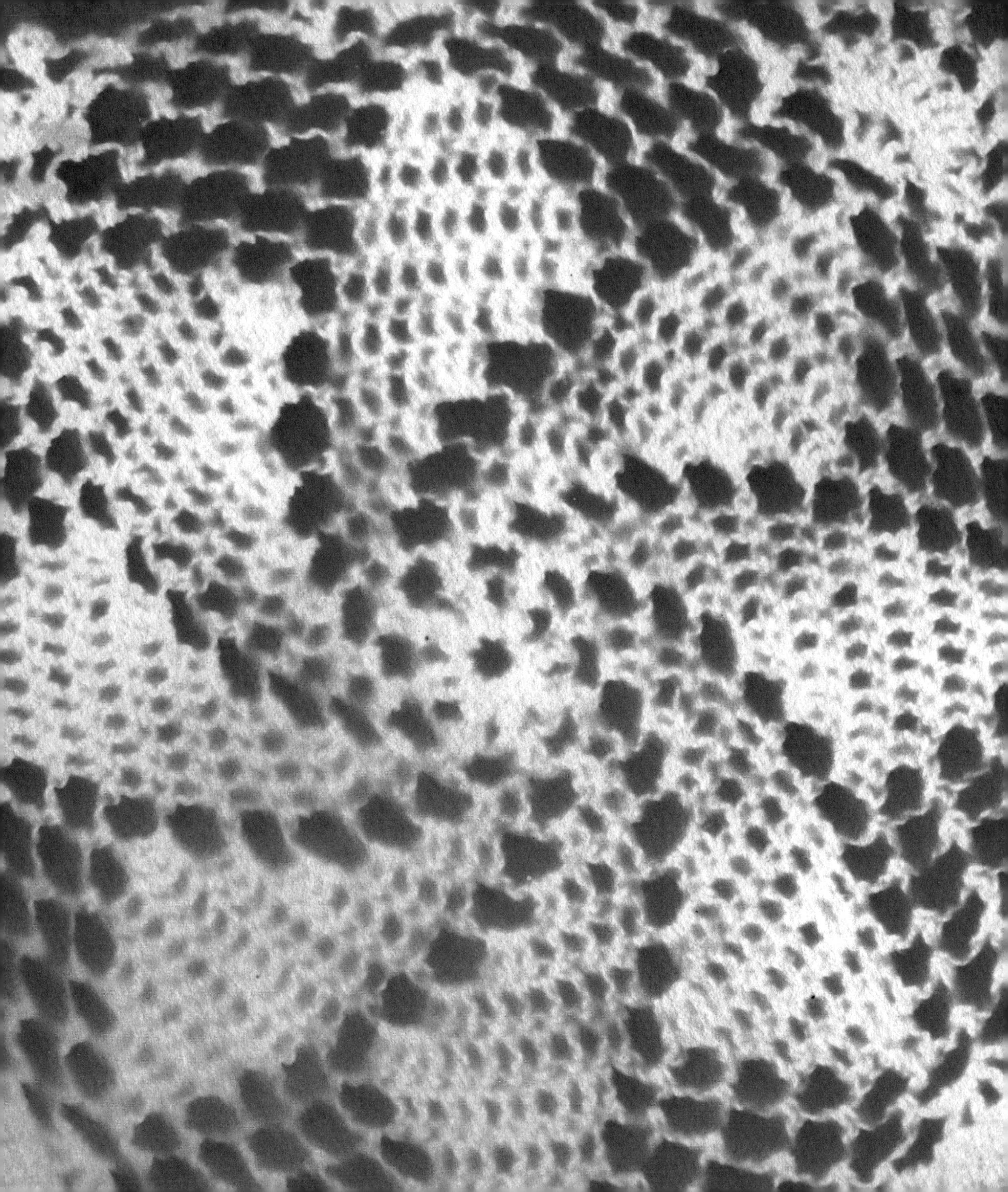

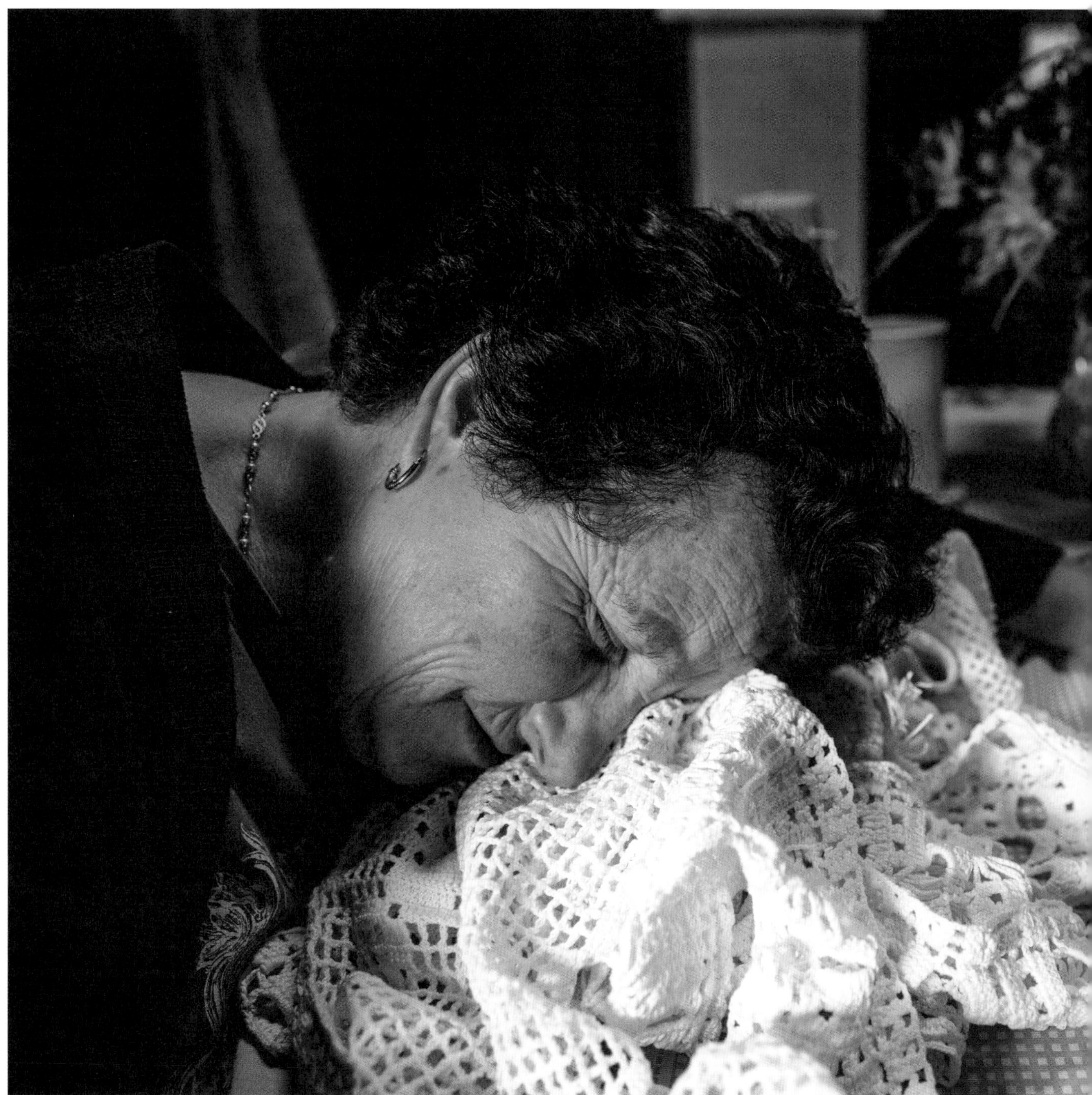

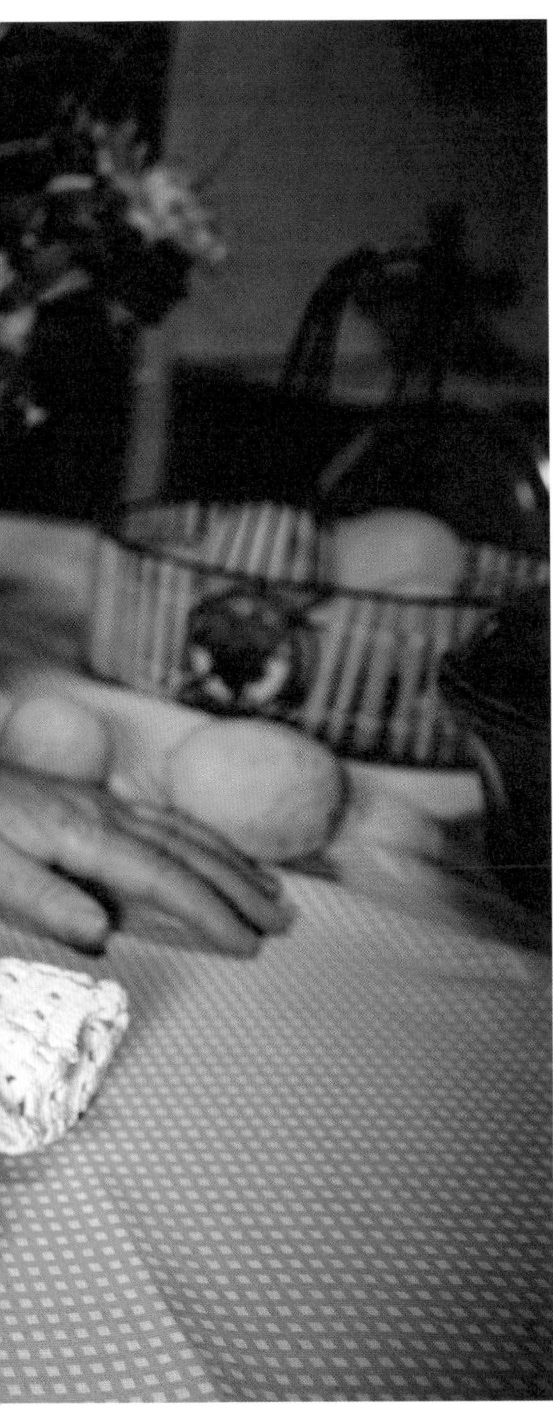

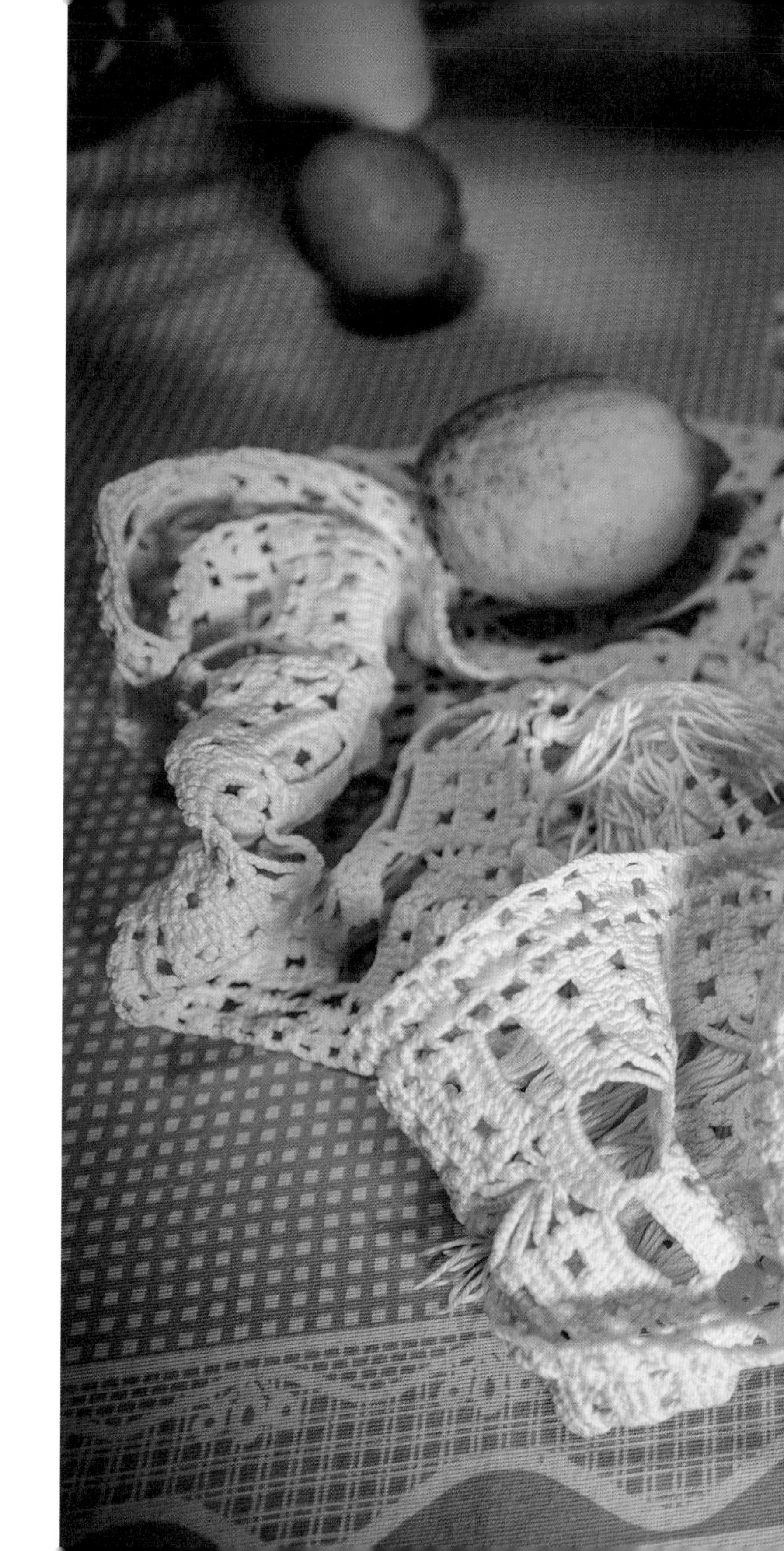

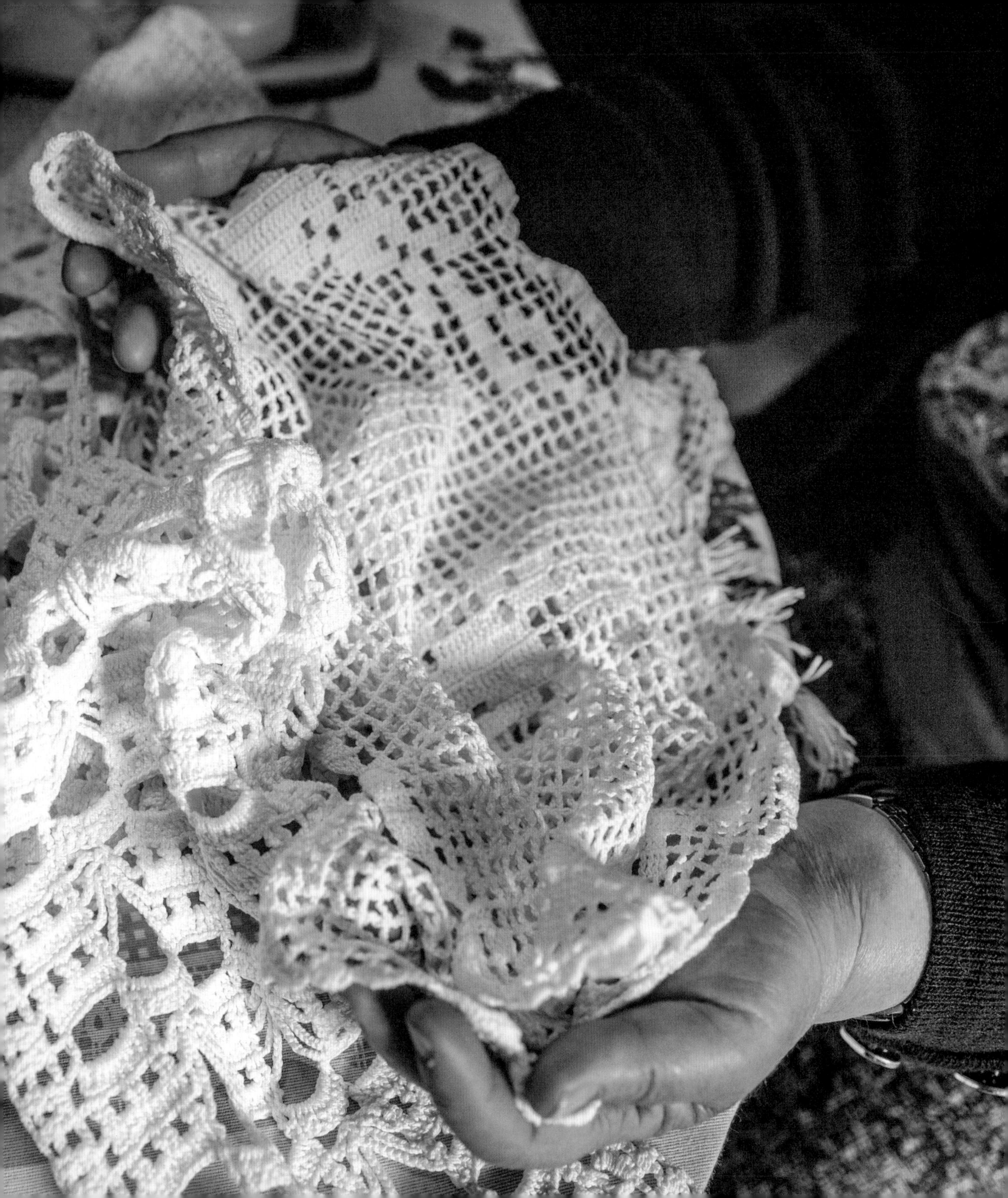

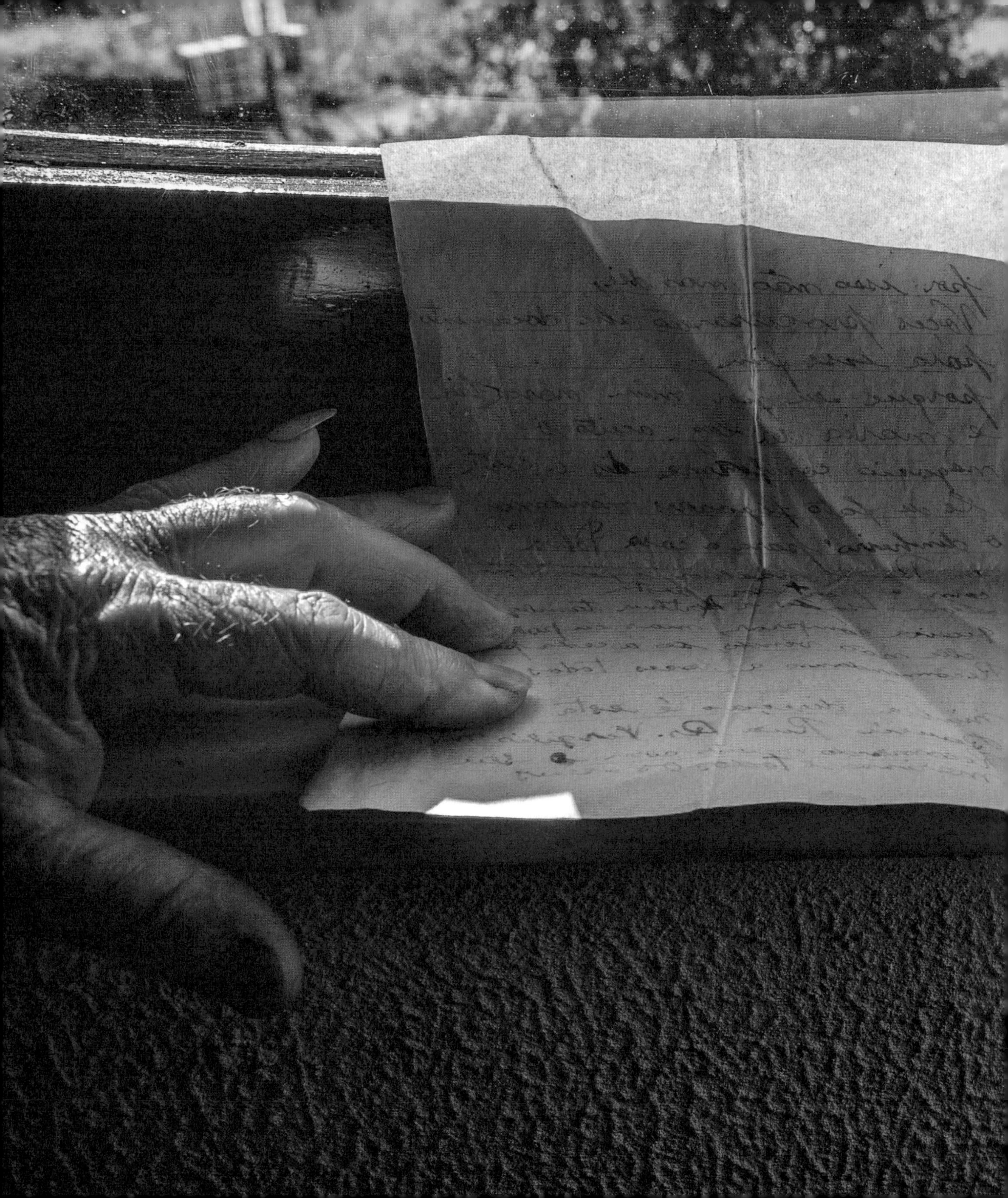

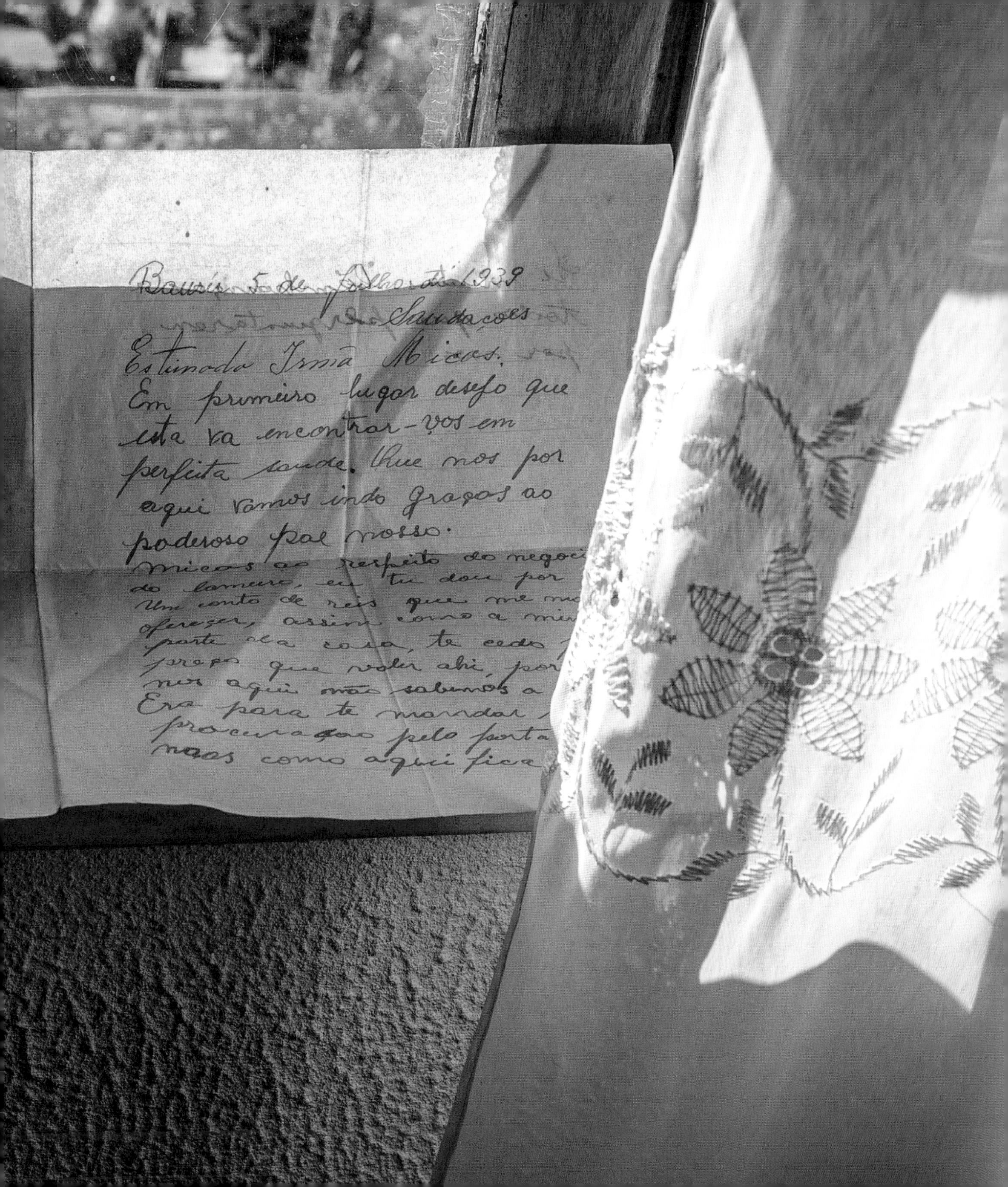

Baurú 5 de Julho de 1939

Saudações

Estimada Irmã Micas.

Em primeiro lugar desejo que
esta vá encontrar-vos em
perfeita saúde. Que nós por
aqui vamos indo graças ao
poderoso Pai nosso.

Micas ao respeito do negoci
do lameiro, eu te dou por
Um conto de reis que me ma
oferecer, assim como a mi
parte da casa, te cedo
preço que valer ahi, por
nós aqui não sabemos a
Era para te mandar
procuração pelo porta
mas como aqui fica

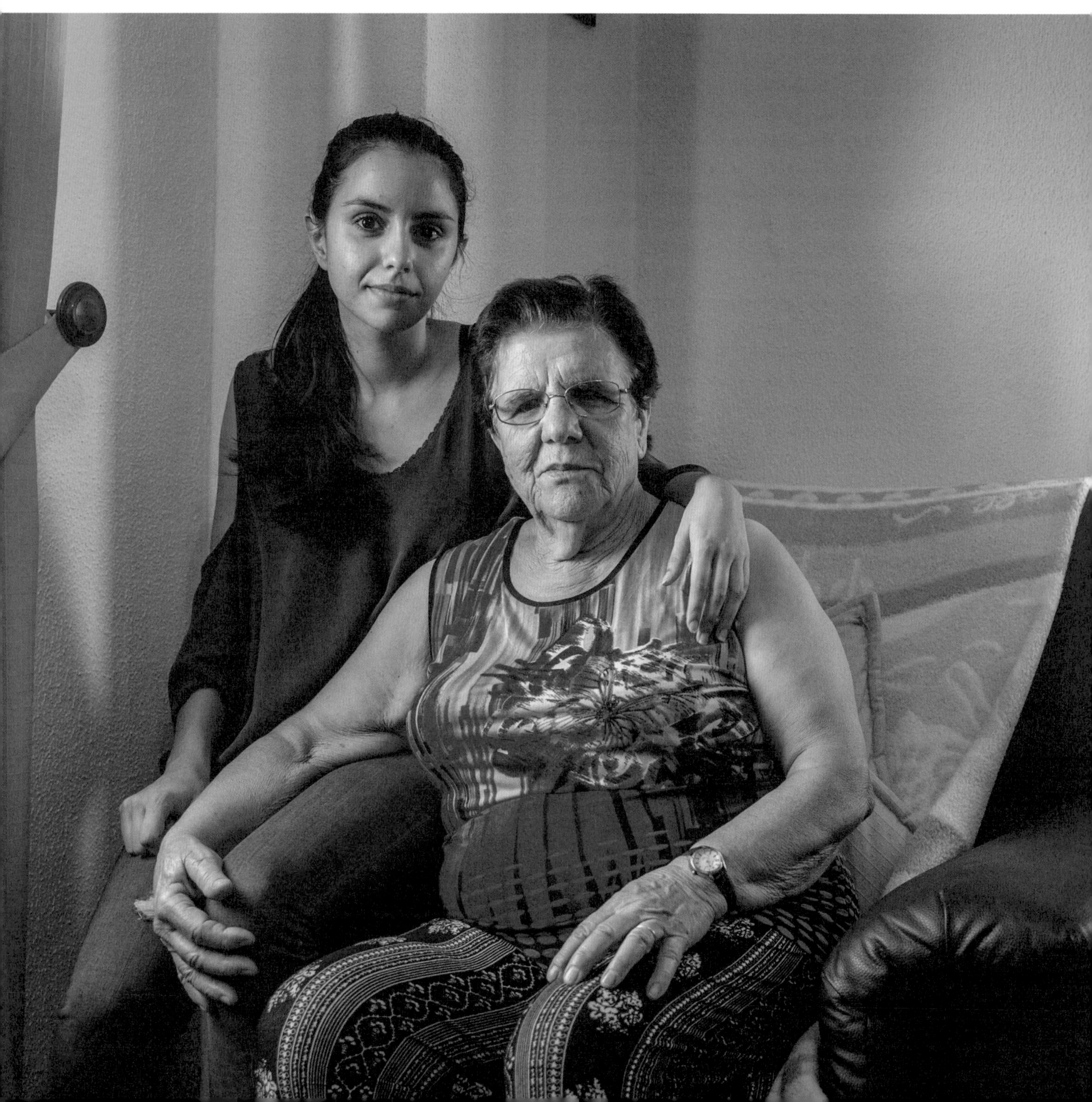

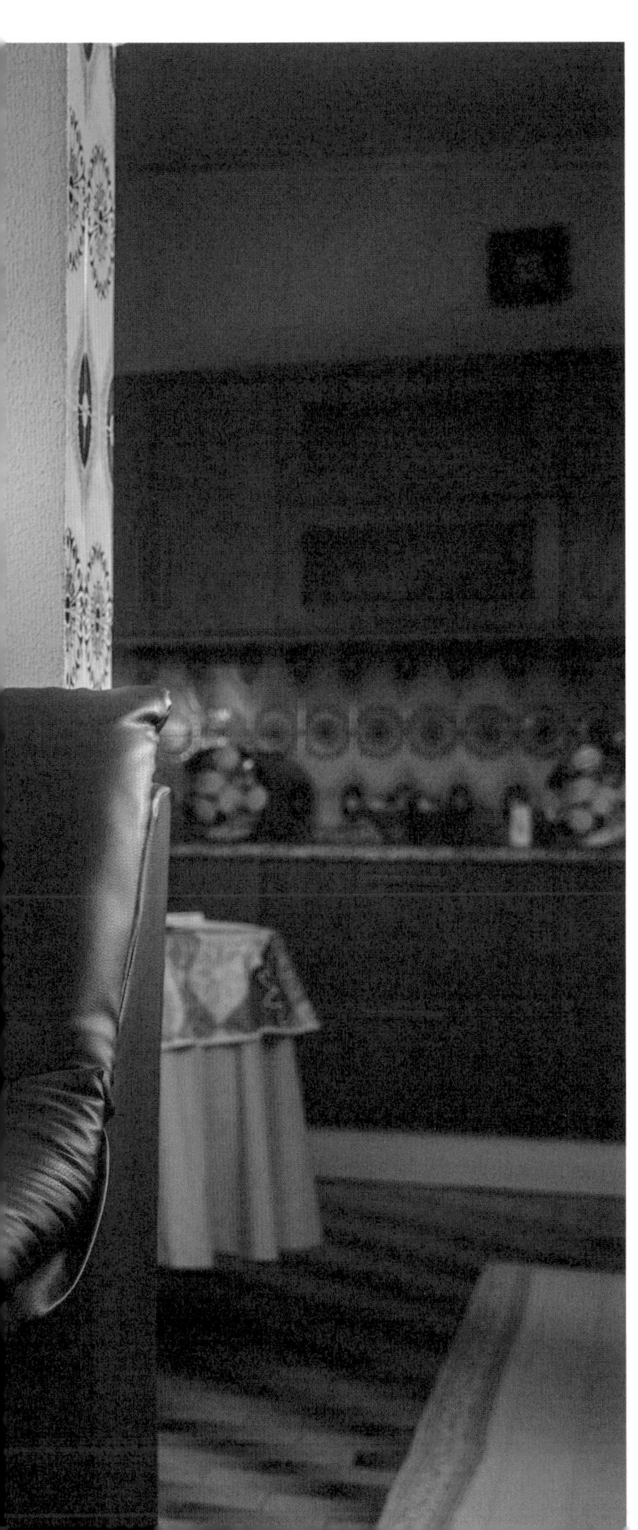

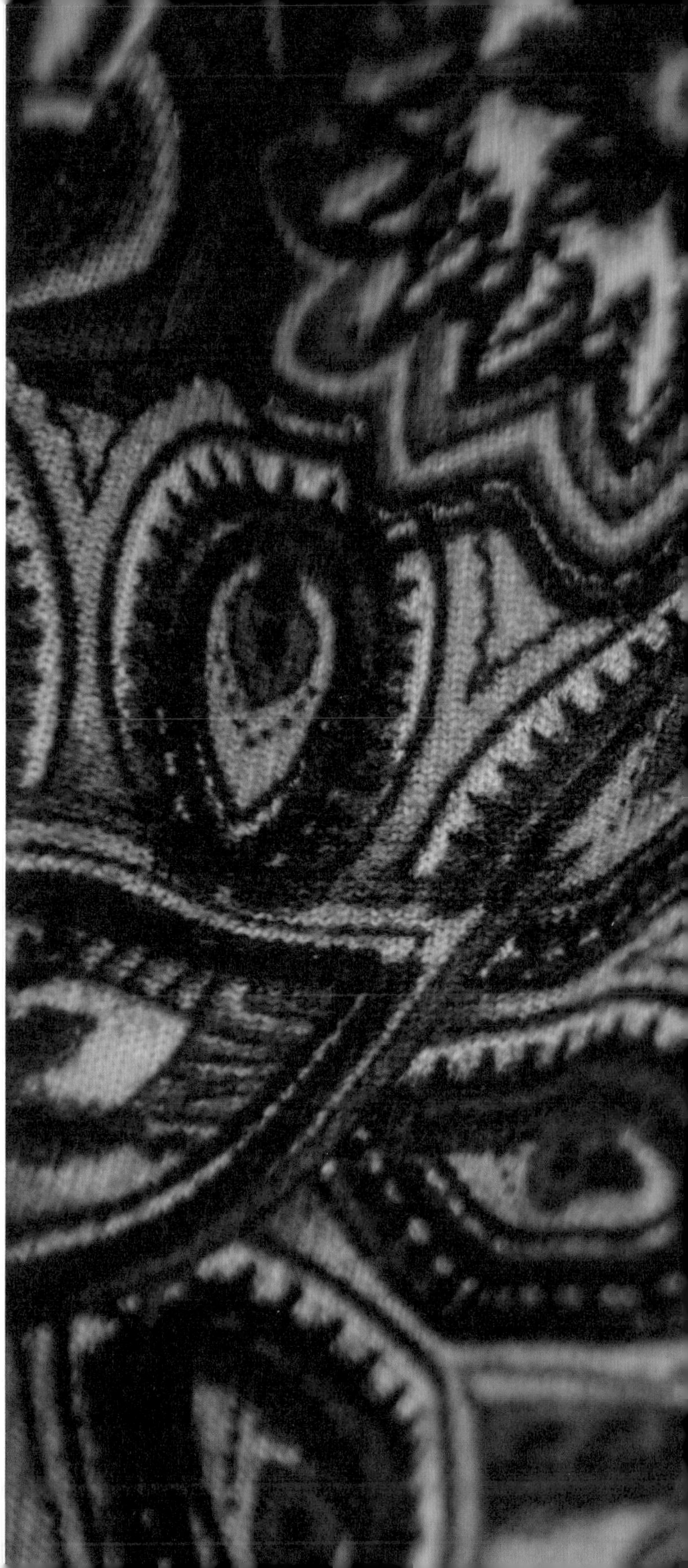

Here in Mundão
I strike gold in
a letter, it sends
me a cousin, then
another, then
another.

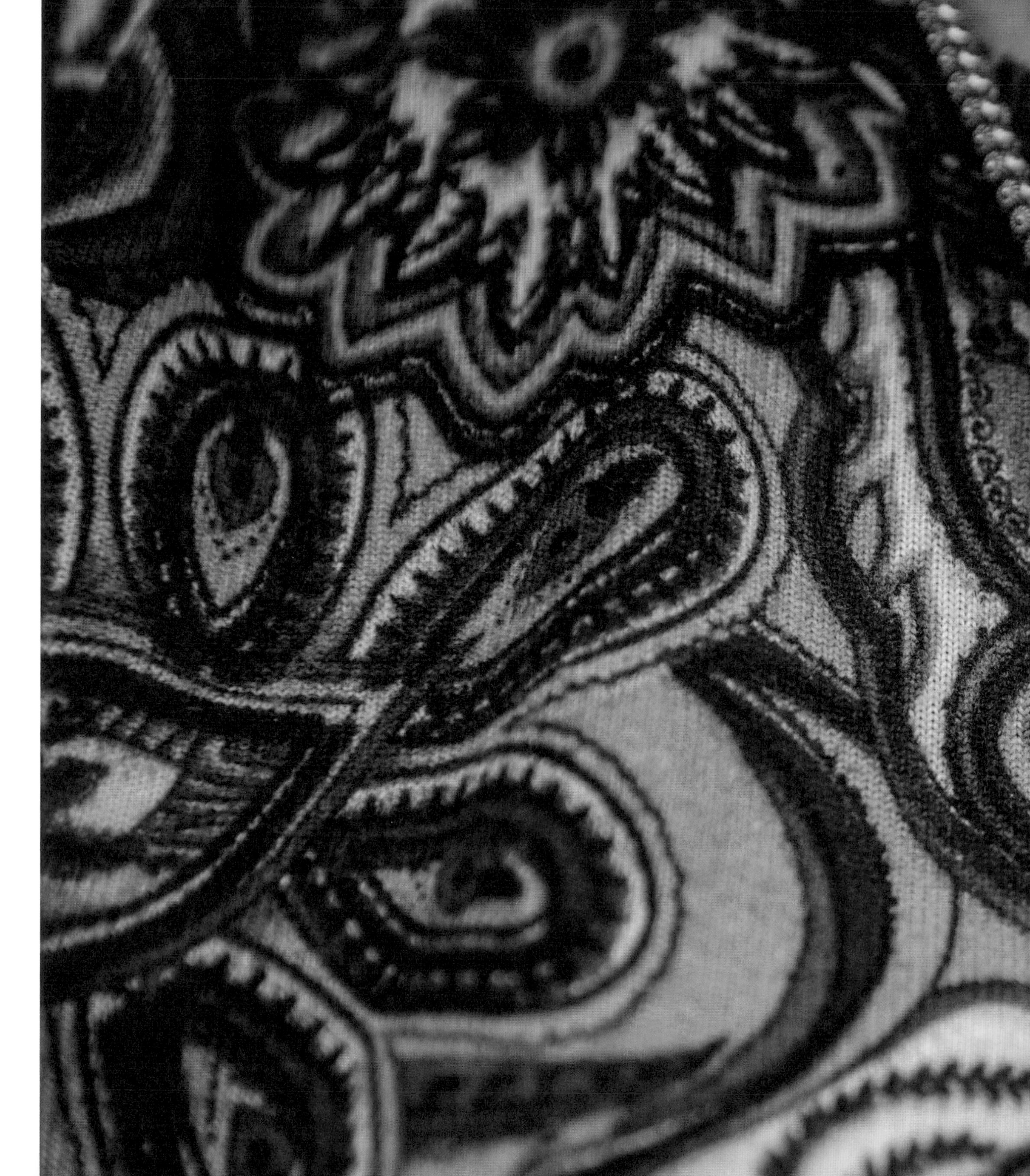

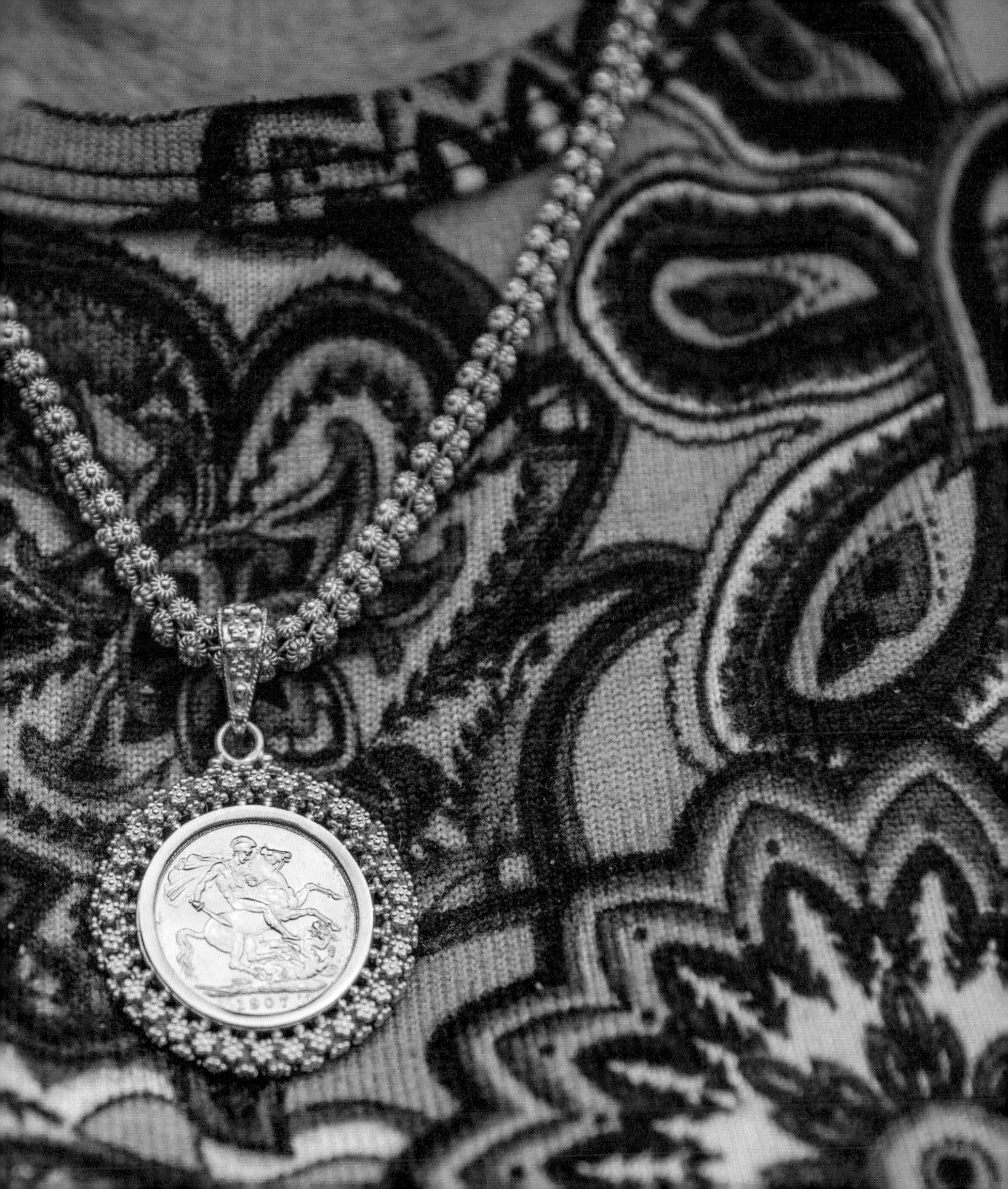
1907

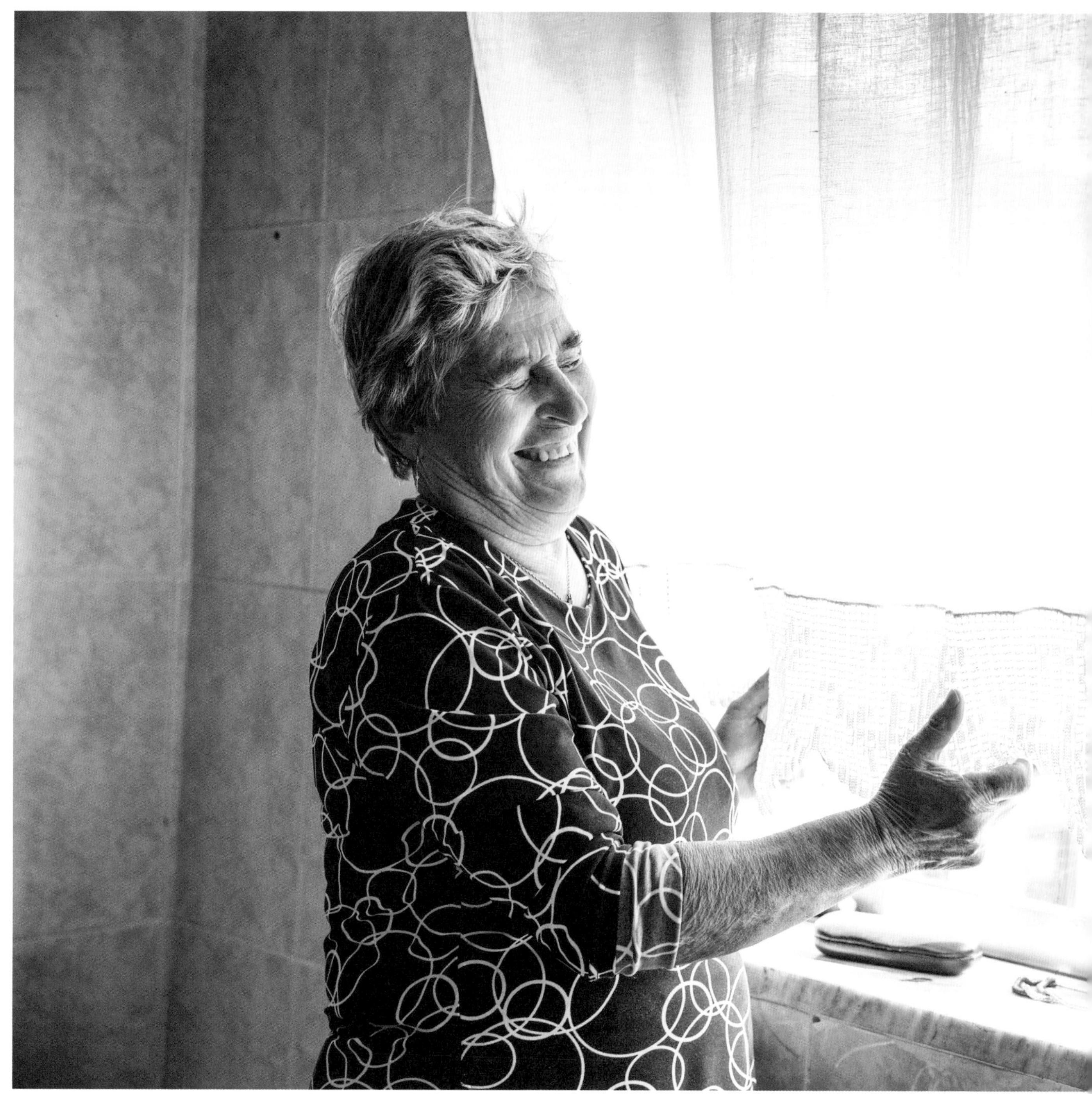

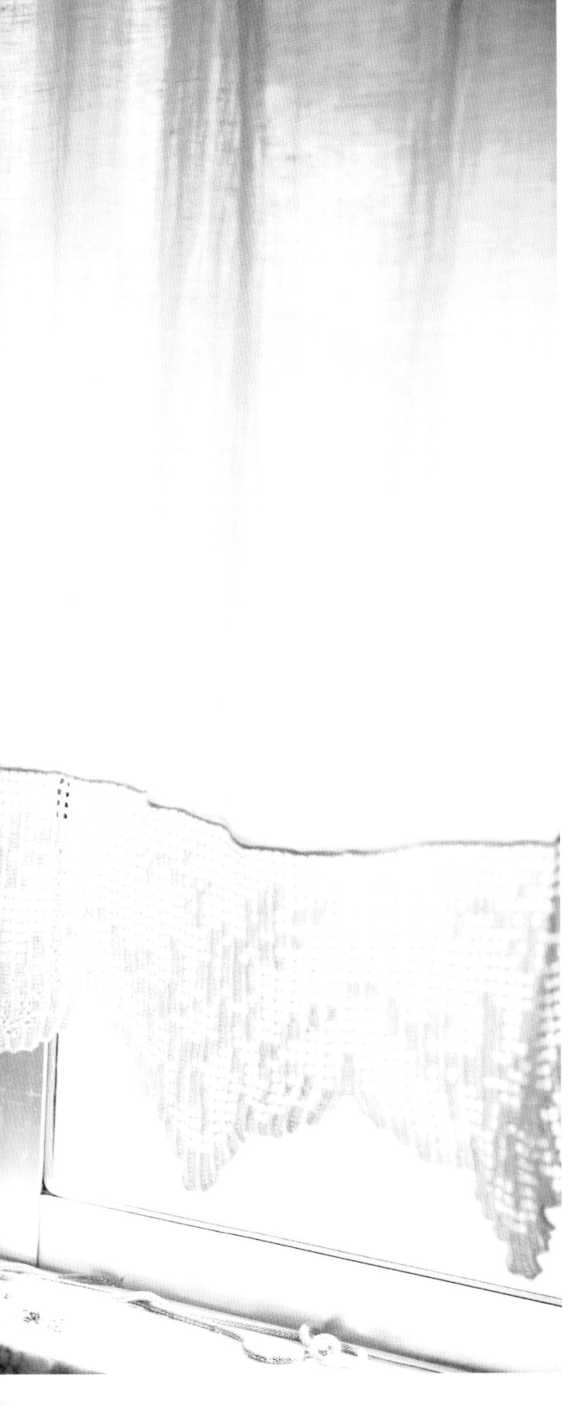

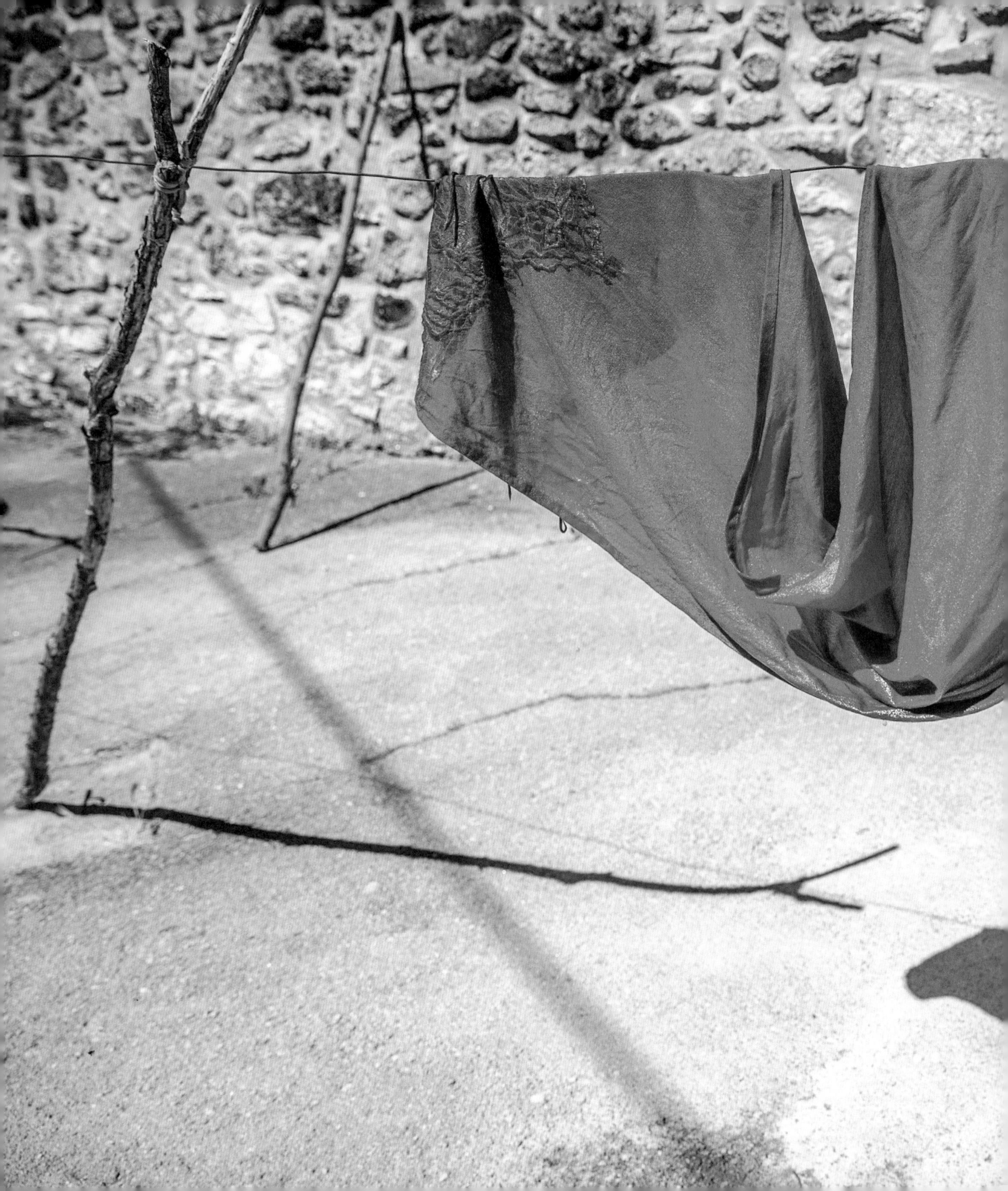

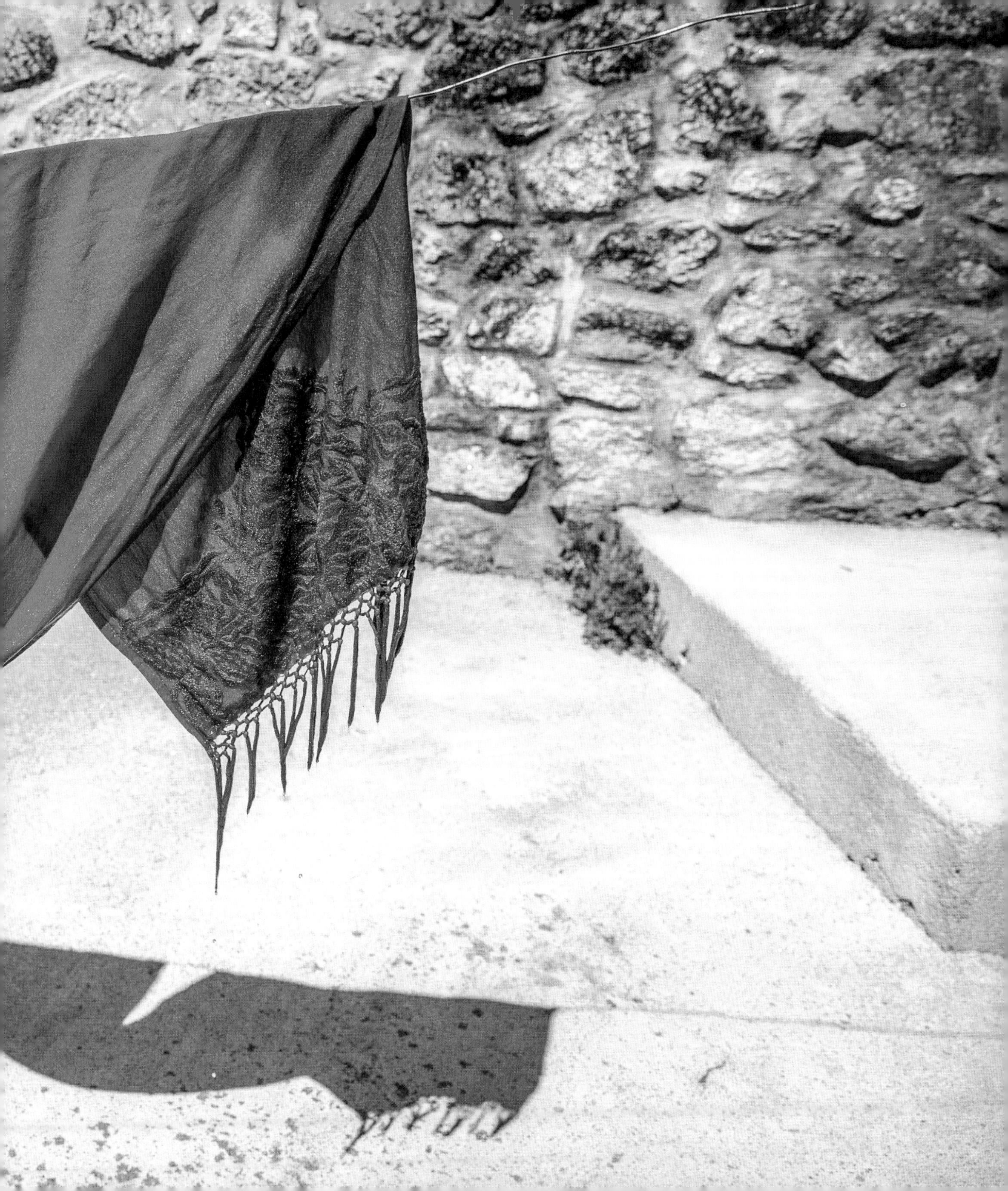

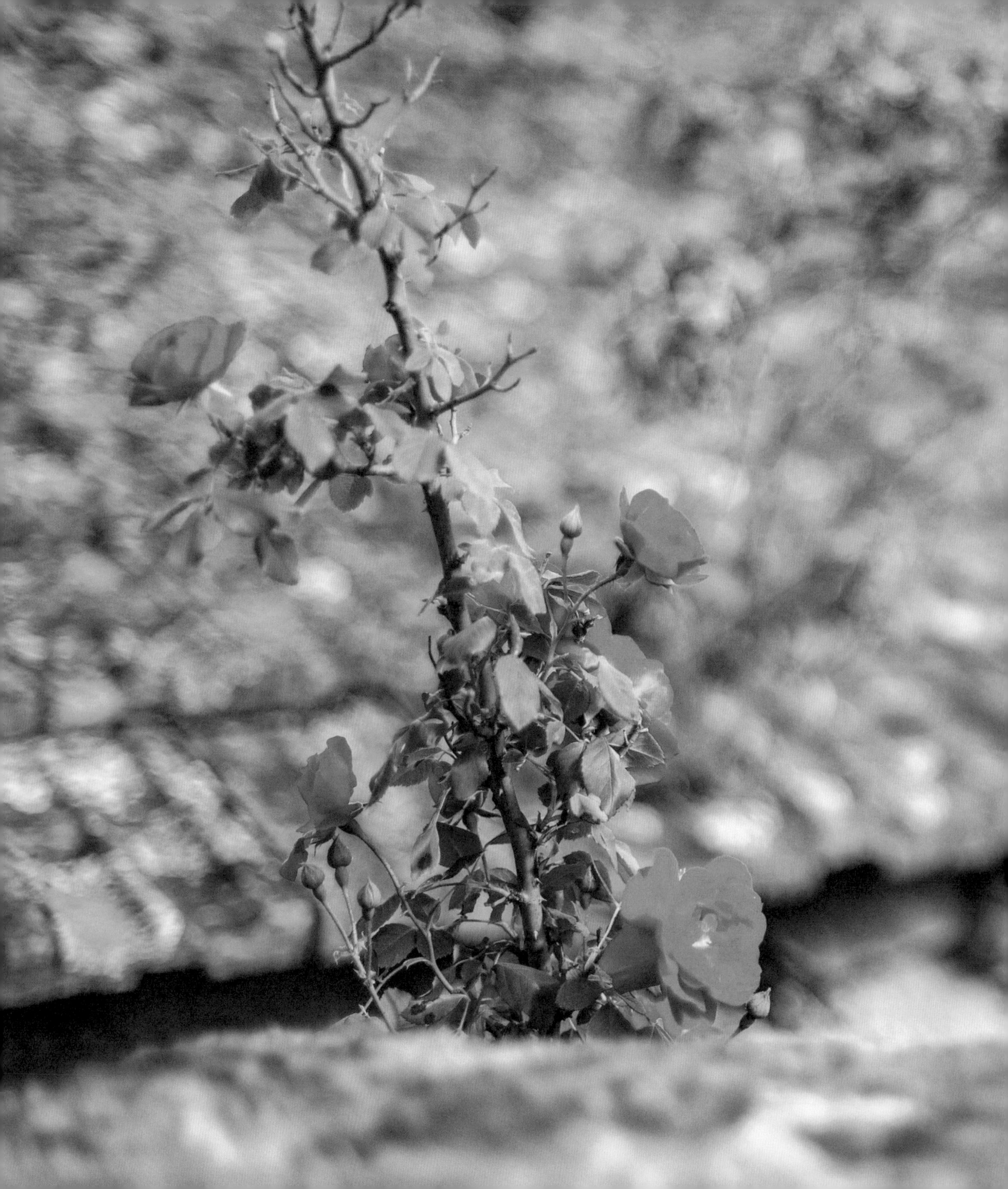

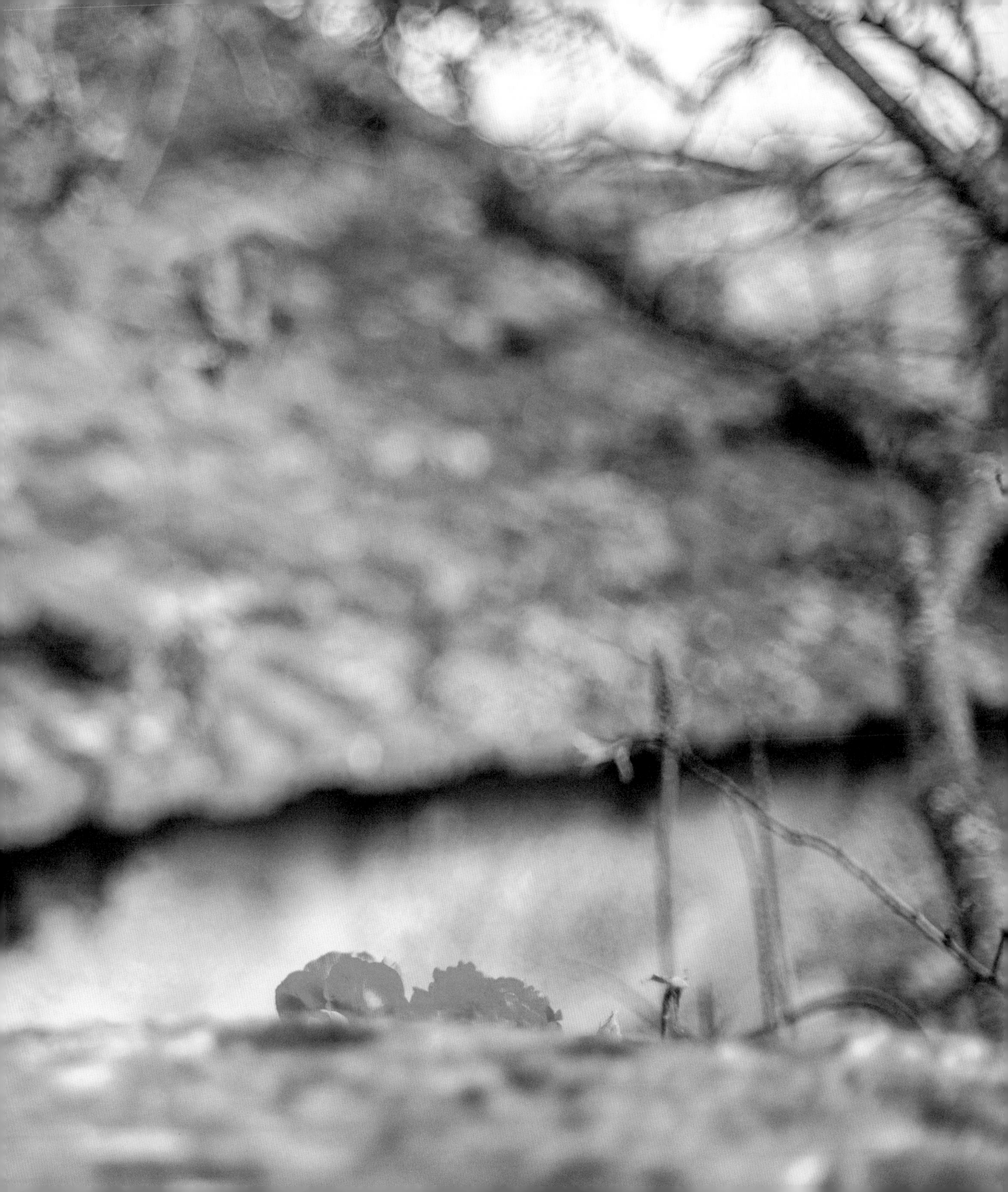

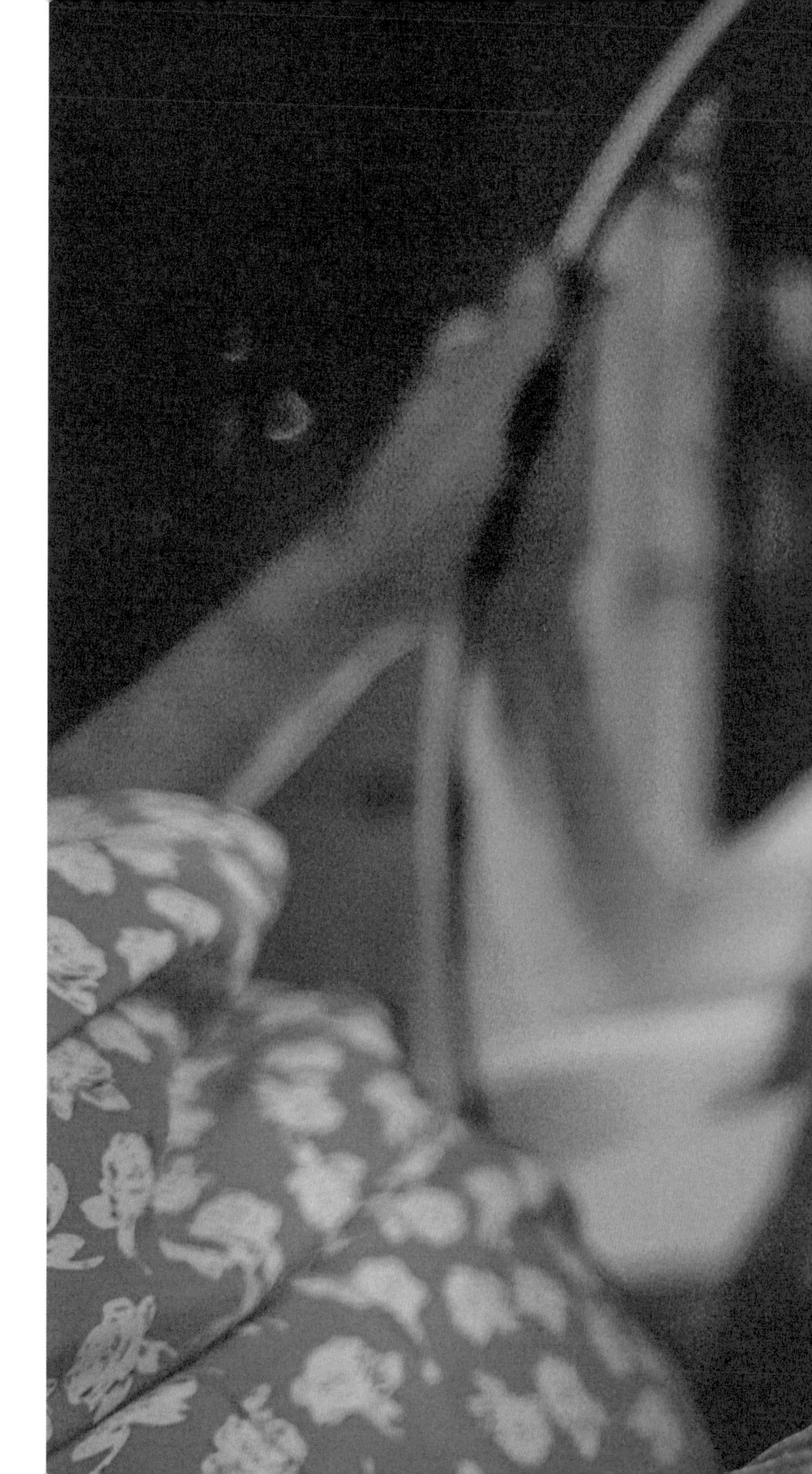

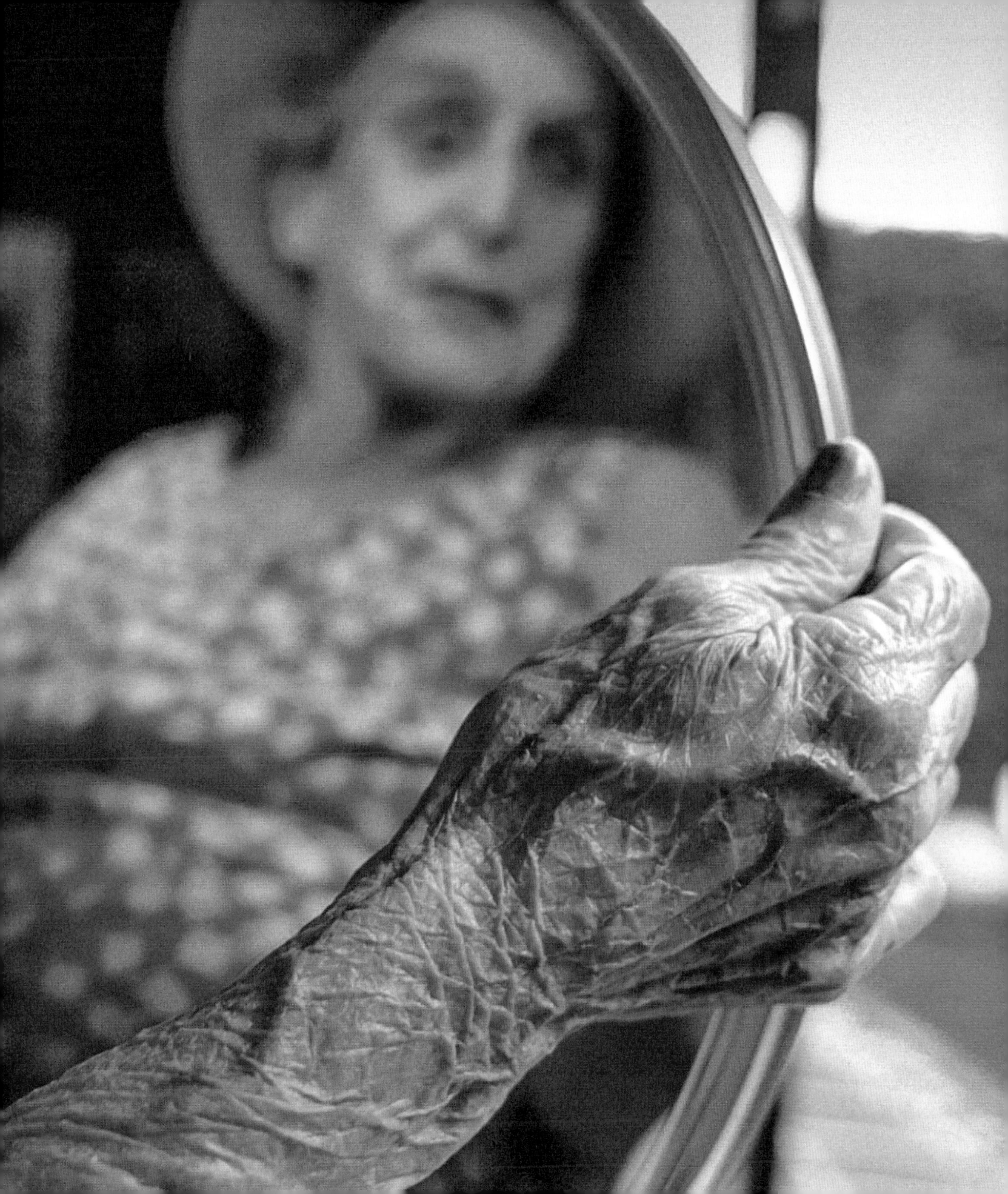

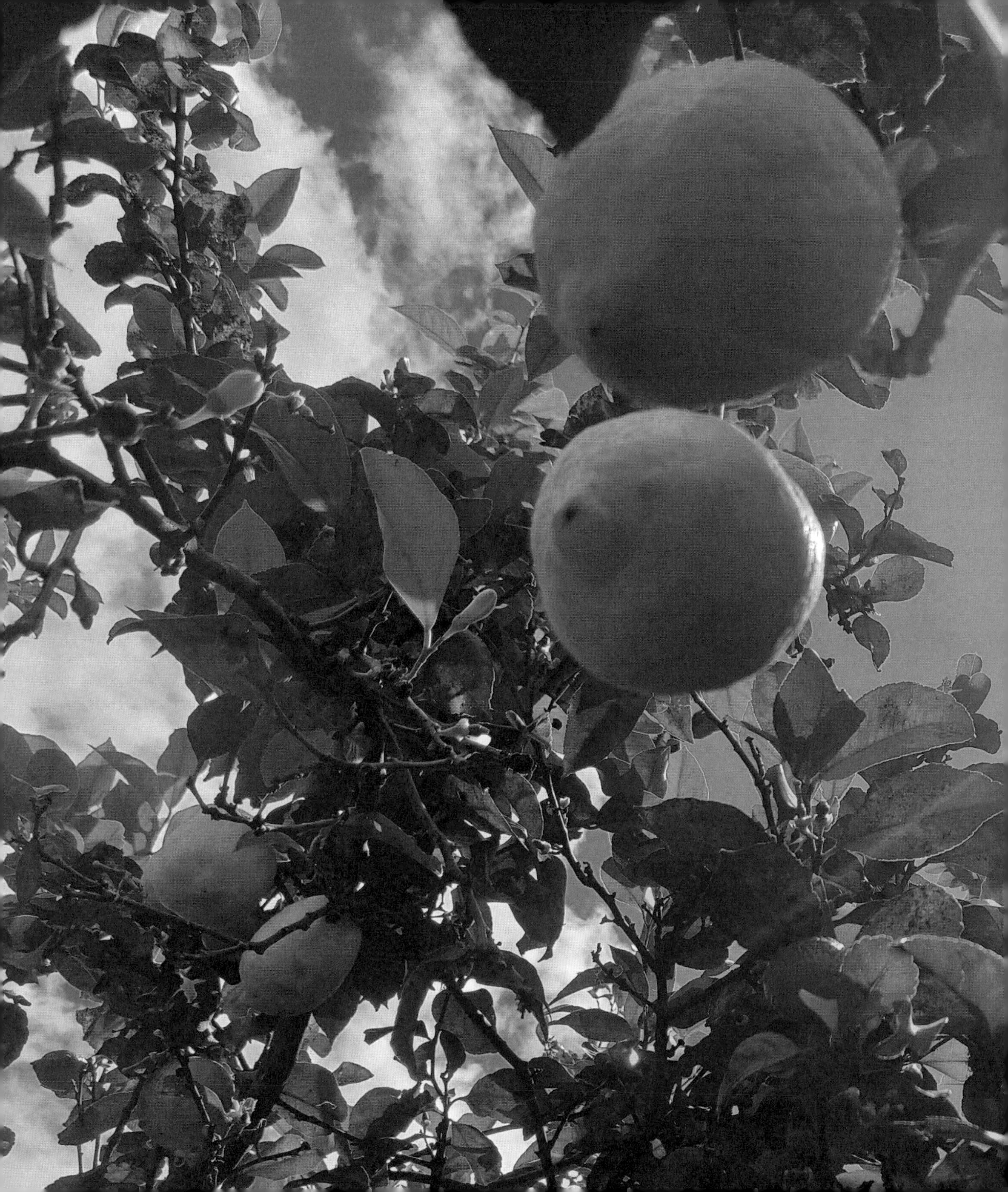

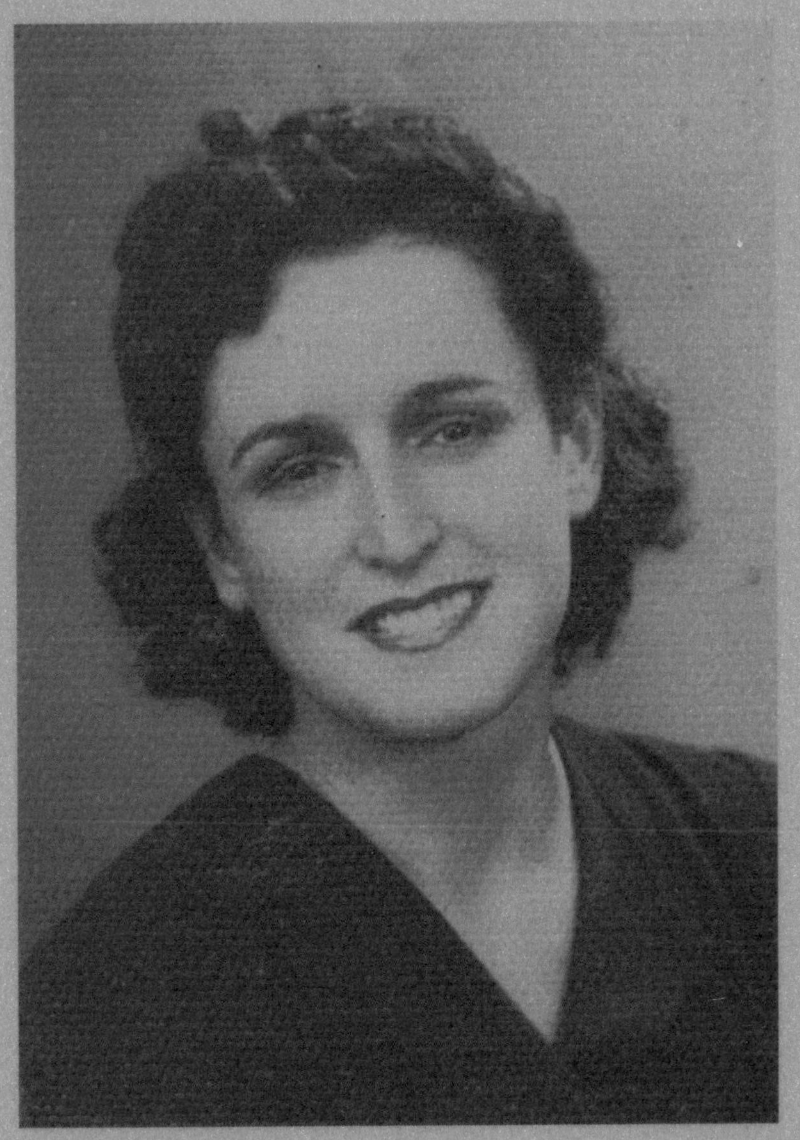

Tudo vale a pena se a
alma não é pequena

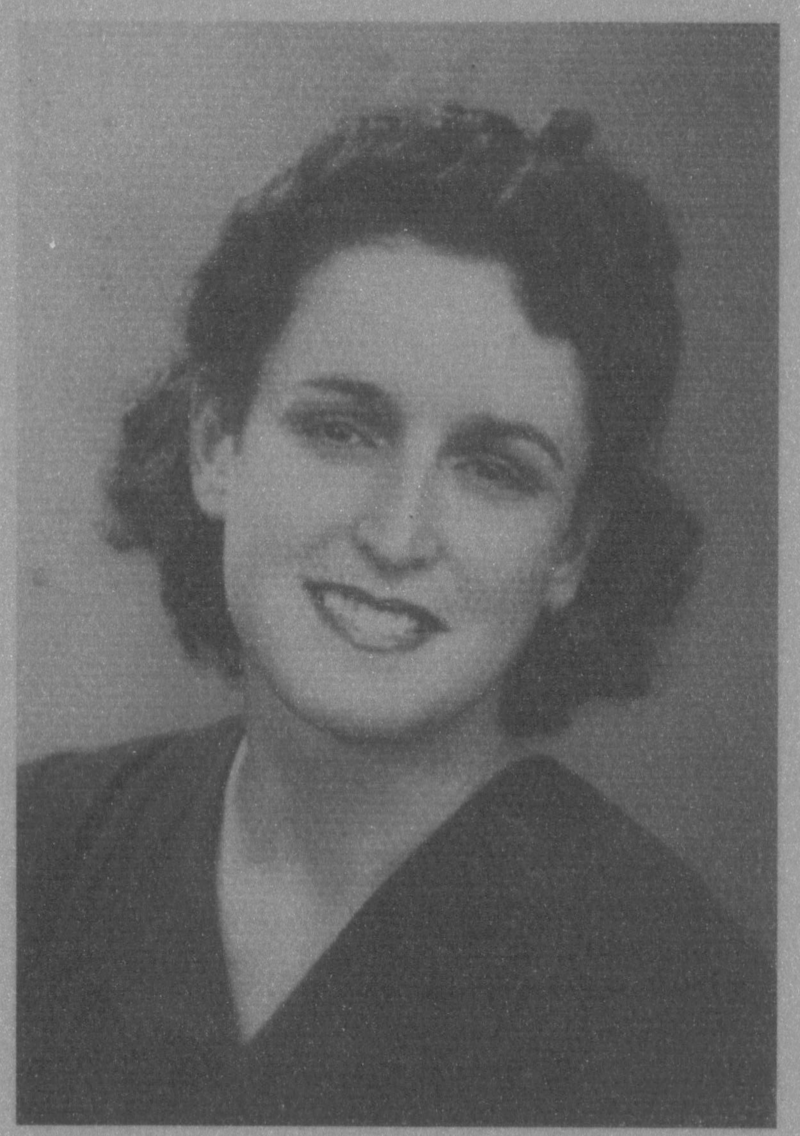

Tudo vale a pena se a
alma não é pequena

Everything is worth the effort
if the soul is not small.

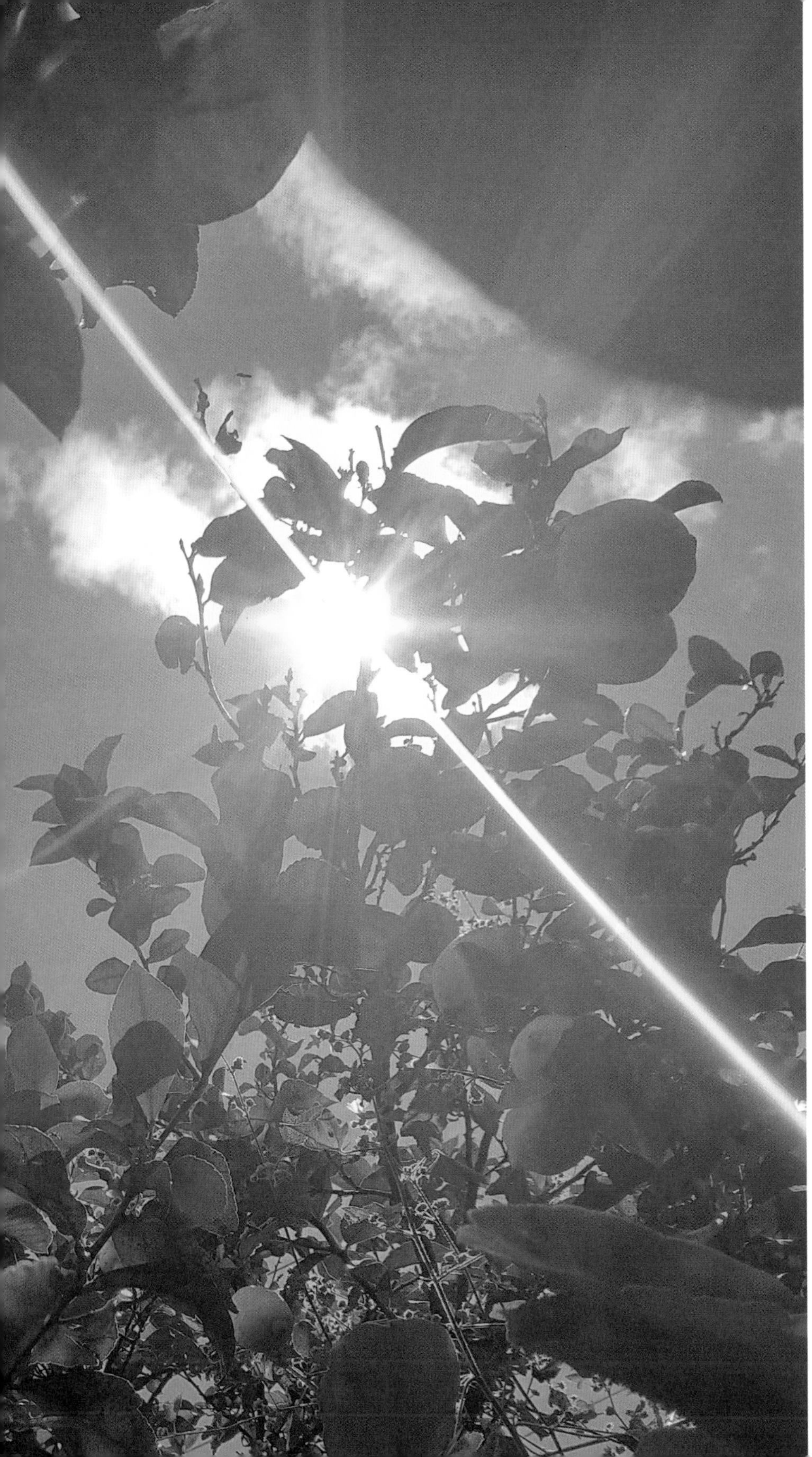

I remember when you could no longer recognise yourself in the mirror. It broke my heart to see you lost in a body you did not know as your own.

You drifted further and further across the sea, and I had to find new ways to reach you. Words were not enough.

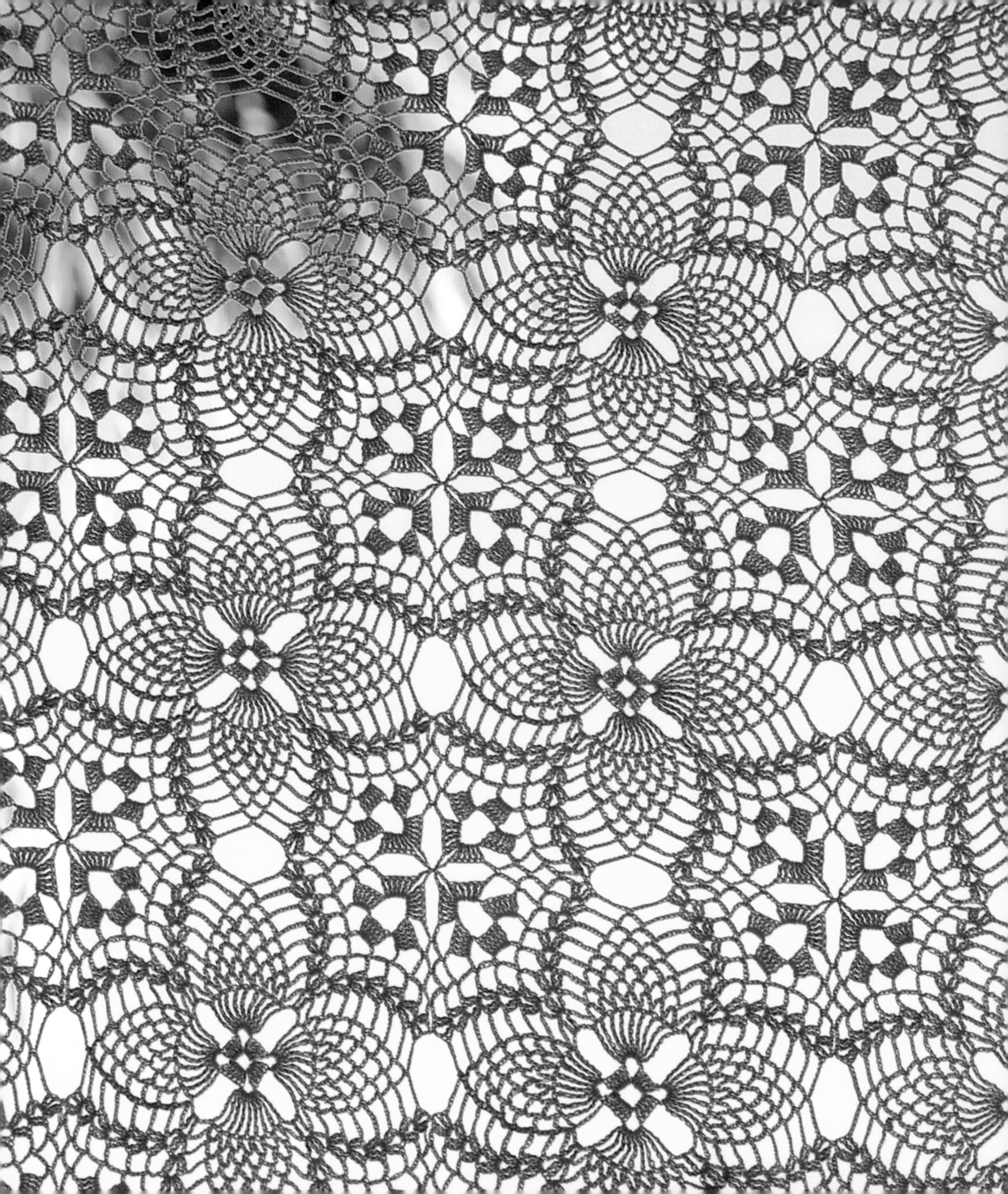

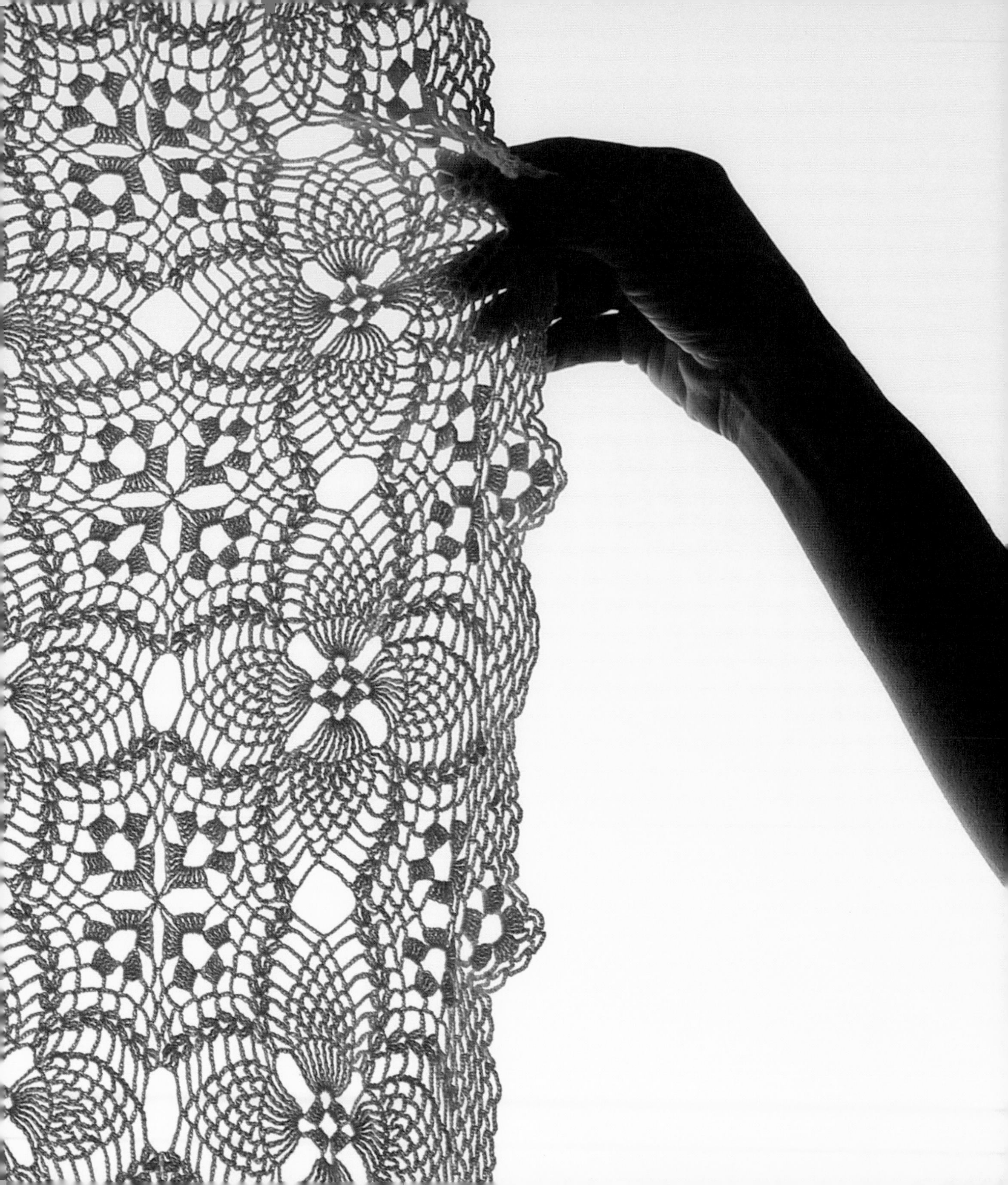

Para Ana 1920-2006

Querida avó,

No trem lento de Lisboa para o norte me pergunto como você se sentiu ao viajar quando criança para o outro lado quando você cruzou o mar.

Mundão, no distrito de Viseu, é a pequena cidade que você deixou para trás, cheia de amigos que você nunca teve mas pelos quais ansiava ao morrer com Alzheimer no Brasil.

Quando lá cheguei, convidei os moradores para escrever cartões postais para você. Eles sabiam que você já havia partido, mas eles entenderam que uma pessoa nunca realmente desaparece se a carregamos em nosso coração. Eles te contaram sobre suas vidas como se fossem seus amigos, e sobre a vida que você teria tido se tivesse ficado. Desta forma, trouxemos você de volta, juntos. Eles foram meus colaboradores e cada um tinha um papel a desempenhar como os atores na peça não escrita de sua vida. Mas era real, também - Eu até descobri parentes que nunca soubemos que tínhamos.

Você teria adorado Mundão. Eu a vi em todos os lugares. E sim, você me dizia, continue, estou aqui, estou com você. Procurei seu espírito nos rostos das pessoas que encontrei e a reconheci, repetidas vezes.

Eu pensava que, a cada ano em que sua mente se retraía, você deixaria de sentir saudades do seu passado. Você perdeu detalhes, fatos, mas nunca perdeu a saudade. Depois que tudo o mais sumiu, o que restou foi sua saudades.

Agora eu entendo que é o não resolvido, o não vivido, os capítulos não fechados da vida que surgem quando começamos a desaparecer. Essas histórias inacabadas esperando uma resolução. Um coração partido gritando por reconciliação. Como eu queria consertar isto para você.

Nós, mulheres, carregamos as sementes umas das outras dentro de nós. Somos portadoras do legado imaterial de nossas famílias. Instintivamente, compartilhamos nossas verdades. Memórias do corpo guardadas nos ossos. Um desejo contido em minhas células e nas suas. Nossas saudades compartilhada. Será que carregamos saudade nos ossos, Ana?

Será que foi um desejo transgeracional que me guiou de volta à pátria mãe, às raízes da minha linhagem feminina? Ou foi apenas a parte de você que vive em mim?

Quando menina eu nunca soube que um dia, como você, emigraria e me sentiria dividida entre culturas, sempre ansiando por algo que não posso explicar em palavras.

Retornei à Portugal para te manter viva dentro de mim, e para voltar à você, agora tão perdida para mim. No mundo além mar.

Obrigada por me guiar até aqui, querida Ana. Te amo

Para Ana 1920-2006

Querida avó,

No trem lento de Lisboa para o norte me pergunto como você se sentiu ao viajar quando criança para o outro lado quando você cruzou o mar.

Mundão, no distrito de Viseu, é a pequena cidade que você deixou para trás, cheia de amigos que você nunca teve mas pelos quais ansiava ao morrer com Alzheimer no Brasil.

Quando lá cheguei, convidei os moradores para escrever cartões postais para você. Eles sabiam que você já havia partido, mas eles entenderam que uma pessoa nunca realmente desaparece se a carregamos em nosso coração. Eles te contaram sobre suas vidas como se fossem seus amigos, e sobre a vida que você teria tido se tivesse ficado. Desta forma, trouxemos você de volta, juntos. Eles foram meus colaboradores e cada um tinha um papel a desempenhar como os atores na peça não escrita de sua vida. Mas era real, também - Eu até descobri parentes que nunca soubemos que tínhamos.

Você teria adorado Mundão. Eu a vi em todos os lugares. E *sim*, você me dizia, *continue, estou aqui, estou com você*. Procurei seu espírito nos rostos das pessoas que encontrei e a reconheci, repetidas vezes.

Eu pensava que, a cada ano em que sua mente se retraía, você deixaria de sentir saudades do seu passado. Você perdeu detalhes, fatos, mas nunca perdeu a saudade. Depois que tudo o mais sumiu, o que restou foi sua saudades.

Agora eu entendo que é o não resolvido, o não vivido, os capítulos não fechados da vida que surgem quando começamos a desaparecer. Essas histórias inacabadas esperando uma resolução. Um coração partido gritando por reconciliação. Como eu queria consertar isto para você.

Nós, mulheres, carregamos as sementes umas das outras dentro de nós. Somos portadoras do legado imaterial de nossas famílias. Instintivamente, compartilhamos nossas verdades. Memórias do corpo guardadas nos ossos. Um desejo contido em minhas células e nas suas. Nossas saudades compartilhada. Será que carregamos saudade nos ossos, Ana?

Será que foi um desejo transgeracional que me guiou de volta à pátria mãe, às raízes da minha linhagem feminina? Ou foi apenas a parte de você que vive em mim?

Quando menina eu nunca soube que um dia, como você, emigraria e me sentiria dividida entre culturas, sempre ansiando por algo que não posso explicar em palavras.

Retornei à Portugal para te manter viva dentro de mim, e para voltar à você, agora tão perdida para mim. No mundo além mar.

Obrigada por me guiar até aqui, querida Ana. Te amo

For Ana 1920 - 2006

Querida avó,

On the slow train from Lisbon to the north I wonder how it felt for you to travel the other way as a child when you went beyond the sea.

Mundão, in the district of Viseu, is the little town you left behind, full of the friends you never had but longed for while dying of Alzheimer's in Brazil.

When I arrived, I invited the villagers to write postcards to you. They knew you were gone, but they understood a person never really disappears if we carry them in our heart. They told you about their lives as if they were your friends, and about the life you would have had if you'd stayed. In this way we brought you back, together. They were my collaborators and they each had a role to play as the *actors* in the unwritten play of your life. But it was real, too - I even discovered relatives we never knew we had.

You would have loved Mundão. I saw you everywhere. And *yes*, you kept telling me, *keep going, I am here, I am with you*. I looked for your spirit in the faces of the people I met, and found you, again and again.

I had thought, with each year that your mind retreated, you might stop longing for your past. You lost details, facts, but you never lost your longing. After everything else fell away what remained was your *saudades*.

Now I understand it's the unresolved, the un-lived, the unclosed chapters from life that come out as we start to disappear. These unfinished stories hoping for resolution. A broken heart screaming for reconciliation. How I wanted to mend it for you.

We women carry the seeds of each other within us. We carry the immaterial legacy of our families. Instinctively, we share our truths. Body memories held in the bones. A longing held in my cells, and in yours. Our shared *saudade*. Do we carry *saudades* in our bones, Ana?

Was it a transgenerational longing that guided me back to the motherland, the roots of my female lineage? Or was it just the part of you that lives in me?

As a girl I never knew that one day, like you, I would emigrate and feel divided between cultures, always longing for something I couldn't explain in words.

I journeyed back to Portugal to keep you alive within me, and to return to you, now so lost to me. In the mundo *além mar*.

Obrigada for guiding me here, dear Ana. *Te amo*

Adorada prima Ana,

eu te amo, mesmo sem a conhecer, mas os laços de sangue falam mais alto. Como queria estar contigo. Olha querida prima Ana, hoje conheci a tua adorada neta Leticia.

Meu Deus, como amei estar com ela. foi bom demais. Prima Ana, estás sempre em meu coração, também da minha neta Carolina, as duas te damos um abraço forte, do tamanho do Mundo.

Beijos da prima Fatima e neta Carolina.

Querida Ana,

Como está tudo por ai? A minha avó tem saudades tuas e tem falado muitas vezes das vossas historias. Das laranjas e das cantorias. Lembras de quando fomos brincar para a fonte e ficaste com a tua saia vermelha encharcada? Que belos dias!

A avó Maria Eunice envia beijo enorme com muita amizade e carinho.

As tuas amigas Maria Eunice e Margarida.

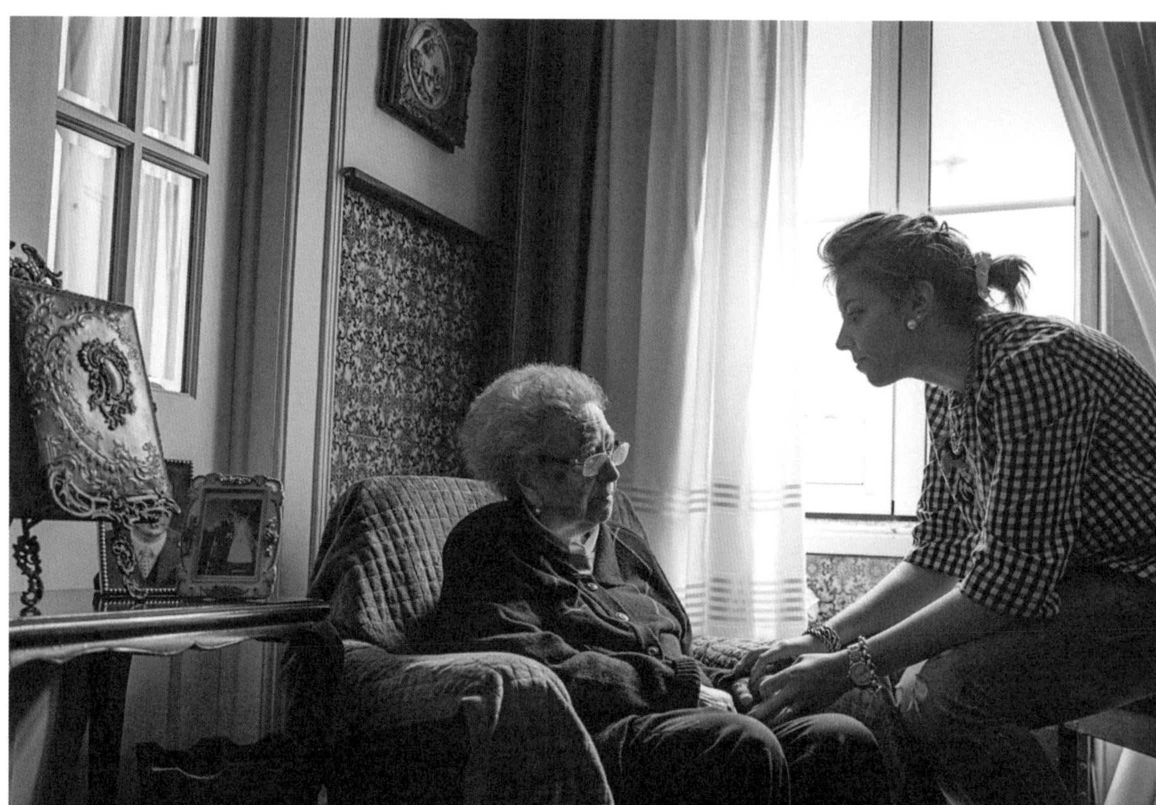

VISEU
VISTA GERAL
Região de turismo Dão Lafões
PORTUGAL

Bilhete Postal

Adorada prima Ana,
eu te amo, mesmo sem
te conhecer, mas os laços
de sangue falão mais alto,
como eu queria, estar contigo,
olha querida prima Ana, hoje
conheci a tua adorada neta
Leticia, Meu Deus, como amei
estar com ela, foi bom demais,
prima Ana, estás sempre
em meu Coração, também
a minha neta Carolina, as
duas te damos um abraço
forte, do Tamanho do Mundo.
Beijos da prima Fatima e neta Carolina

Dear Ana
Querida Ana
À
CRESCENCIANA ESPIRITO
SANTO SABATO
RUA CONSELHEIRO
BROTERO – 1006
SÃO PAULO – SP
BRASIL

Exclusivo TABACARIA ROSSIO

Adored cousin Ana,

I love you, even without knowing you, but the blood ties speak louder. How I wanted to be with you. Look, dear cousin Ana, today I met your beloved granddaughter Leticia.

My God, how I loved being with her. it was so good. Cousin Ana, you are always in my heart, also my granddaughter Carolina, we both give you a big hug, the size of the world.

Kisses from cousin Fatima and granddaughter Carolina.

Viseu
Querida Ana
como está tudo por aí?
A minha avó tem
saudades tuas e tem
falado muitas vezes
das vossas histórias,
das laranjas e das cantorias.
Lembras-te quando fomos
brincar para a fonte e ficaste
com a tua saia vermelha
encharcada? Que belos dias!!
A avó Maria Eunice envia
um beijo enorme com
muita amizade e carinho.
As tuas Amigas Mª Eunice
e Margarida

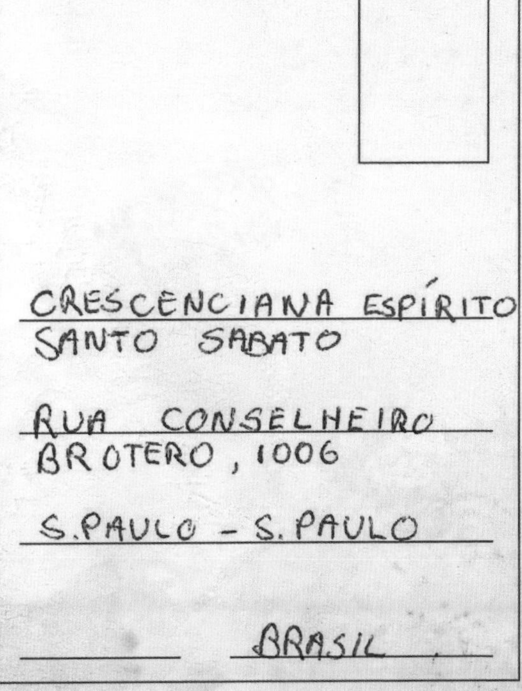
CRESCENCIANA ESPÍRITO
SANTO SABATO
RUA CONSELHEIRO
BROTERO, 1006
S. PAULO – S. PAULO
BRASIL

P O R T U G A L

Dear Ana,

How is everything there? My grandmother misses you and has often talked about your stories. Of the oranges and the singing. Do you remember when we went to play in the fountain and you got your red skirt soaked? What abeautiful day!

Grandma Maria Eunice sends a huge kiss with a lot of friendship and affection.

Your friends Maria Eunice and Margarida.

Ana eu sou o homen mais velho de Mundão pois eu nasci em 1919
23 de Março

Como você eu também vivi no Brasil. Eu gostei muito de estar aí mas vim (de volta) por falta de saude.

Uma abraço Antonio
Antonio Gonçalves Sebastião

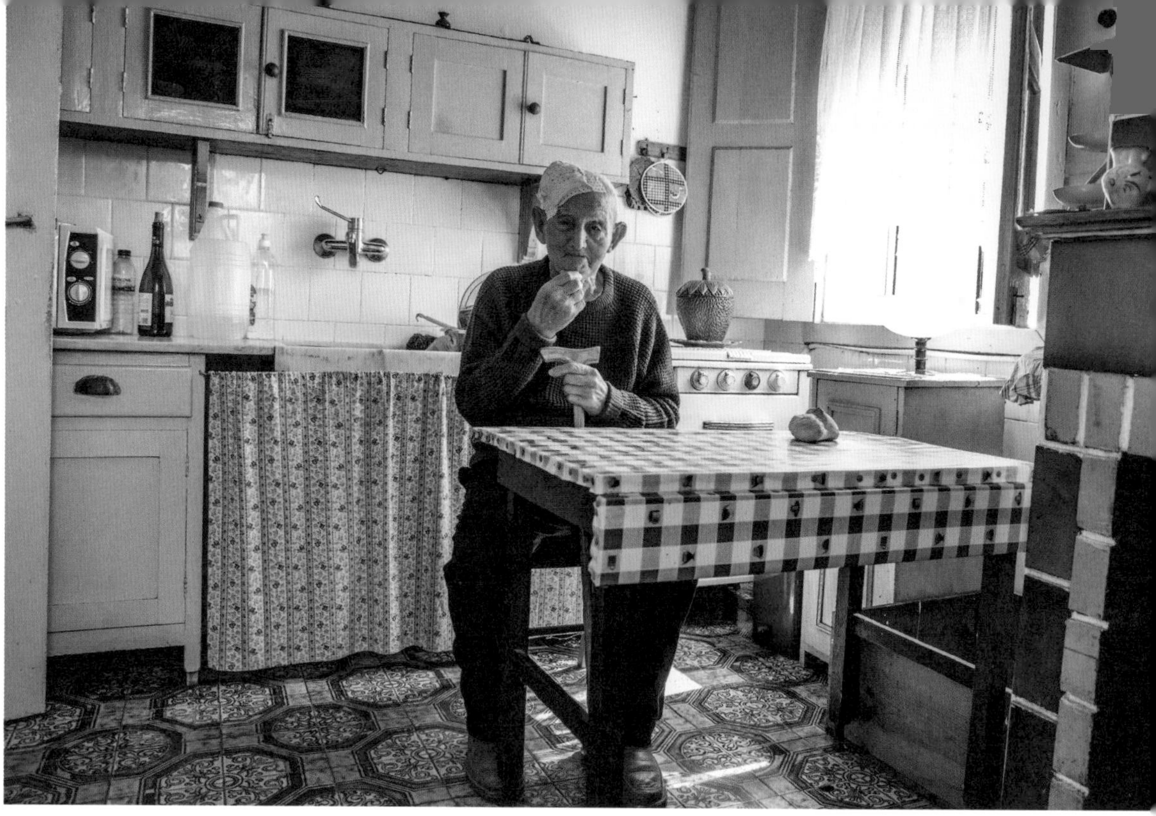

Ana aqui é a
Arminda de Mundão.

Como a senhora eu também perdi um filho jovem. Desta dor a gente nunca se esquece.

Felicidades e um abraço
Arminda Almeida

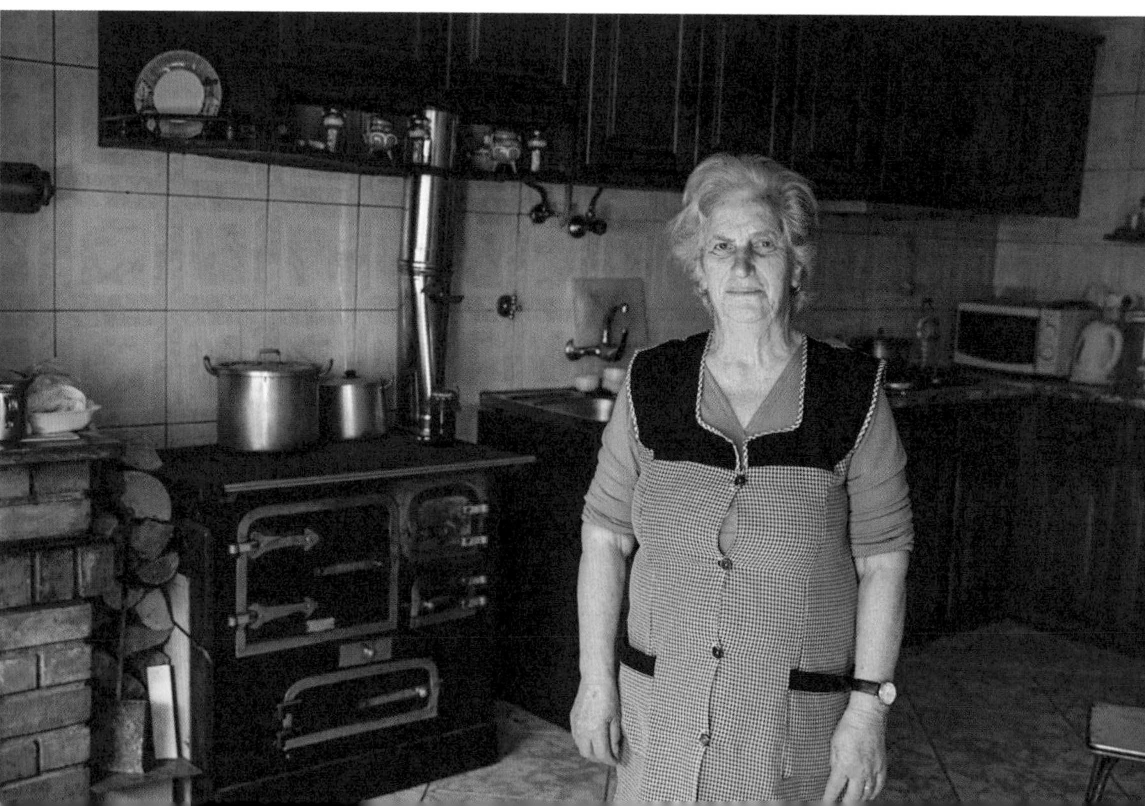

Viseu

Ana eu sou o homem.
mais velho de Mundão
pois eu nasci em 1919
23- de Março
Como você eu tambem
vivi no Brasil eu gosta
muito de estar ai mas
*Antonio Gonçalves Sebastião
vim por falta de
saude um abraço

António

À CRESCENCIANA
ESPÍRITO SANTO

RUA CONSELHEIRO
BROTERO, 1006

S.PAULO - S.P.

BRASIL

P O R T U G A L

Ana I am the oldest man in Mundão because I was born in March 23, 1919

Like you, I also lived in Brazil. I really liked being there but I came (back) due to poor health.

A hug Antonio
Antonio Gonçalves Sebastião

Viseu

Ana aqui é a
Arminda de Mundão
Como a senhora
eu tambem perdi um
filho jovem
Desta dor a gente
nunca se esquece
Felicidades e um abraço

Arminda Almeida

À CRESCENCIANA
ESPÍRITO SANTO

RUA CONSELHEIRO
BROTERO, 1006

S.PAULO - S.P.

BRASIL

P O R T U G A L

Ana here is
Arminda de Mundão.

Like you, I also lost a young son. We never forget this pain.

Best wishes and a hug
Arminda Almeida

Querida Ana,

Aqui é a Eduarda Custodia e Senhor Antonio.

Estamos casados a cinquenta e seis anos a vida aqui em Mundão é bela mas eu sinto muitas saudades de antigamente, Ai Jesus como era bom. Eu tento esquecer mas não posso nunca mais.

Abraços Eduarda

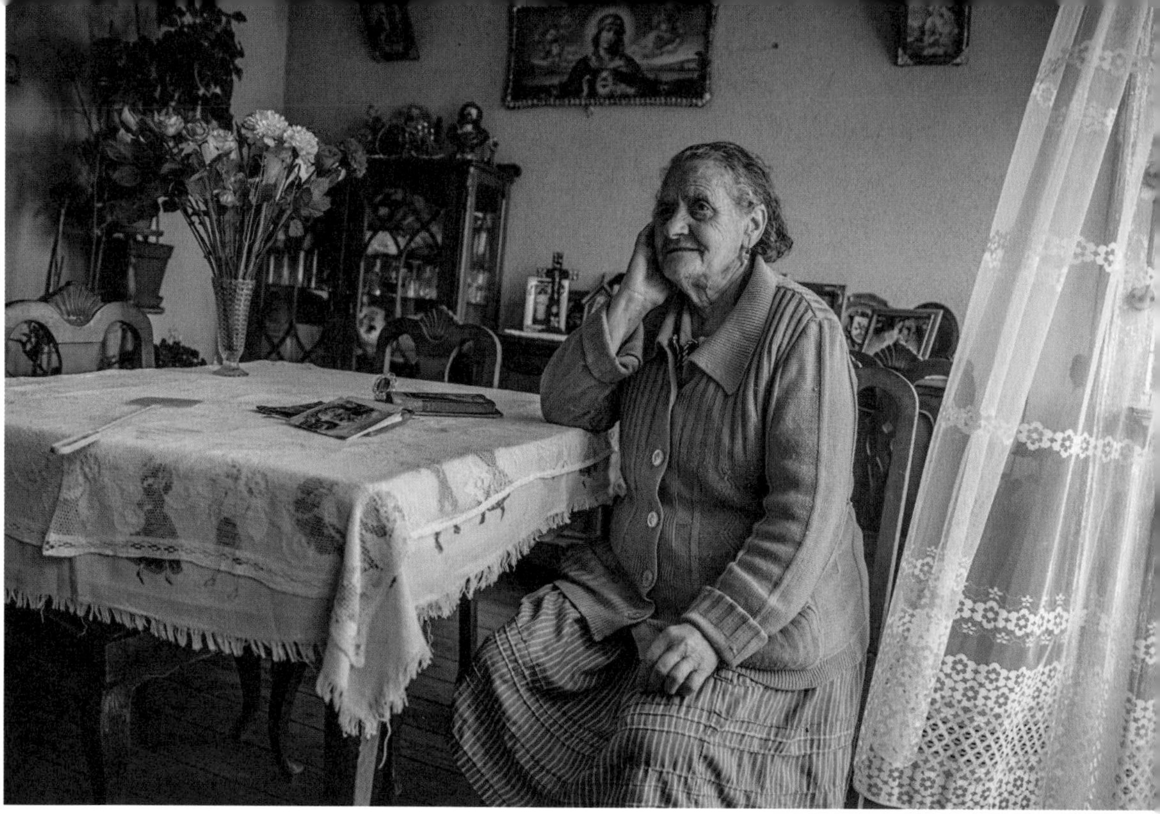

Olá Ana aqui é a Beatriz.

Se viesses a Mundão ias ver a nossa Igreja que deixastes em pequeninha. Os altares estão dourados pelo meu tio António Lopes. Eu moro atrás da nossa igreja.

Um abraço muito grande desta tua amiga Beatriz

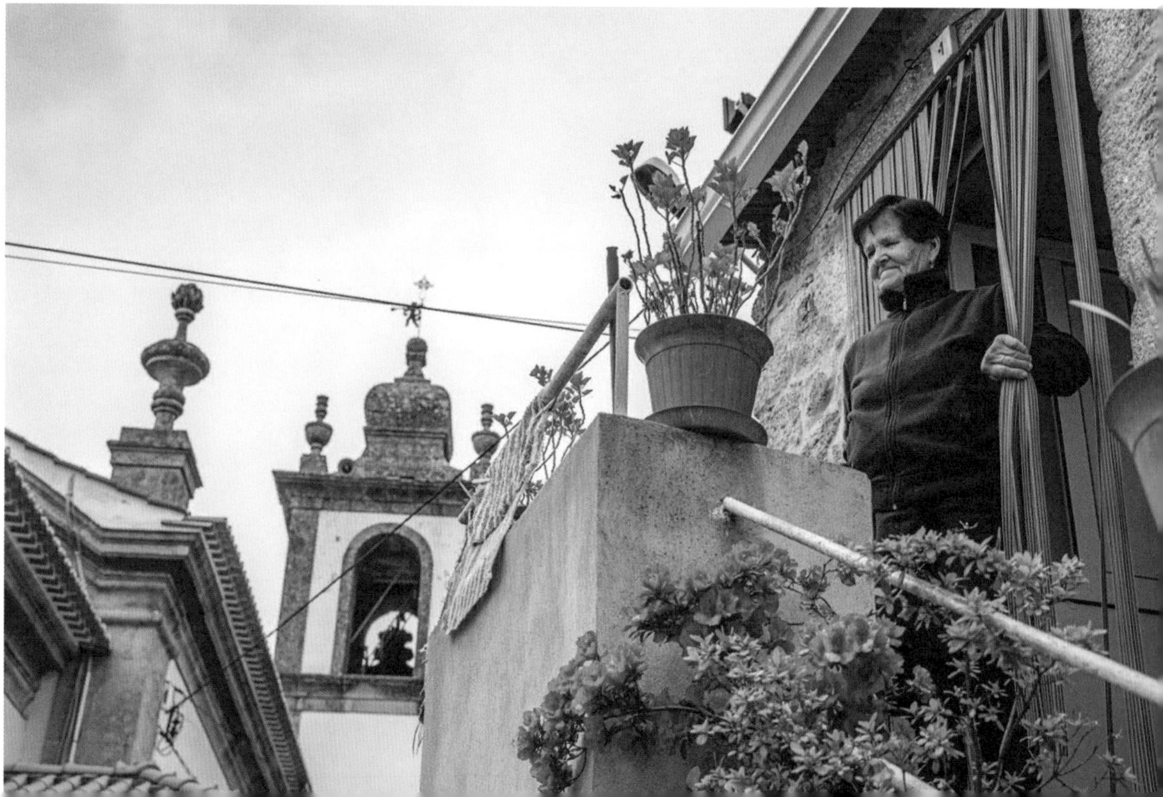

Querida Ana

Aqui é Eduarda
Custodia e Senhor Antonio
estamos casados à cincuen
tasseis anos a vida aqui
em Mundão e bela mas eu
sinto muintas saudades
de antigamente. em
Jesus como era bom.
eu tento esquecer
mas não passo nuca
mais abraços Eduarda

À
CRESCENCIANA
ESPÍRITO SANTO

RUA CONSELHEIRO
BROTERO, 1006

SPAULO - S.P.
BRASIL

Dear Ana,

This is Eduarda Custodia and Senhor Antonio.

We have been married for fifty-six years. Life here in Mundão is beautiful but I miss the past so much. Oh Jesus, how good it was.
I try to forget but I will never again.

Hugs Eduarda

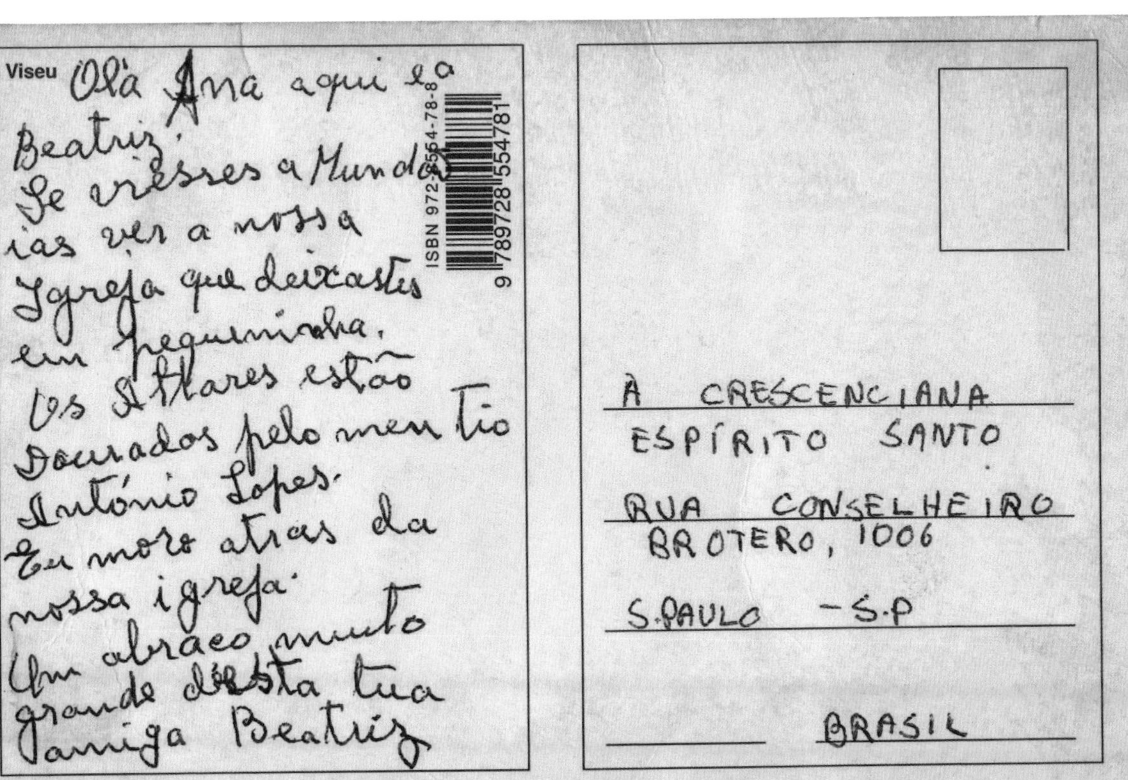
Viseu

Olá Ana aqui é a
Beatriz.
Se viesses a Mundão
ias ver a nossa
Igreja que deixastes
em pequeninha.
Os Altares estão
Dourados pelo meu Tio
António Lopes.
Eu moro atras da
nossa igreja.
Um abraço muito
grande desta tua
amiga Beatriz

ISBN 972-8554-78-8
9 789728 554781

À CRESCENCIANA
ESPÍRITO SANTO
RUA CONSELHEIRO
BROTERO, 1006
S.PAULO - S.P
BRASIL

PORTUGAL

Hi Ana, this is Beatriz.

If you came to Mundão you would see our Church that you left as a little girl. The altars are gilded by my uncle António Lopes. I live behind our church.

A very big hug from
your friend
Beatriz

Oi Ana,

Aqui estamos
Francisco e Clarinda
casados há 32 anos
depois que minha primeira
esposa faleceu aos 48
anos me deixando com
5 filhos pequenos em
São Pedro de França.

hoje vivo em Mundão pois
aqui criei os filhos

Abraços
Francisco

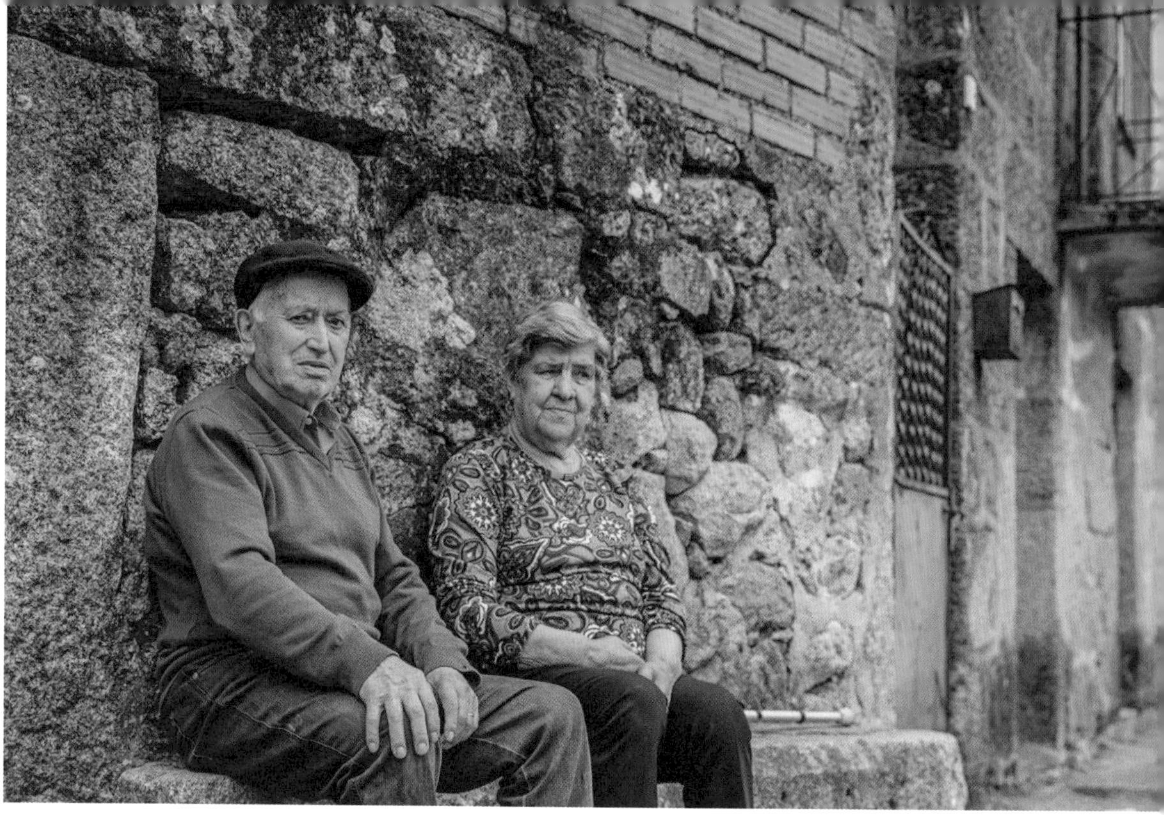

Ana não tens saudades de
Mundão? Quando cá
vens ver a tua terra?

Se vieres cá já não
conheces Mundão.

Eu tenho muita
saudades tuas

Muitos beijnhos desta
tua amiga Cidalia

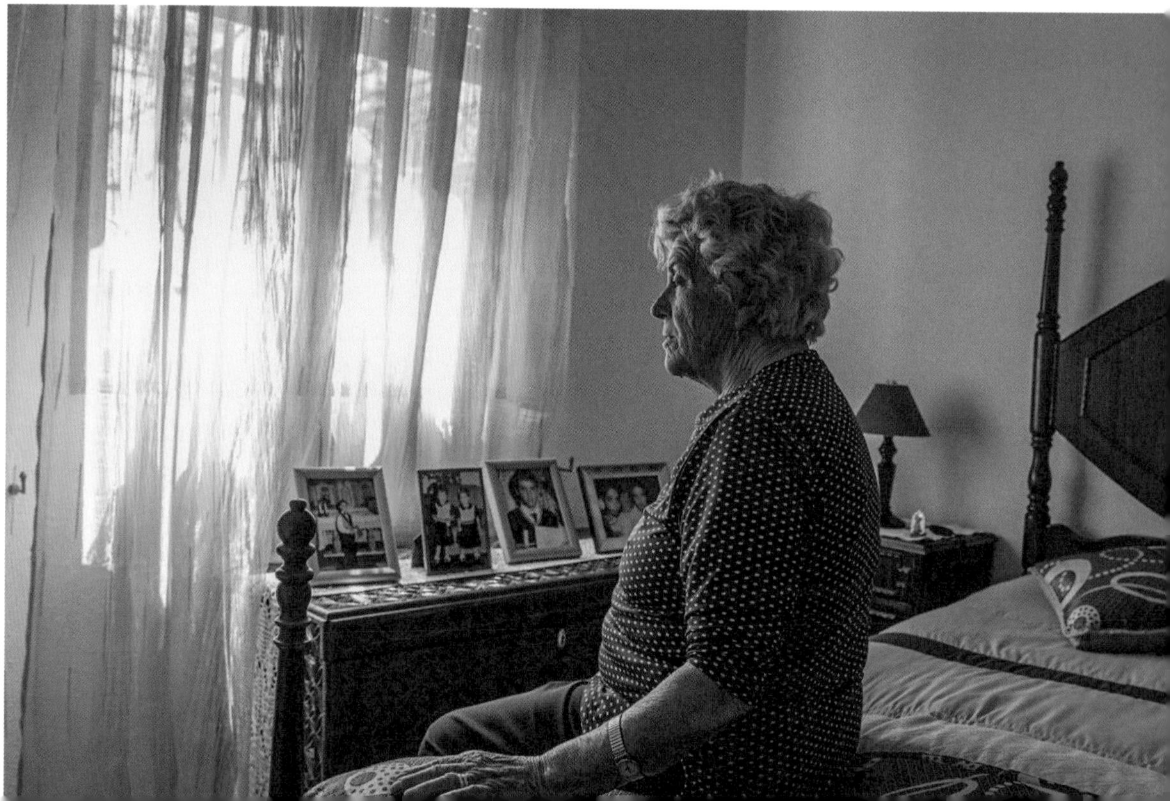

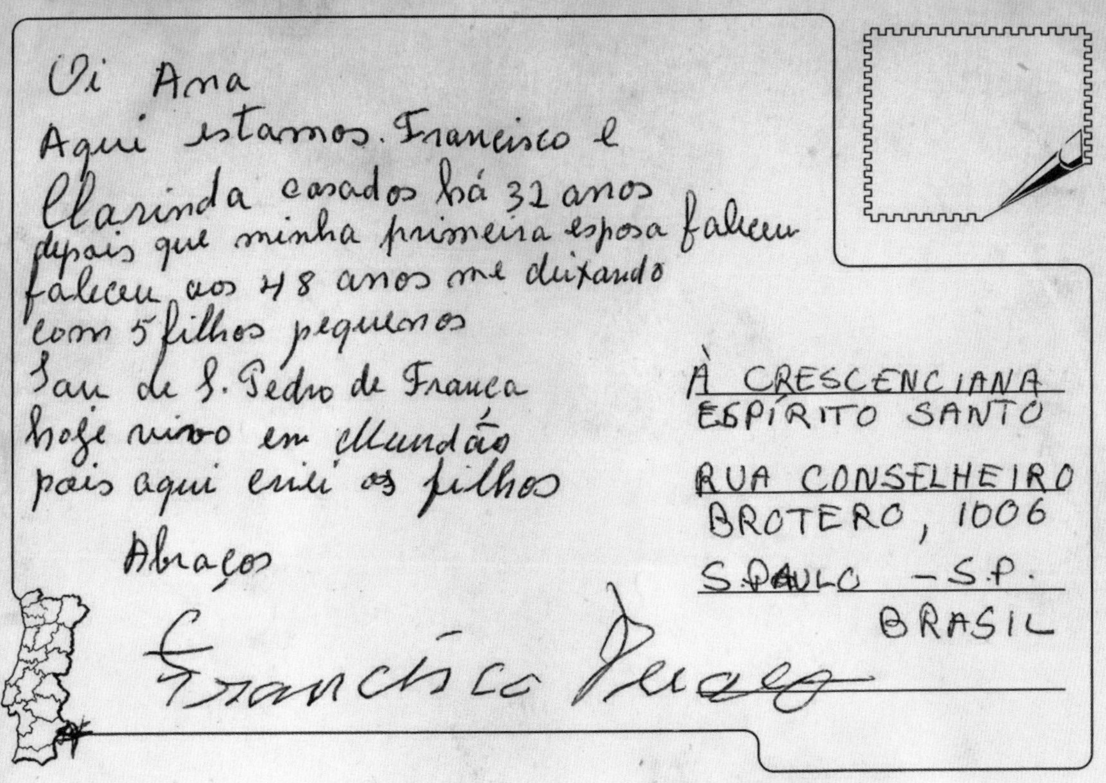
Oi Ana
Aqui estamos. Francisco e
Clarinda casados há 32 anos
depois que minha primeira esposa faleceu
faleceu aos 48 anos me deixando
com 5 filhos pequenos
Sou de S. Pedro de França
hoje vivo em Mundão
pois aqui criei os filhos
Abraços
Francisco

À CRESCENCIANA
ESPÍRITO SANTO
RUA CONSELHEIRO
BROTERO, 1006
S.PAULO - S.P.
BRASIL

Hi Ana

Here we are Francisco and Clarinda, married for 32 years after my first wife passed away at the age of 48 leaving me with 5 small children in São Pedro de França

Today I live in Mundão because here I raised my children

Hugs
Francisco

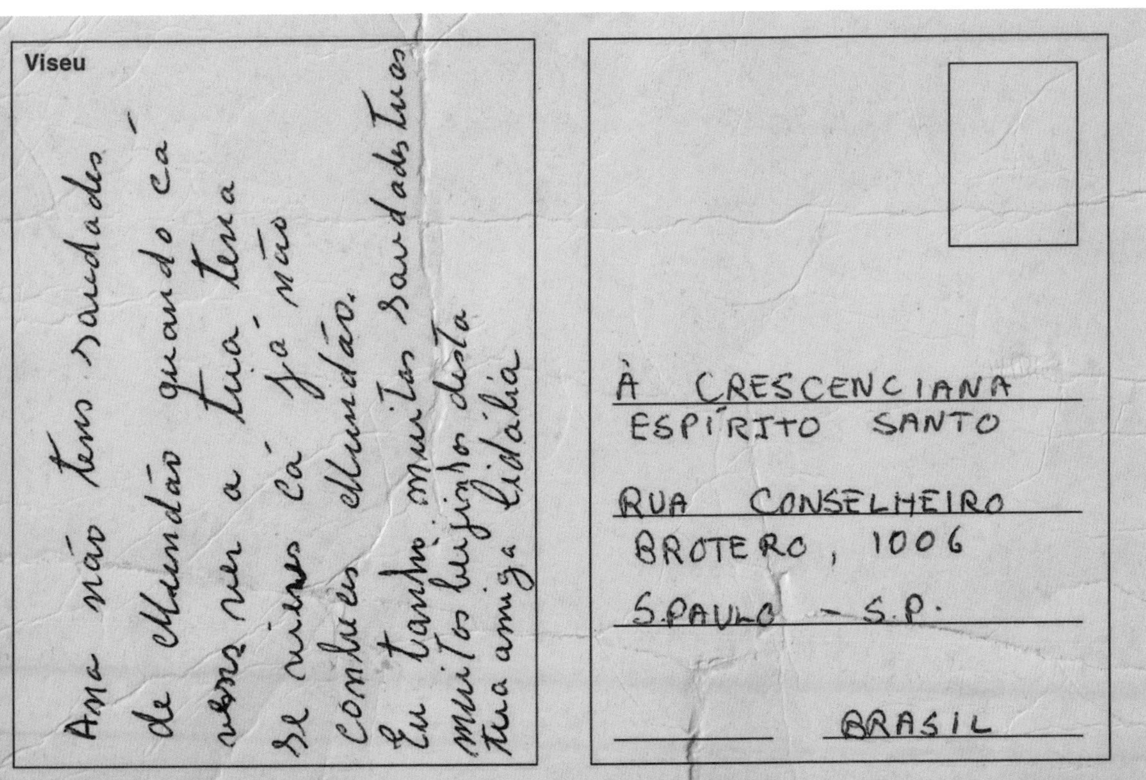
Viseu

Ana não tens saudades
de Mundão quando cá
vens ver a tua terra
se vieres cá já não
conheces Mundão.
Eu tenho muitas saudades tuas
muitos beijinhos desta
tua amiga Cidália

À CRESCENCIANA
ESPÍRITO SANTO
RUA CONSELHEIRO
BROTERO, 1006
S.PAULO - S.P.
BRASIL

PORTUGAL

Ana don't you miss Mundão? When are you coming here to see your land?

If you come here you would no longer recognise Mundão.

I miss you lots.

Many kisses
your friend Cidalia

Olá Sra Ana,

Aos 14 anos andei a costurar e nunca parei. O dinheiro que ganhava na costura era para a minhã mãe comprar a sardinha. Naquele tempo passava-se muito mal. (de fome)

Espero que seja feliz no Brasil.

São os votos da Albina

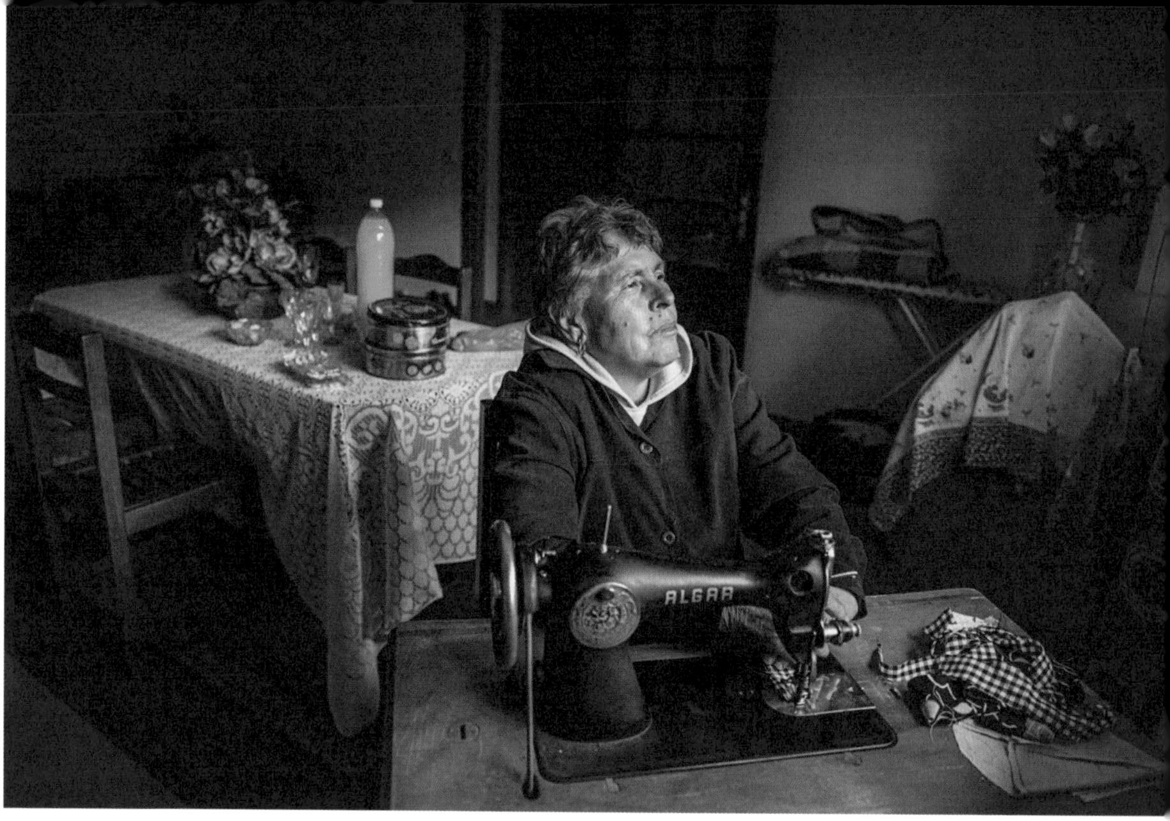

Olá Ana!

Diferente da senhora eu nunca saí da minha terra 'Mundão'

Tive três filhos, sendo um deles a minha filha, nasceu em casa. Construí a minha casa, com sacrifício.

Quando em nova trabalhei 4 anos num sanatório. Desde então trabalho no campo, eu e o meu marido, até os dias de hoje.

Beijinhos com muitas saudades Madalena e José

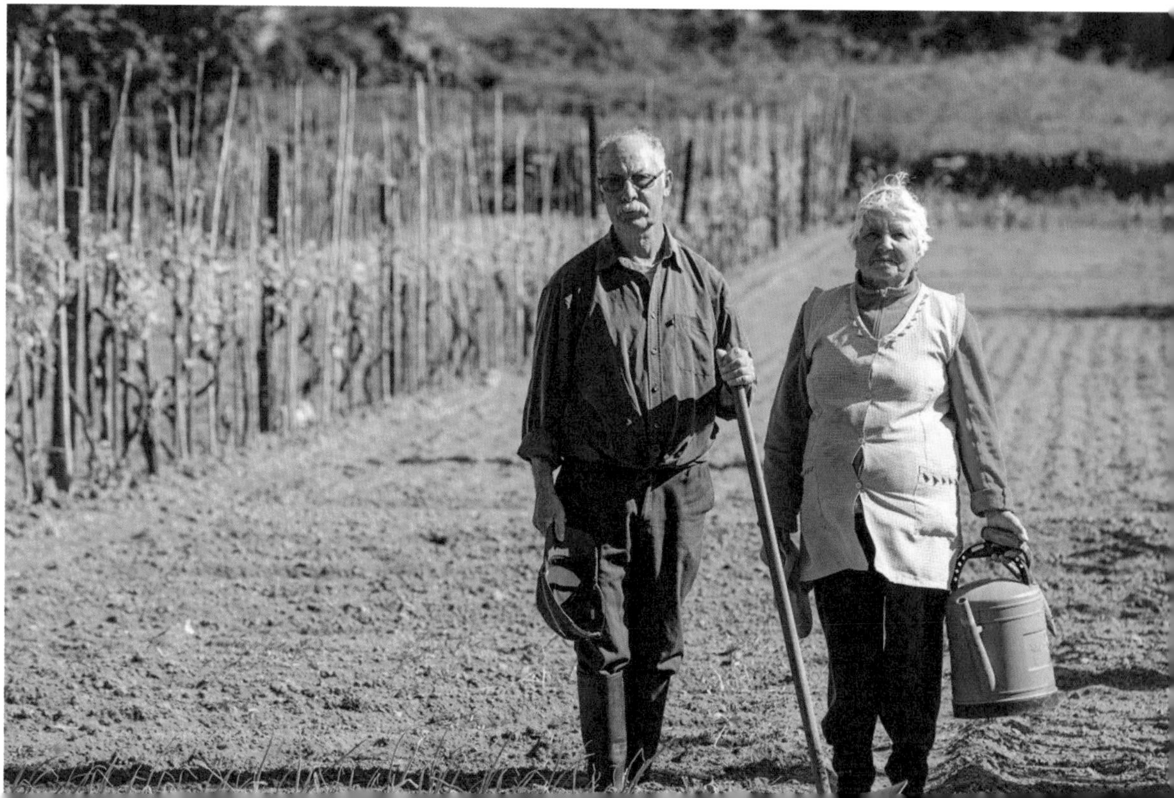

'A
CRESCENCIANA ESPÍRITO
SANTO SABATO
RUA CONSELHEIRO
BROTERO, 1006 S.P
S.P
Brasil

Olá Sr.a Ana
aos 14 anos andei a costurar
e nunca parei. O dinheiro
que ganhava na costura era
para minha mãe comprar a
sardinha naquele tempo
passava-se muito mal
espero que seja feliz no
Brasil são os votos da Albina

Hello Mrs. Ana,

At the age of 14 I started sewing and never stopped. The money I earned in sewing was for my mother to buy sardines. At that time, it was very bad. (From hunger)

I hope you are happy in Brazil.

Albina vows

Olá Ana!
Diferente da senhora eu
nunca saí da minha terra "Mundão"
Tive três filhos, sendo um deles
a minha filha, nasceu em casa.
Construí a minha casa com
sacrifício. Quando era nova
trabalhei 4 anos num Sanatório,
desde então trabalho no campo,
eu e o meu marido, até aos
dias de hoje.

Beijinhos, com muitas
saudades. Madalena José

À CRESCENCIANA
ESPÍRITO SANTO
RUA CONSELHEIRO
BROTERO, 1006
S.PAULO - SP.
BRASIL

Hello Ana!

Unlike you, I never left my land 'Mundão'

I had three children, one of whom was my daughter, born at home. I built my house, with sacrifice.

When I was young I worked 4 years in a sanatorium. Since then I have been working in the field, with my husband, until today.

Kisses with much saudades
Madalena and José

Olá Ana,

Sou Virginia de Jesus Paês Almeida. Nascida em Mundão 1930 filha de Perpetua Jesus.

Os meus tios foram para o Brasil e nunca mais os vi. Um deles era meu padrinho o José. Mandava dinheiro de vez em quando.

Beijinhos da tua amiga
Virginia Jesus Paes Almeida

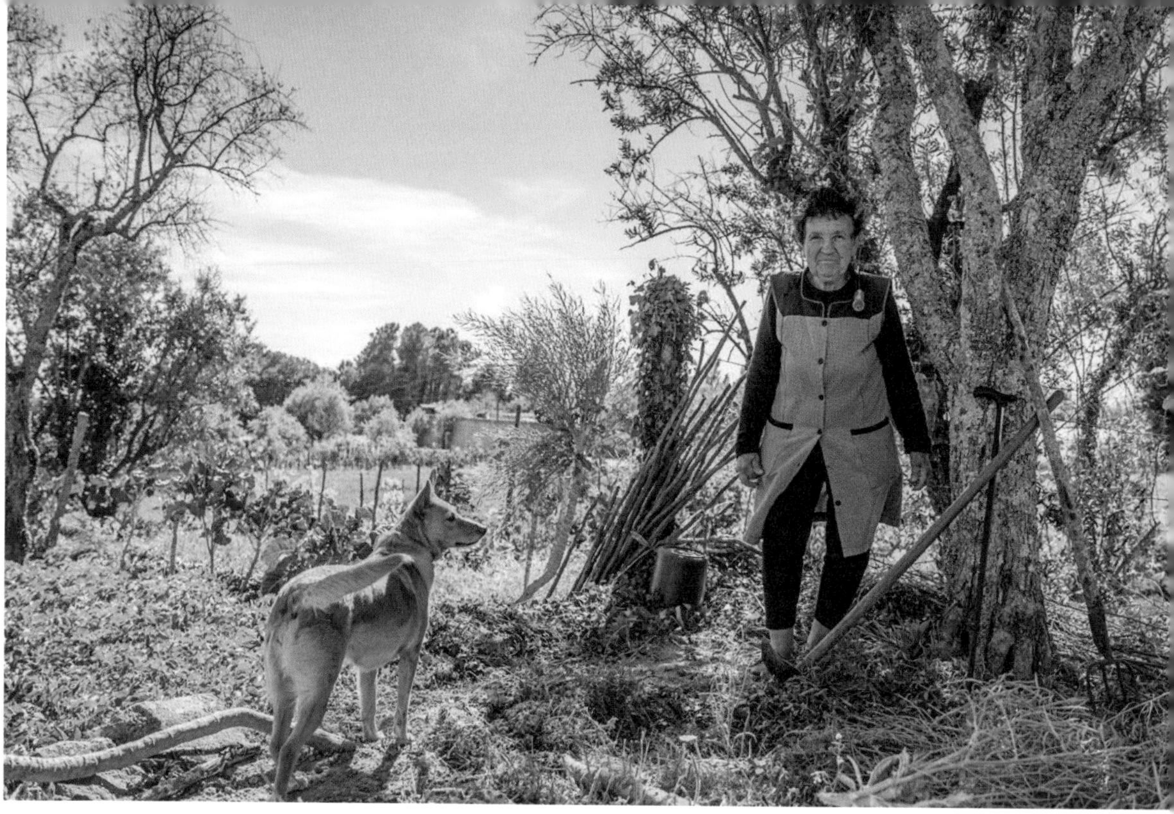

Querida Ana,

A vida troca-nos as voltas, cá estou eu brasileira, com minha filha Rafaela que nasceu cá. E você portuguesa a viver no Brasil.

Com certeza ias adorar viver em Mundão atualmente, onde nos sentimos muito bem acolhidas. Espero que tenhas sido bem recebida como nós, cá me sinto em casa.

Beijos
Rose

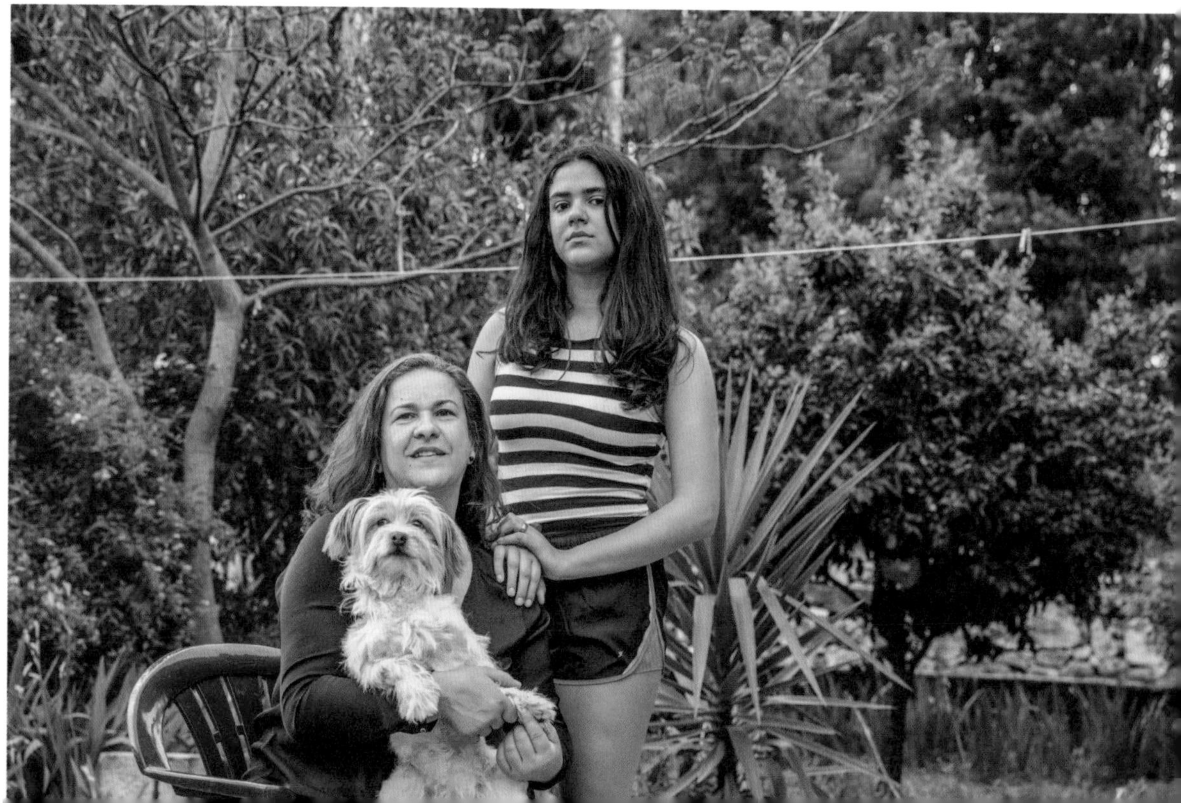

Olá Ana
Sou Virgina Jesus
Paês Almeida
Nascida em Mundão 1930
filha de Perpetua Jesus.
Os meus tios foram para
o Brasil e nunca mais os
vi. Um deles era meu
padrinhos o José. Mandavam
dinheiro de vez enquando
Beijinhos da tua amiga
Virginia Jesus Paes Almeida

À
CRESCENCIANA
ESPÍRITO SANTO
RUA CONSELHEIRO
BROTERO, 1006
SPAULO - S.P.
BRASIL

Hello Ana,

I'm Virginia Jesus Paês Almeida. Born in Mundão 1930 to Perpetua Jesus.

My uncles went to Brazil and I never saw them again. One of them was my godfather José. He sent money from time to time.

Kisses from your friend
Virginia Jesus Paes Almeida

Viseu

Querida Ana,

A vida trocou-nos as voltas, cá estou eu brasileira, com minha filha Rafaela que nasceu cá. E você portuguesa a viver no Brasil. Com certeza ias adorar viver em Mundão atualmente, onde nos sentimos muito bem acolhidas, espero que tenhas sido bem recebida como nós, cá me sinto em casa.

Bjs Rose

À
CRESCENCIANA
ESPÍRITO SANTO
RUA CONSELHEIRO
BROTERO, 1006
SPAULO - SP
BRASIL

PORTUGAL

Dear Ana,

We exchanged lives, here I am Brazilian, with my daughter Rafaela who was born here. And you Portuguese living in Brazil.

You would certainly love to live in Mundão today, where we feel very welcomed. I hope you have been well received like us, I feel at home here.

Kisses
Rose

Olá Ana,

Fui carteiro 36 anos e agora estou reformado à 22 anos. Eu e Maria Alzira ainda andamos a cuidar da agricultura. Ela ainda passeia com a sua mota.

Tive um irmão no Brasil que nunca voltou.

Abraços do seu irmão
José Carteiro

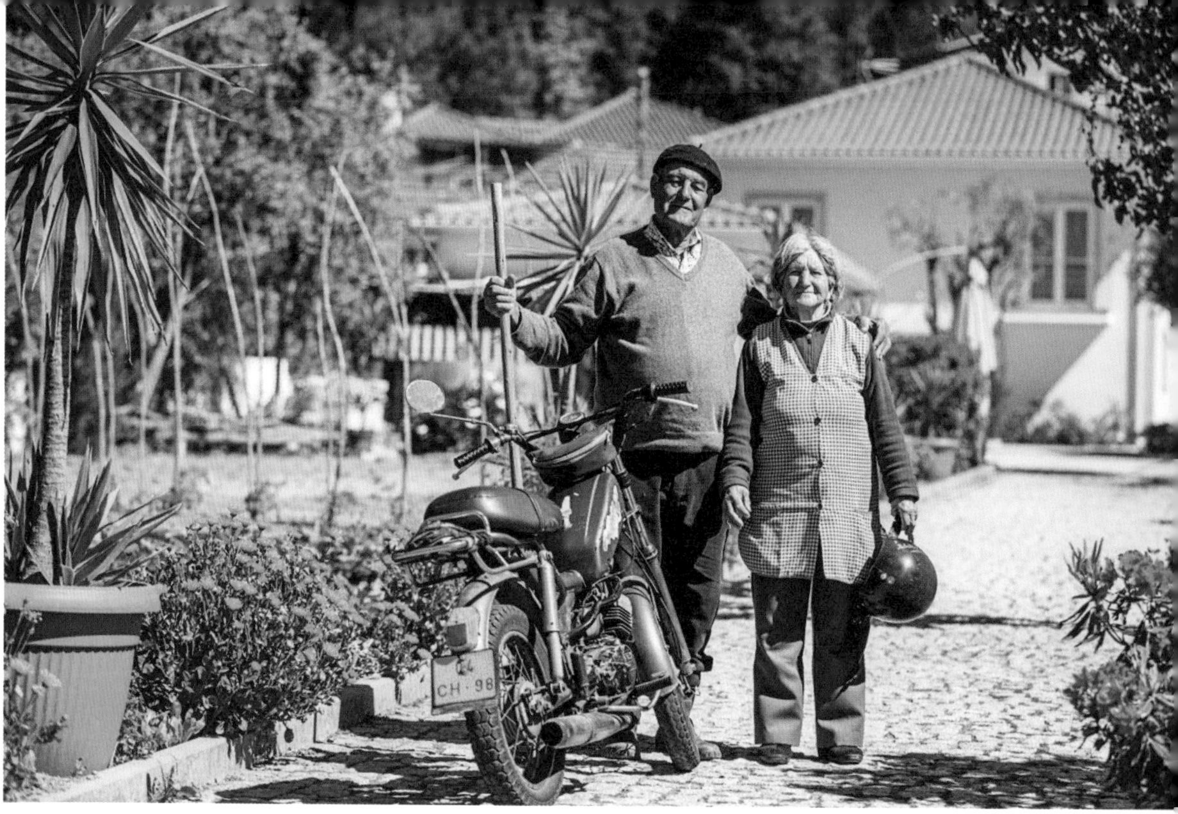

Olá Ana,

Maria Alzira aqui

Eu e o meu marido fizemos uma grande vida. Casei com 15 anos quando me chamaram de meio homem. A minha mãe morreu cedo.

Espero que esteja tudo bem no Brasil

Maria Alzira da Silva Pereira

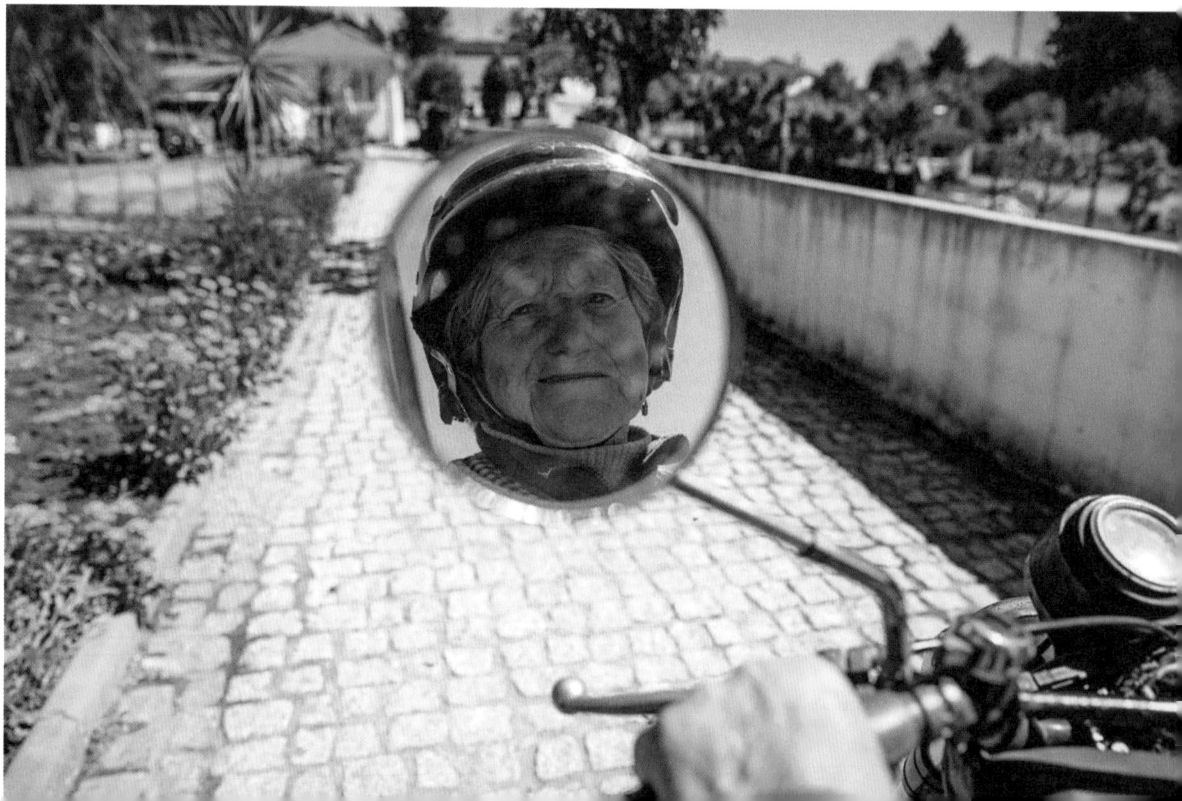

Ola Ana fui carteiro
36 anos e meio e agora
estou reformado à
22 anos. Eu e Maria
Alzira ainda andamos
a cuidar da agricultura.
Ela ainda passeia
com a sua Mota.
Tive um irmão no
Brasil que nunca
voltou. Abraços.
do seu irmão José
Carteiro

À Crescenciana E. Santo Sabato
Rua Conselheiro
Brotero, 1006
Santa Cecília
S.Paulo-SP-Brasil

Hello Ana

I was a postman for 36 years and now I'm retired for 22 years. Maria Alzira and I are still taking care of agriculture. She still rides her bike.

I had a brother in Brazil who never came back.

Hugs from your brother
José Postman

Olá Ana, Maria Alzira aqui
eu e o meu marido fizemos
uma grande vida. Casei com
15 anos quando me chamavão
meio-homem. a minha mãe
morreu cêdo.
ispero que esteja tudo bem
no Brasil

Maria Alzira da Silva Pereira

À
CRESCENCIANA
ESPIRITO SANTO
RUA CONSELHEIRO
BROTERO, 1006
SPAULO - SP.
BRASIL

Hello Ana,

Maria Alzira here

My husband and I had a great life. I married at the age of 15 when they used to call me half a man. My mother died early.

I hope everything is fine in Brazil

Maria Alzira da Silva Pereira

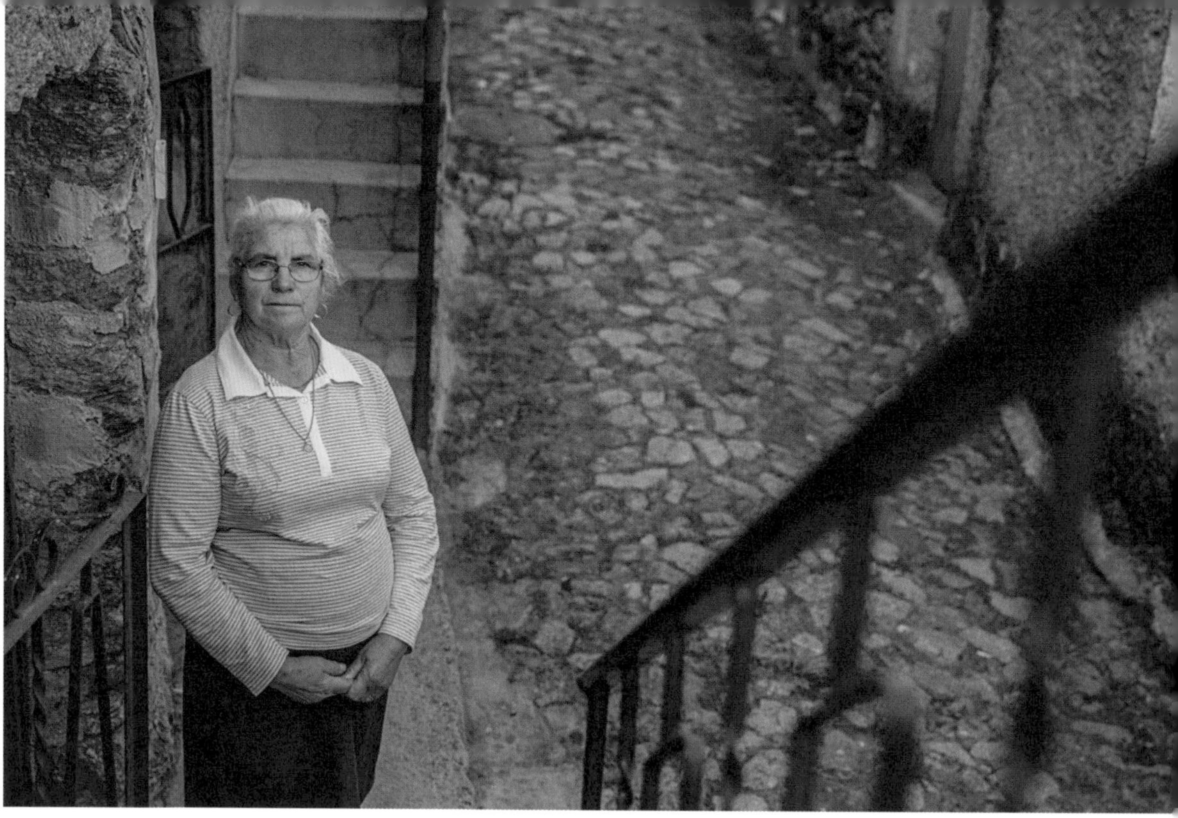

Ana como deve ter muita pena de não ter vindo a Portugal. Isto aqui é muito bonito aqui no Casal, uma povoação muito bonita e muito sossegada.

Muitos beijinhos para a senhora Ana todos os seus
Mercês Silva Santos

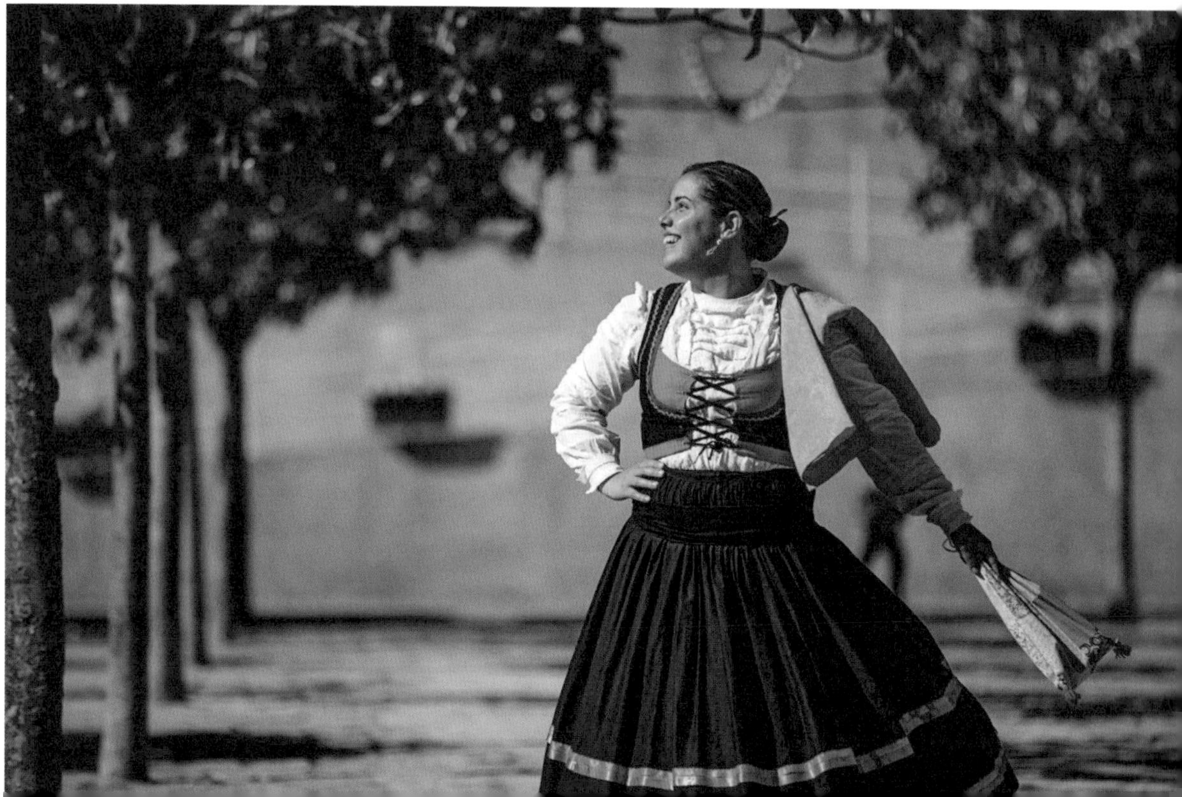

Querida Dona Ana,

Como o tempo passa, tudo muda...mas acredito que o seu amor pela sua terra perdure tal qual o meu. Eu por cá, mantenho-me fiel às tradições, às danças e aos cantares do seu tempo. É sempre tão bom, tão gratificante fazê-lo de todo o meu coração.

Teria muito para lhe contar mas as memórias ficarão eternizadas no nosso coração.

Com carinho Liliana!

Ana como deve ter muita
pena de não ter vindo a Portugal
isto aqui é muito bonito aqui é
Casal uma Povoação muito
bonita e muito sossegada muitos
beijinhos para a Senhora
e para todos os seus

Mercês Silva Santos

À
CRESCENCIANA
ESPÍRITO SANTO

RUA CONSELHEIRO
BROTERO, 1006

S.PAULO - S.P.
BRASIL

(Sig 10)

Ana how you must feel sorry for not having come to Portugal. It is very beautiful here in Casal, a very beautiful and very peaceful village.

Many kisses for you senhora. Ana and all of yours
Mercês Silva Santos

Querida D. Ana,
Como o tempo passa, tudo
muda ... mas acredito que o
seu amor pela sua terra
perdure tal qual o meu.
Eu por cá, mantenho-me
fiel às tradições, às danças
e aos cantares do seu tempo.
É sempre tão bom, tão gratificante
fazê-lo de todo o meu coração.
Teria muito para lhe contar,
mas as memórias ficarão
eternizadas no nosso coração.

BRASIL
CRESCENCIANA E.S. SABATO

Com
Carinho
Liliana!

Endereço:
Rua Conselheiro
Brotero - 1006
SP/SP.

Dear Dona Ana,

As time goes by, everything changes… but I believe that your love for your land endures just like mine. Here, I remain faithful to traditions, dances and sing of your time. It is always so good, so rewarding to do it with all my heart.

I would have a lot to tell you, but the memories will stay forever in our hearts.

With affection
Liliana!

Olá Sra Ana!

Como vai essa saúde? Espero que esteja tudo bem consigo. Tenho pena de não a conhecer pessoalmente, só por foto, mas dá para ver, que a senhora deve ser boa pessoa. O meu pai é da sua idade também nasceu em 1920. Ele foi o fundador do Rancho Folclórico de Mundão e como não podia deixar de ser, deixou-me esta herança para eu lhe dar continuidade, Então eu cá tomo conta do nosso Rancho Folclórico juntamente com o meu marido, filhas neta e genro. É muito salutar manter vivas as tradições da minha e da sua terra natal. Espero um dia ir visita-la no Brasil

Beijinhos da sempre amiga Eufêmia.

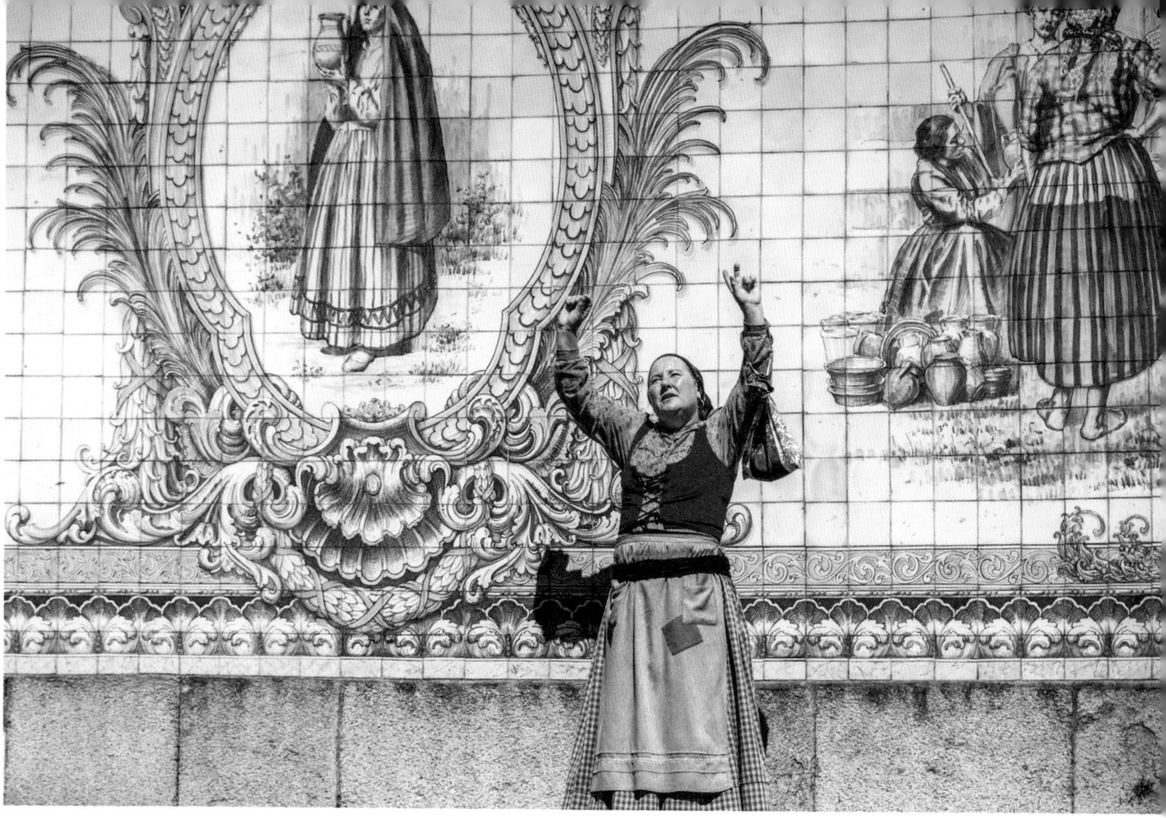

Eu Manuel Campos venho por este meio contatar como familiar de Arthur Luis mais direto neto.

Venho ligar-me como vosso familiar. Aguardo resposta e faço o convite de nos visitar e vir à sua terra natal.

Campos

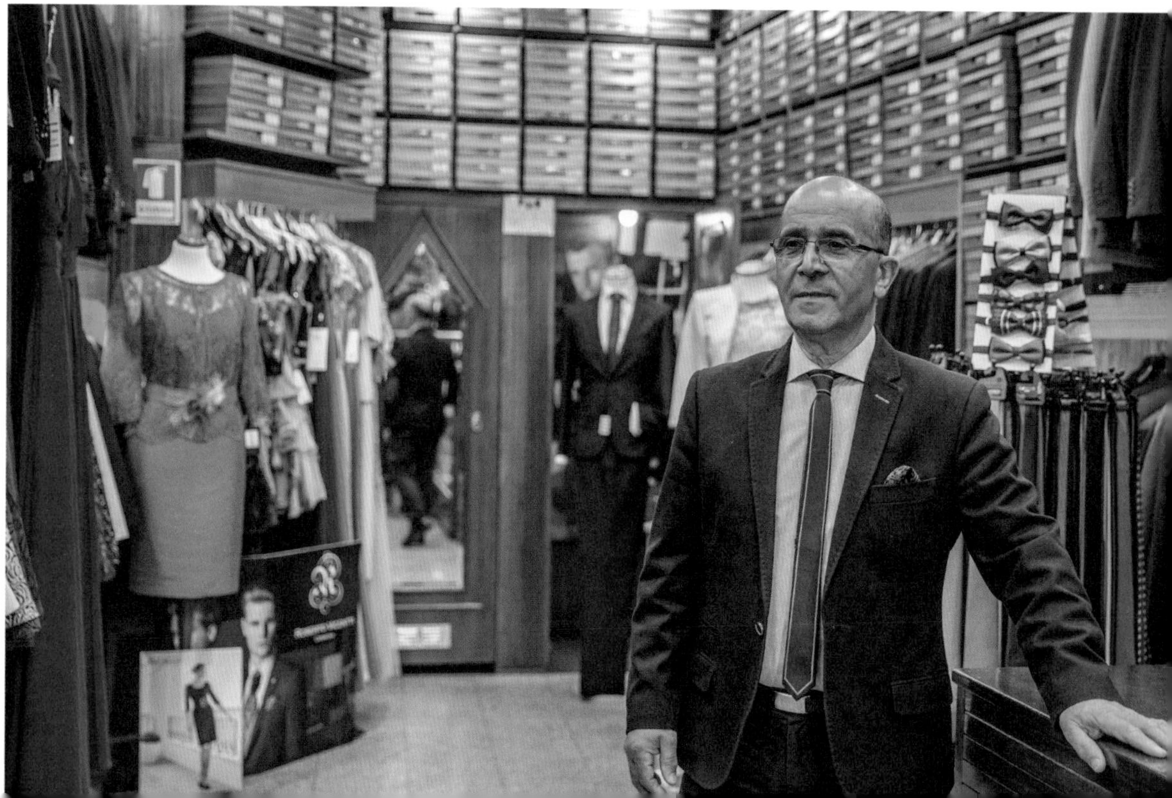

Mundão, 1 de Maio 2017

Olá Sra Ana!

Como vai essa saúde? espero que esteja tudo bem consigo.

Tenho pena de não a conhecer pessoalmente, só por foto, mas dá para ver, que a Senhora deve ser boa pessoa. O meu pai é da sua idade também nasceu em 1920. Ele foi o fundador do Rancho Folclórico de Mundão e como não podia deixar de ser, deixou-me esta herança para eu lhe dar continuidade. Portanto eu cá tomo conta do nosso Rancho Folclórico juntamente com o meu marido, filhas, neta e genro. É muito salutar manter vivas as tradições da nossa terra natal. Espero um dia ir visitá-la ao Brasil.

Beijinhos da sempre amiga Eufémia

Hello Mrs. Ana!

How is your health? I hope everything is fine with you. I feel sorry for not having met you in person yet, just by photo, but one can see that you must be a good person. My father is your age, he was also born in 1920. He was the founder of the Rancho Folclórica de Mundão and, as it should be, he left this legacy for me to continue it. So I take care of our Rancho Folclórico together with my husband, daughters, granddaughter and son-in-law. It is very healthy to keep the traditions of our homeland alive. I hope to visit you in Brazil one day.

Kisses from the always your friend Eufêmia.

MUNDÃO - MAIO - 2017

EU MANUEL CAMPOS VENHO POR ESTE MEIO CONTATAR COMO FAMILIAR DE ARTUR LUIS MAIS DIRETO NETO, VENHO LIGAR-ME COMO VOSSO FAMILIAR. AGUARDO RESPOSTA. E FAÇO O CONVITE DE NOS VIZITAR E VIR À SUA TERRA NATAL. CAMPOS

À
CRESCENCIANA ESPIRITO SANTO
RUA CONSELHEIRO BROTEROS 1006
S. PAULO - S.P.
BRASIL

I, Manuel Campos, hereby come in contact via this card as Arthurs Luis's family and most direct grandson.

I come to connect myself as your relative. I await an answer and invite you to visit us and come to your homeland.

Campos

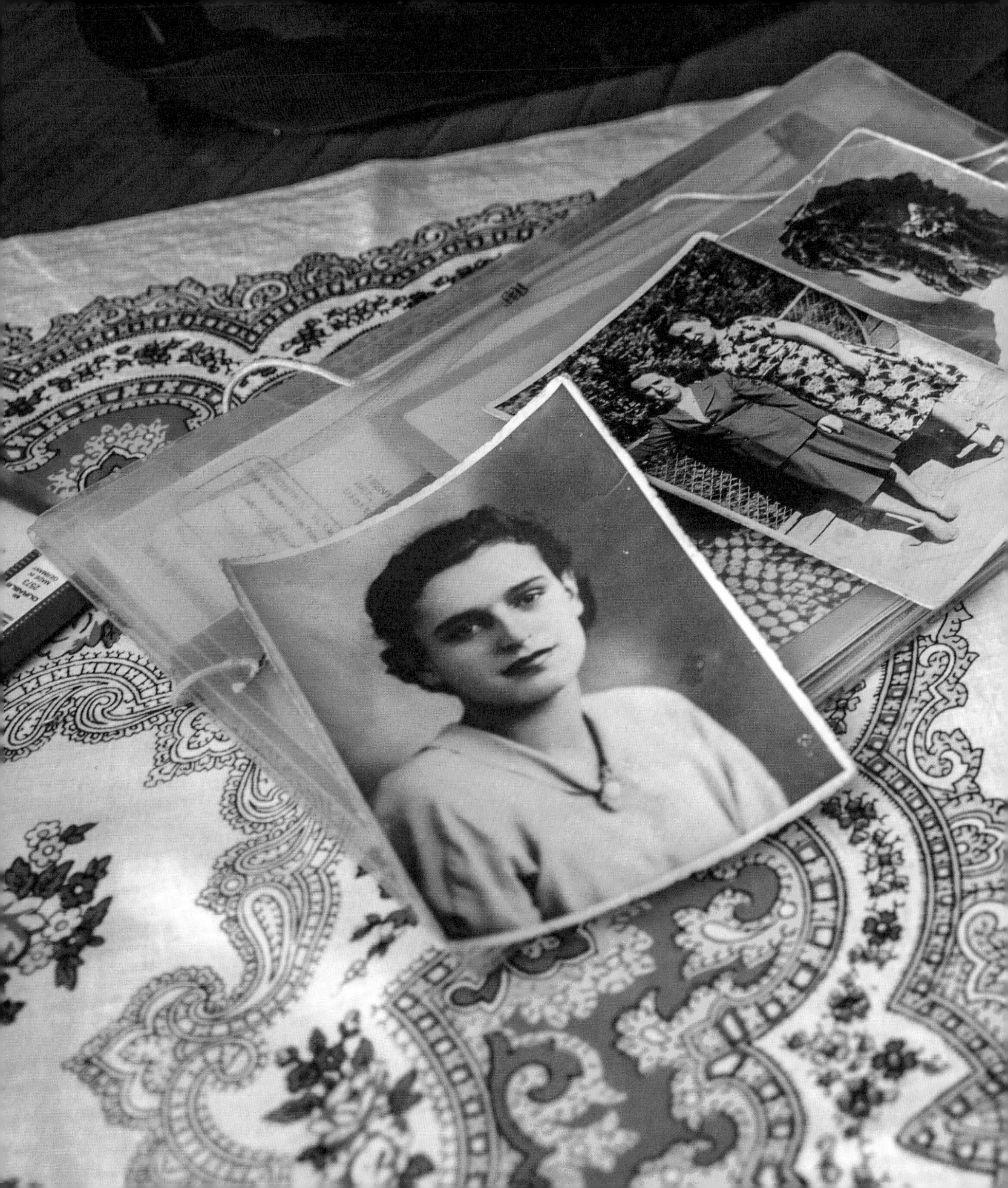

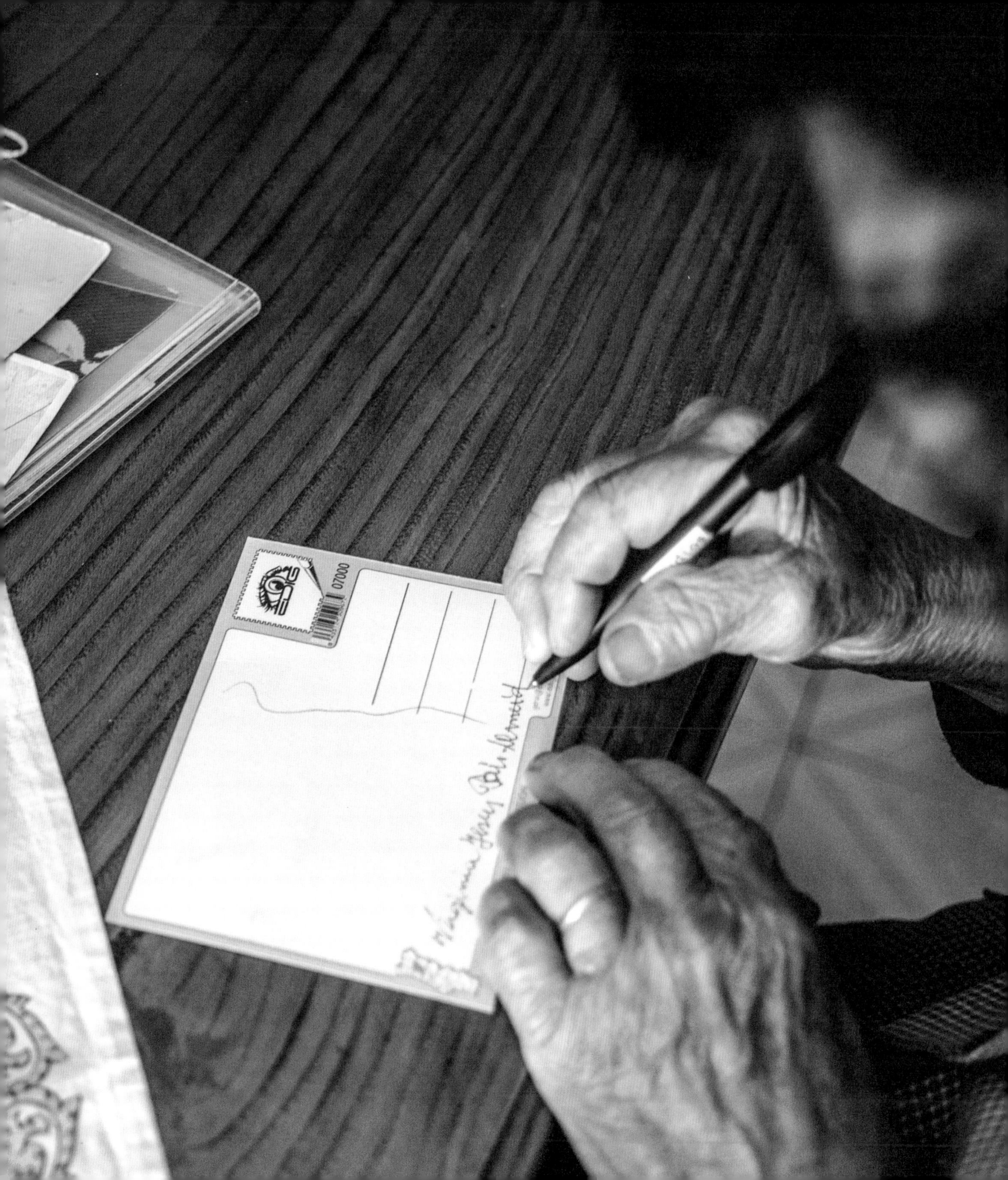
07000

Time goes only one way. We are born,
grow old and die.
To not die, to tie time
to the fence post. That's the science of poetry:
Tying time to the fence post!
Manoel de Barros

This book is a love letter to the roots of the world, securing our navel to the earth so that we can remain in that world, a restless mission to fight against forgetfulness, combining with a wild truth, a truth that is soon to erupt, when all shall be revealed about the future of the world. To tie time down Dear Ana builds maps of reunions, ensuring that treasures are never lost. Here, a World is created.

Leticia Valverdes nurses within her the unsaid words of her Portuguese grandmother to Brazil who was never to return to her birthplace, the village of Mundão. In this poetic and introspective work, Leticia takes us with her on a journey across the sea in an act of rescue and of assigning new meaning as she seeks to capture and fix the irreversible march of history that marks the flow and desires of this transatlantic movement.

The powerful affectionate dimension of the Brazilian artist's journey to Portugal serves to reinforce the certainty that 'it was all worth it': it brings life from the inside, the intimacy of memory, her quest to save what has been loved, to embrace the wounds, love and poetry as territories of beauty and truth.

We cannot but read these words without also bearing witness and becoming what we witness. Through her photographs we connect fragments of the history of Portugal. From public expression to the most intimate desires, we enter into the silence of a rural country, marked by the simplicity of the small village of Mundão. In the postcards addressed to grandmother Ana in Brazil, an emigrant to that tropical giant, we see our Portugal through the vision of an outsider, from the 25th of April 1974, the day of our freedom, to colonial times and social deprivation, from political convulsions to Catholic devotion and much more, visions of a country that remains an unfulfilled dream in the hearts of those who left it in the hope of returning.

Leticia Valverdes floats in the mirrored light of Mundão, in colour that is as difficult to define as liberty, mixed with the days of the world. Poetic and intense, Dear Ana is proof of the power of work as an obsessive journey, in its play between time and space. She moves through time and makes it the best of what it is, without leaving aside the happiness of the present, bringing healing to the inevitable sorrows and fears that our futures always bring. Through her images we see through Leticia's eyes and so we see better. All is shown without haste, in a time without pressure.

The distance of things: 'one foot here and another there'.

In this eternal return, grandma Ana comes back to the landscape of Mundão through the eyes of her granddaughter Leticia, searching for something that she let go without realizing, the missing piece to sustain her dream again. The photographer lives in the space between times, inviting us to an existential journey that brings together the past and the present in a single frame. In revealing the silent memories, the lost words, the artist demands our attention, our time and our presence, reclaiming what was lost, but never forgotten. In a complex mixture of anticipated futures and reconstructed pasts, she launches herself upon this journey against forgetfulness, but this dream is only made possible by